COLEÇÃO
APROVADOS
Aprenda com quem
tem história para contar

# DEFENSOR PÚBLICO ESTADUAL

Guia completo sobre como se preparar para a carreira

COLEÇÃO
APROVADOS
Aprenda com quem
tem história para contar

ÍGOR ARAÚJO DE ARRUDA

# DEFENSOR PÚBLICO ESTADUAL

## Guia completo sobre como se preparar para a carreira

**2ª edição**
revista, atualizada e ampliada

2019

EDITORA
JusPODIVM
www.editorajuspodivm.com.br

EDITORA *Jus*PODIVM
www.editorajuspodivm.com.br

Rua Território Rio Branco, 87 – Pituba – CEP: 41830-530 – Salvador – Bahia
Tel: (71) 3045.9051
• Contato: https://www.editorajuspodivm.com.br/sac



**Diagramação:** Isabella Giordano *(giordano.bella@gmail.com)*

**Capa:** Marcelo S. Brandão *(santibrando@gmail.com)*

A313d Defensoria pública estadual / Igor Araújo de Arruda. – 2. ed. rev., atual. e ampl. – Salvador: Ed. JusPodivm, 2019.
288 p.

Bibliografia.
ISBN 978-85-442-2754-1

1. Defensoria pública estadual. 2. Advocacia pública. I. Título.

CDD 341.413

*Aos meus pais Yrajá Emerenciano de Arruda e Maria de Fátima Araújo de Arruda, pela educação, criação e facilitação das oportunidades, permitindo-me alcançar os objetivos pessoais e profissionais.*

*À minha esposa Letícia Martins Veronese, mãe de meu filho, real companheira, seguidora e torcedora dos meus passos profissionais, com quem divido cada minuto e detalhe de vitórias e derrotas.*

*À Editora JusPodivm e à Mila Gouveia, pela escolha e por poder representar a categoria "Defensoria Pública Estadual" desta coleção "Aprovados" e escrever representando inúmeros membros da Defensoria Pública dos Estados.*

*Ao Arnaldo Bruno Oliveira, coordenador-geral do Curso Mege, pela oportunidade de preparar inúmeros candidatos a concurso público das Carreiras Jurídicas, disseminando conhecimento jurídico e facilitando concretização de sonhos profissionais e pessoais.*

*A todos(as) os(as) concurseiros(as) do país, máxime aos(às) pretendentes ao cargo de membro da Defensoria Pública dos Estados e do DF, os quais precisam de direcionamento de estudos e preparação, pontapé, incentivo e razão justificadora da procura pelo cargo público defensorial, missão de vida, razão existencial e instrumento de cidadania, humanização social, isonomia e acesso à justiça.*

# APRESENTAÇÃO DA COLEÇÃO

O principal propósito da Coleção ***Aprovados*** é abastecer nosso leitor, que se prepara para conquistar a tão almejada carreira pública, com informações e dicas de quem já foi aprovado.

Notamos que a trajetória do concurseiro até a aprovação geralmente envolve etapas que costumam se repetir em quase todas as preparações, quais sejam:

- a decisão pelo concurso;
- o começo dos estudos;
- a temida etapa "fiquei por uma questão";
- a possível vontade de desistir;
- a aprovação na primeira fase;
- os estudos e a aprovação na segunda fase;
- a preparação e o dia da prova oral;
- a aprovação, finalmente!;
- a nomeação e posse.

Dessa forma, fazendo uma associação entre essa constatação e a famosa frase de Robert Baden-Powell no sentido de que "não existe ensino que se compare ao exemplo", compreendemos a importância de reunir em livros relatos e dicas de preparação de profissionais aprovados nas mais diversas carreiras públicas (em excelentes colocações) a respeito de como estudaram e como superaram cada fase, desde a preparação até a nomeação e posse.

Cada título da Coleção ***Aprovados*** tem como foco uma carreira, da qual foi selecionado um profissional/autor que trata das etapas mencionadas no formato "depoimento" ou "entrevista", a depender do autor.

Em outras palavras, em cada capítulo desta obra, você se sentirá mais próximo de seu sonho, ao ver que a batalha para a posse, apesar de ser uma árdua caminhada, é possível de ser vencida.

Enfim, a expectativa desta coleção é expor os caminhos pelos quais passou alguém que um dia desejou o que você, leitor, deseja agora.

Aproveitem e boa leitura a todos!

**Mila Gouveia**

Coordenadora da Coleção ***Aprovados***.

# SUMÁRIO

# INTRODUÇÃO

A presente obra é um verdadeiro guia de estudo e de preparação para os concursos de Defensoria Pública (dos Estados e do Distrito Federal), tendo por missão abordar todas as etapas dos certames (objetiva, prático-dissertativa, oral e/ou tribuna), compartilhando a experiência do autor como estudante-concurseiro – que passou pela preparação solitária para os concursos – e como professor-orientador e coordenador de cursos preparatórios, especializados no preparo para as provas jurídicas mais concorridas do país. Sem contar sua vivência como Defensor Público há mais de 7 (sete) anos em duas Defensorias Públicas (MA e PE), formando-se um profissional treinado pelos estudos constantes e pela experiência. Ou seja, um verdadeiro "guia completo sobre como se preparar para a Carreira Defensorial".

Não se trata de um manual de autoajuda para concurso público, cujos incentivos e instrumentos de insistência e persistência para superação de resistências serão extraídos naturalmente dos textos e dos capítulos.

Trata-se de uma experiência compartilhada, seja na preparação solitária para os concursos, seja na profissionalização do preparo alheio nos certames jurídicos mais concorridos do país pelo autor.

O leitor acompanhará narrativa que trata da trajetória do autor como concurseiro, técnicas e diretrizes de estudo, abordagem de questões (objetivas e subjetivas) e de peças processuais elaboradas pelas bancas examinadoras nos concursos públicos de Defensoria Pública Estadual e pelo autor na preparação nacional de candidatos de 2.ª e 3.ª fases, demonstrando que as técnicas e os métodos de estudo especificamente voltados para os concursos são valiosos e indispensáveis para obtenção da aprovação, sobretudo com pouco tempo após a colação de grau em Direito.

Dúvidas sobre métodos de estudos voltados para a prova, formatos de prova, exigências das bancas examinadoras são respondidas durante a obra, demostrando ao leitor como estudar – desde a universidade até o interstício entre conclusão do curso jurídico e posse no cargo público.

Para tornar a leitura mais dinâmica, há gráficos e quadros esquemáticos. Além disso, o autor realiza a comprovação das assertivas, exibindo como os concursos públicos abordam o conteúdo por fases, demonstrando que as bancas examinadoras pressupõem conhecimento jurídico e abordagem múltipla, isto é, legal e normativa, jurisprudencial, doutrinária, reflexiva e de cunho prático.

O leitor terá, pois, um misto de narrativa, biografia, técnicas e diretrizes de estudo, além de conteúdo jurídico especialmente extraído das provas para demonstração do formato de preparação e de elaboração de respostas adequadas à realidade das bancas examinadoras.

Como estudar para primeira fase? Devo focar na legislação fria ("lei seca") e nos informativos de Jurisprudência ou focar nos estudos de Doutrina e da banca examinadora? Como estudar lei seca? Há técnicas de estudo, recursos facilitadores do aprendizado e da memorização? Qual o melhor material de apoio? Como ler informativo de jurisprudência?

Doutrina: devo adquirir livros aprofundados de todas as matérias ou apenas de algumas? O formato de estudo de 2.ª fase assemelha-se à primeira etapa ou à fase oral? Conhecimento jurídico é bastante para aprovação na 2.ª e 3.ª fases (prático-subjetiva e oral/tribuna)? Cursos preparatórios, elaboração de questões simuladas e de concursos passados, revisão e releitura são importantes para a aprovação?

As perguntas são abordadas e respondidas neste livro, mostrando-se ao leitor como estudar desde a época da universidade até o interstício entre conclusão do curso jurídico e posse no cargo público.

Está interessado (a) em conhecer dicas efetivas e métodos úteis de aprovação em Defensoria Pública (mormente a estadual)? Apenas continue a leitura (crítica)! Bom proveito.

# 1

# O COMEÇO DOS ESTUDOS

*"O homem é precisamente o que ainda não é. O homem não se define pelo que é, mas pelo que deseja ser" (Ortega Y Gasset, 1963, apud Salvador, 1977, p. 160)*[1]

## 1.1. CURSO DE DIREITO: JOGO DE EXCLUSÃO DE CARTAS E APRENDIZADO PESSOAL E PROFISSIONAL

A escolha pelo curso de Direito foi para mim um jogo de exclusão de cartas. Não me incluo no grupo que sempre intentou estudar Direito ou apresentava alguma *vocação*, inata ou congênita, para a área jurídica.

Ingressei no curso de Direito em 2005, há mais de 14 (catorze) anos, no Centro Universitário de João Pessoa-PB (Unipê), concluindo em 2009.2, sem interrupções.

---

1. *Redação Forense e Elementos da Gramática*, p. 181.

O Direito me significou na vida um efetivo divisor de águas: de um estudante adolescente imaturo, incompleto, e ainda descompromissado com destino ou carreira profissional, o curso me presenteou com uma mudança de estilo de vida, de comportamento social e de disciplina e comprometimento, cujo compromisso com os estudos reverteu-se abruptamente.

Aprendi a fazer do Direito meu código de conduta, minha religião, meus mandamentos morais e sociais.

Durante a universidade tentei ao máximo dar o melhor de mim, com o máximo aproveitamento do curso, estudando com afinco os conteúdos programáticos, cuja disciplina pessoal auxiliou com intensidade na preparação para concursos públicos de Defensoria Pública, como discorrerei mais à frente.

Ademais, não me limitei às leituras jurídicas, lendo livros e textos diversos de literatura, romance, ficção, psicologia, língua portuguesa etc., compromisso esse que persiste até os dias atuais[2], com maior intensidade, cujo hábito aprimora o trabalho de cultuar letras, palavras, textos, o que também ocorre nos concursos públicos.

O conhecimento, a expressão e a escrita (redação) são espelho e reflexo automático da leitura.

"A literatura é o retrato de uma dada cultura"[3]. O bom profissional do Direito sabe que ler tão somente conteúdo jurídico não habilita quem quer que seja à efetivação da justiça, devendo haver amplitude do conhecimento, da cultura, com diversidade, interdisciplinaridade e multidisciplinaridade.

Tive a oportunidade de estagiar no interstício universitário por três (3) vezes, as duas primeiras de maneira voluntária

---

2. "Precisamos de pessoas que pensem além do Direito. Queremos gente interessada no país, na sociedade, na economia, capaz de relacionar sua atividade profissional a um contexto maior" (MÜSSNICH, 2007, p. 52).
3. *O dilema do porco-espinho: como encarar a solidão*, p. 58.

(não onerosa) e a terceira, com remuneração mensal e com prévia aprovação em certame público concorrido.

O primeiro estágio, logo no início do curso (2005-7), ocorreu na Justiça Federal de João Pessoa (3.ª Vara Federal), em que minha atividade se circunscrevia a praticar atos cartorários, tais como elaboração de mandados de intimação, citação e de prisão, carta precatória e rogatória, juntadas, autuações e certidões, além de despachos e decisões de conteúdo jurídico reduzido.

Foi-me uma experiência valiosa, mormente para quem inicia o curso, tendo pouco conteúdo jurídico, conhecendo-se a praxe forense, a dinâmica processual e procedimental e o funcionamento do Sistema de Justiça a partir de uma visão do Judiciário.

O segundo estágio, do 5.º ao 8.º semestre da Universidade (2007-8), o mais produtivo para meu aproveitamento acadêmico e profissional, ocorreu na 13.ª Vara Cível da Justiça Estadual comum (TJ-PB), auxiliando um Juiz de Direito, atualmente Desembargador, na confecção de peças decisórias de todas as espécies (despachos, decisões interlocutórias e sentenças cíveis).

Nesse segundo momento tive contato com audiências autocompositivas (ver artigos 3.°, 139, inc. V, 165-175, 319, inc. VII, 334 e 695, todos do CPC), de instrução e julgamento, petições cíveis e recursais, além dos formatos de sua elaboração, argumentação técnico-jurídica e articulação do raciocínio, técnicas de convencimento judicial e pessoal, formatação de decisões judiciais, notadamente as sentenças meritórias, sobrecarga de trabalho e escassez de tempo para atividades de grande responsabilidade e de necessária preparação técnica.

Após ser aprovado, dentro do número inicial de vagas previstas no edital, no meu primeiro certame público e concorrencial, concurso organizado pelo TRT-13 (Tribunal Regional do Trabalho – 13.ª região), ingressei como estagiário na 1.ª Vara da Justiça do Trabalho de João Pessoa (2008-9).

Malgrado não tivesse identificação com o Direito material e processual do Trabalho, pude conhecer uma Justiça Especializada e suas competências (artigo 114 da Constituição da República – CRFB), tramitação processual célere, metas de julgamento, funcionamento das demandas trabalhistas, ausência de órgão estatal estruturado para prestação de assistência jurídica integral e gratuita aos trabalhadores necessitados e que precisam litigar na aludida Justiça (em atenção ao modelo *salaried staff* de prestação de assistência jurídica pública gratuita no Brasil), além de ter contato pela primeira vez com autos de processo judicial eletrônico (*PJe*), lidando pela primeira vez com a concretização da Lei n. 11.419, de 19 de dezembro de 2006 (lei sobre a informatização do processo judicial).

Antes de concluir a faculdade, decidi deixar o estágio remunerado na Justiça do Trabalho para me dedicar aos estudos para conclusão da monografia, Exame de Ordem (OAB) e concursos públicos.

Durante os estudos universitários, até aproximadamente o 7.° período, minha intenção era ser Advogado particular na área cível, identificando-me sobremaneira com o conteúdo do Direito Civil, do Consumidor, Processual Civil e similares.

Àquela época, temia um pouco a concorrência para as vagas dos concursos públicos, além de temer os comentários de fraudes e anulações, desistências de bons candidatos, independência financeira retardada após conclusão do curso, além de outros fatores comentados nos bancos de faculdade da maneira a mais diversa possível, o que amedrontava quem pouco contato ainda tinha com a realidade dos concursos.

Com o passar do curso, sentindo certa influência da família (pai e mãe servidores públicos na área da saúde – medicina e bioquímica/farmácia), além de começar a estagiar no Judiciário e conhecer uma realidade ainda desconhecida da ambiência forense, dos cargos públicos e do *poder* (no sentido de instrumento da justiça, e não de abuso de poder) de transformação social, comecei a desejar o serviço público por meio de seus cargos.

Até então o serviço público jurídico ainda me significava trabalho burocrático e mecânico da secretaria judicial, não me identificando com o trabalho para um futuro profissional e *eternização* de carreira.

Conhecendo uma realidade prática mais ampla, pude entender o significado do serviço público das Carreiras Jurídicas, além, é claro, de identificar seus benefícios, como remuneração e segurança financeira, estabilidade, independência funcional e técnica, identificação e prestígio social, dentro outros fatores favoráveis ao acesso ao cargo público.

Não estagiei na Defensoria Pública tampouco no Ministério Público, além de órgãos de Advocacia Pública ou Delegacia de Polícia.

Hoje vejo como seria importante ter passado pelos bancos de estágio de funções essenciais à Justiça de natureza pública (artigos 127 a 135 da Constituição da República – CRFB), seja pela vocação constitucional de cada uma delas, seja pela forma diferenciada de preparação do acadêmico, abordando-se visões diversas do Sistema de Justiça e da vida em sociedade.

Cada Instituição, com sua vocação constitucional e aptidão institucional, mostra um olhar diferenciado, com premissas e bases diversas, cuja multiplicidade é essencial ao lidador do Direito, o qual está inserto numa ambiência de divergência[4] e efetiva pluralidade.

Ainda tive uma *experiência-relâmpago* em estagiar por menos de um (01) mês em um grande Escritório de Advocacia da

4. "Porque o Direito não possui verdades absolutas, humildade é preciso para receber as críticas de quem pensa de forma diferente. Há um jargão no mundo jurídico de que a opinião vencida hoje pode ser a tese dominante do amanhã" (FERNANDES; LIPP, 2017, p. 134).

capital paraibana, meu Estado natal, mas retornei ao estágio não remunerado do Fórum Cível após ser usado como instrumento e veículo de fotocópia e carga de autos processuais físicos, cuja realidade processual física ainda predominava à época.

Já convencido do futuro dos concursos públicos, na fase final da faculdade, iniciei meus estudos para carreira pública ainda não definida. Assim que o Tribunal de Justiça do Estado da Paraíba (TJ-PB) lançou concurso público para os cargos de analista e técnico judiciários, resolvi estudar e treinar como seria prestar um concurso, sentir a concorrência, o ritmo de estudos, o formato de preparação.

No início do curso havia prestado concurso para técnico judiciário do Tribunal Regional Eleitoral (TRE) da Paraíba, tendo ficado em colocação longínqua, bem distante do número de vagas previsto, demonstrando uma preparação errada e desfocada, o que até me causou desconforto futuro quando do início das preparações para novos concursos, gerando um falso sentimento que se repetiria e de que não seria capaz de atingir pontuação maior.

A não incomum "Síndrome do Incapaz"[5], a qual atinge todos (as), indistintamente, mas que merece o convencimento no sentido de que falhas, adversidades, frustrações e erros ocorrerão em toda busca por realização de sonho, profissional ou não.

Não deixe esse sentimento dominá-lo, desencadeando processos de formação de transtornos mentais ou comportamentais, como ansiedade, depressão[6] e correlatos, na medida

5. Expressão figurativa, não científica.

6. "A depressão pode ser considerada uma doença bastante democrática quando analisamos a personalidade das pessoas acometidas por ela. Pessoas tímidas, tranquilas, ansiosas, extrovertidas, reflexivas ou mesmo superficiais podem desenvolver essa patologia clínica, desde que sejam expostas às circunstâncias propícias ao desencadeamento dos sintomas depressivos" (*Mentes depressivas: as três dimensões da doença do século*, p. 84).

em que todos passarão pela mesma dificuldade, tratando-se de fatos normais da vida de todo ser humano.

Superando uma primeira preparação errônea, modifiquei o método de estudo e prestei o concurso para analista judiciário do TJ-PB, no qual fui aprovado ainda no 8.º período do curso de Direito, quando nem sequer poderia tomar posse (ao menos administrativamente), já que o cargo exigia formação universitária.

Fui nomeado para este cargo quatro anos depois (2012) da realização do concurso, quando já estava na Defensoria Pública do Estado do Maranhão (DPE-MA), razão pela qual apresentei pedido de desistência, atendendo ao pedido de dois candidatos em posição subsequente a minha, permitindo-lhes nomeação e posse.

A aprovação serviu-me de ânimo e de crédito, na medida em que a grande maioria dos universitários comentava os resultados dos concursos públicos locais, além de ter significado um norte inicial do método de estudos.

Após a primeira aprovação em concurso público, comecei a pensar em cargos públicos das carreiras jurídicas. A primeira opção que me surgia era a Magistratura, carreira da qual tenho imenso respeito, principalmente porque fui preparado na prática durante a universidade por Magistrados, os quais sempre foram solícitos e atenciosos com meu aprendizado.

## 1.2. INÍCIO DOS ESTUDOS PARA CONCURSO PÚBLICO

Após conclusão do curso, ganhando mais maturidade e poder de escolha, decidi que, após aprovação no Exame de Ordem (OAB), prestaria concurso para a Defensoria Pública e o Ministério Público, visto que me identificava com o Direito Institucional (vocação constitucional e social) de ambas as Instituições, verdadeiras funções essenciais à Justiça, não tão somente ao Judiciário, não se tratando de braços acessórios desse órgão (órgãos de

Estado), mas à cidadania do povo e da justiça social, enquanto instrumentos de transformação real da sociedade.

Obtive aprovação no Exame de Ordem da OAB quando tinha 23 (vinte e três) anos de idade, no ano seguinte à conclusão do meu curso, haja vista que ainda não era permitido realizar a prova antes da conclusão do curso.

Alcancei 74% (setenta e quatro por cento) de pontuação na primeira fase, figurando entre as dez (10) melhores notas (na Paraíba) da primeira fase. Havia escolhido para a segunda fase a área cível, com a qual sempre me identifiquei desde o início da universidade, mas a escolha ainda não era comum entre os (as) candidatos (as) em razão da vastidão da matéria e da suposta possibilidade de cair qualquer conteúdo, muito embora a banca examinadora à época (CESPE – atual CEBRASPE) repetisse muitos conteúdos, o que naturalmente acontece com toda e qualquer banca.

Após o lançamento do resultado final da OAB, recebo o resultado de minha... reprovação!

Indignação, surpresa, incompreensão! Esses eram os naturais sentimentos de um reprovado.

Revirei a prova, minhas respostas e o espelho da banca examinadora em busca de explicações para a reprovação.

Superada a fase inicial de indignação pós-reprovação, desalentadora e prévia à fase concurseira, cuja dificuldade desta é comprovadamente maior, decidi recorrer dos pontos falhos, já que o item “Dos Pedidos”, o qual valia aproximadamente 02 (dois) pontos de 10 (dez), estava sem pontuação (“zerado”).

A partir desse certame do Exame de Ordem descobri a efetiva relevância de se recorrer dos resultados nos concursos públicos (certames em geral), já que obtive mais de 01 (um) ponto, quando me faltavam apenas cinco décimos (0,5) para aprovação, superando-se a etapa inicial após conclusão do curso de Direito, obtendo-se aprovação no exame de ordem aos 23 (vinte e três) anos de idade.

Enquanto me dedicava à seleção da OAB e estudava em curso preparatório destinado à segunda fase do exame de ordem, tive contato com a necessidade da Redação Forense e da Língua Portuguesa, matérias com as quais sempre tive afinidade (jamais *domínio*), mas me foi intensificada com a leitura da obra "Redação Forense e Elementos da Gramática" do professor Eduardo Sabbag.

A frase indicada em epígrafe neste capítulo foi lida pela primeira vez por este Autor a partir do indigitado livro de Sabbag, cuja essência ecoou durante toda a preparação para os concursos, já que o homem (na acepção geral de pessoa humana) é, deveras, precisamente o que ainda não é, definindo-se pelo que deseja ser.

Se alguém deseja um cargo público e se comporta como quem almeja aquele cargo, aquela função, irrelevante sua atual posição e situação (social, profissional, pessoal, financeira), relevando-se o seu compromisso, sua disciplina e seu comprometimento, os quais serão recompensados com a aprovação, a nomeação e a posse no cargo perseguido.

## 1.3. PREPARAÇÃO PARA CONCURSO DURANTE E LOGO APÓS A UNIVERSIDADE

A preparação para concurso público desde os bancos da faculdade é um dos métodos de sucesso e rápido êxito! Essa é a primeira dica que registro para os leitores.

Quem se encontra formado e não se dedicou antecipadamente à preparação não deve se preocupar, pois a única diferença será o tempo para efetiva aprovação, não de maneira absoluta ou matemática, variando de candidato(a) a candidato (a), já que no universo do concurso público não existe razão única ou método universal e mágico.

A universidade, só por só, não é suficiente para preparar candidatos ao atual formato de concurso público, assim como também, infelizmente, não é suficiente para inserir diversos profissionais no âmbito da Justiça.

Da mesma forma, os formatos dos concursos públicos não são bastantes para seleção das pessoas mais habilitadas ("vocacionadas") ao exercício dos cargos, preferindo-se conhecimentos técnicos e tecnicistas, os quais também são mal selecionados para fins de demonstração de conhecimento jurídico (memorização de conteúdo estritamente legal, limitação de espaçamentos de respostas dissertativas, conteúdos limitantes e expressões inúteis para a vida prática etc.).

O (A) candidato (a) deve antecipar sua participação no universo do concurso, sentindo a atmosfera e a ambiência concurseira, coletando e lendo materiais escritos (cadernos de cursos preparatórios, materiais elaborados por candidatos mais experientes etc.), assistindo a vídeos-aulas, resolvendo questões de concursos passados ou mesmo adquirindo livros *Revisaços* e semelhantes, em sítios eletrônicos, cursos preparatórios ou editoras especializadas.

Eu tive a oportunidade de seguir esse método ("antecipado") de preparação, lendo materiais impressos e disponibilizados em sítios eletrônicos ou compartilhados em grupos de estudos, além de assistir a vídeos-aulas de cursos preparatórios de carreiras jurídicas, cujas matérias eram as mesmas da universidade, mas com foco e viés distintos de estudo.

Tenho a convicção de que o contato antecipado com os estudos com foco no concurso me permitiu ser aprovado na primeira Defensoria Pública com 01 (um) ano e meio de exclusiva preparação para concurso defensorial.

Posso asseverar isso em razão da prova de segunda fase da Defensoria Pública do Estado do Maranhão (DPE/MA).

O conteúdo da peça processual cível (petição inicial indenizatória) abordava o transporte interessado (e não "de simples cortesia"), em que um corretor oferecia "carona" para um cliente ir conhecer um terreno de sua *empresa* para celebrar negócio jurídico de venda e compra, quando o veículo abalroou com outro após o corretor ultrapassar sinal vermelho.

Segundo enunciado n. 145 de súmula do Superior Tribunal de Justiça (STJ) "no transporte desinteressado, de simples cortesia, o transportador só será civilmente responsável por danos causados ao transportado quando incorrer em dolo ou culpa grave", tratando-se da hipótese, na medida em que além de não se tratar de "transporte desinteressado", o profissional agiu com culpa grave, cabendo indenização por danos materiais (lucros cessantes e danos emergentes), morais, estéticos, alimentos decorrentes de ato ilícito etc.

O conteúdo deste enunciado de súmula, além do Direito Civil dos Contratos (Código Civil), foi intensamente estudado nos bancos da faculdade, até mesmo com leitura de livros específicos sobre contratos, mas quase nunca revisado na preparação para concurso público, cujo conteúdo foi lembrado de modo presente, até mesmo com as dicas de professor universitário, facilitando a desenvoltura da tese jurídica e de suas nuanças, resgatando facilmente a memória da matéria bem estudada e apreendida.

Reservei, nos últimos dois anos universitários, tempo para estudos visando ao concurso público, assim fazendo nos períodos noturnos, recessos semestrais, finais de semana, ampliando o leque de leituras (matérias de faculdade, leituras diversificadas, sítios eletrônicos jurídicos e informativos e materiais de concursos) a fim de me situar no universo, compreendê-lo melhor e saber objetivar as leituras e a intensidade de estudo por matéria e por cargo.

No começo do curso de Direito fiz um curso de língua portuguesa voltado para concurso público, o que me auxiliou nos certames para analista judiciário, além de fomentar minhas leituras de redação forense e semelhantes.

Em um quadro esquemático deixo algumas dicas de estudo para concursos públicos desde a faculdade:

| | |
|---|---|
| ***1. Conteúdo programático da faculdade*** | *Máximo aproveitamento acadêmico do conteúdo programático universitário, pois serão os mesmos conteúdos no concurso público, embora com formato distinto, cuja base será essencial para aceleração da compreensão do conteúdo e do domínio das matérias.* |
| ***2. Influências externas*** | *Não se deixar conduzir pelos discursos negativos, veículos de destruição da autoestima, além de não atender às críticas de ausência de empreendedorismo no serviço público jurídico (sim, é possível empreender no serviço público, sobretudo na atividade defensorial).* |
| ***3. Experiência prática com estágios e trabalho*** | *Facilitação da preparação de peças processuais, desenvoltura profissional, argumentação, oratória etc. Não seguir o mito no sentido de que quem deseja concurso público não precisa "perder tempo" com estágios e experiência profissional, já que serão úteis na própria preparação (fases subjetiva, oral, tribuna) e na dimensão das carreiras.* |
| ***4. Contato com métodos de estudo, cursos e materiais preparatórios para concursos públicos*** | *Antecipação do tempo de preparação e redução dos fracassos inevitáveis no âmbito do concurso público, buscando instrumentos utilizados por concursandos para auxiliar no conhecimento.* |
| ***5. Prestar concursos públicos ainda na faculdade*** | *Prestar concurso público para cargos públicos (analista/técnico do Judiciário, do Ministério Público, da Defensoria Pública, do Tribunal de Contas etc.): teste das habilidades dos estudos; contato com legislação seca (estudo frio de memorização de texto legal) e Direito Jurisprudencial, cujas estratégias auxiliarão futuramente na preparação para cargos públicos mais complexos (Defensor, Juiz, Promotor, Procurador,* |

| | *Delegado), os quais exigem além do conhecimento básico de legislação, articulação do raciocínio com Doutrina, Jurisprudência, Direito Institucional da Carreira, além do poder de argumentação e desenvoltura jurídica, escrita ou oral.* |
|---|---|

Quando concluí a faculdade minha intenção inicial era superar o exame de ordem, como dito alhures. Para tanto despendi aproximadamente 07 (sete) meses do ano de 2010, com dedicação prioritária, haja vista que os resultados de reprovação inicial na segunda fase e de aprovação final eliminaram um pouco minha estratégia inicialmente articulada para concursos, isto é, meu cronograma.

Em concurso não adianta ser metódico demais e excessivamente rigoroso consigo mesmo, pena de se frustrar, inevitavelmente, com resultados inesperados, com intempéries factuais, fatídicos acontecimentos pessoais, familiares, profissionais e no próprio cronograma de estudos ou de realização de provas.

Quando finalizei definitivamente o exame de ordem, percebi que não seria conveniente ingressar em curso regular de preparação para concurso, seja semestral, seja anual, na medida em que estava desfocado, no meio dos cursos (setembro/2010).

Comecei a sentir a solidão (e não *solitude*) de não ter mais rotina universitária tampouco trabalho concreto no momento, isolando-me na ilha caseira dos livros, cadernos e materiais de estudo. Exsurge então o sentimento de "desempregado" e de "o que fazer agora?".

A solidão será uma das maiores parceiras do concurseiro na fase pré-aprovação. Não a veja negativamente[7], pois a

7. "É importante lembrar que a solidão não é sinônimo de estar sozinho e que companhia não se funde com a ideia de estar acompanhado. Solidão também não é negativa ou positiva em si" (*O dilema do porco-espinho: como encarar a solidão*, p. 53).

solidão é condição existencial do ser humano e instrumento de criação, reflexão, aprimoramento, como o será nos estudos para concurso, sem a qual não seria possível ler (ato solitário por excelência), memorizar, praticar.

Naturalmente que muitas dessas atividades podem ser feitas coletivamente, o que não faz dos estudos solitários algo nocivo ou pernicioso, mas sim momentos necessários de introspecção e aprimoramento (produtividade da solidão autoimposta), como processo contínuo de autoconhecimento.

Enquanto os literatos enxergam "a solidão como condição fundamental para a produção literária"[8], o concurseiro deve vê-la como circunstância de autoconhecimento, reflexão, aprimoramento, identificação de falhas e soluções, todos instrumentos necessários na caminhada dos concursos.

Em concurso público ser *autodidata* é artifício de quase todos, cuja habilidade é necessariamente desenvolvida, pois os fatores externos (cursos, dicas, materiais, aulas, métodos etc.) devem ser personalizados, customizados, para concretização dos objetivos.

Não acredite em métodos de terceiros para adaptar sua realidade pessoal. Desenvolva seus métodos, rotina, estratégias, de acordo com sua evolução e maturidade nos estudos e nas provas.

Como eu já havia coletado um bom material de estudos nos últimos semestres de faculdade decidi assistir a vídeos-aulas, ler intensamente cadernos de cursos preparatórios, treinar questões objetivas, ler informativos de jurisprudência, acompanhar os editais e comentários dos candidatos nos grupos virtuais, deixando de lado no momento a leitura densa de Doutrina.

Com menos de 04 (quatro) meses de preparação prestei meu primeiro concurso para Defensor Público, sendo também

8. *O dilema do porco-espinho: como encarar a solidão*, p. 82-3.

o I concurso da Defensoria Pública do Estado de Goiás (DPE/GO).

Fiquei na fase objetiva por cinco (05) questões, quando percebi imensos erros de memorização/assimilação de letra *fria* da lei, enunciados de súmula dos Tribunais Superiores e do STF, informativos de jurisprudência e estudo direcionado ao cargo visado, com mentalidade institucional e defensorial.

De nada adianta fazer concurso público para Defensor Público (Estadual, Distrital ou Federal – DPE, DPDF ou DPU) se pensar e interpretar os institutos jurídicos com mentalidade de Delegado de Polícia ou de Promotor de Justiça, por exemplo, pois a questão pode pressupor a *vocação institucional* e suas peculiaridades, devendo o candidato fazer a exegese a partir da realidade institucional da carreira.

Por isso colaciono a próxima dica: no caso da Defensoria Pública, cuja regra também se aplica, por exemplo, ao Ministério Público, à Advocacia Pública, à Delegacia de Polícia, deve o candidato estudar todos os ramos do Direito (Penal[9], Processual Penal, Civil, Processual Civil, Difusos e Coletivos, Humanos, Criminologia, Constitucional, Execução Penal, Administrativo, Consumidor, Criança, Adolescente, Idoso e Pessoas com Deficiência etc.) em consonância com o Direito Institucional (princípios e legislações institucionais), sendo interessante e valoroso ler um livro geral de Direito Institucional para se situar sobre o

9. Para os leitores universitários (mas não apenas) e que pouco contato tiveram com a realidade do atuar da Defensoria Pública (ou que apreciam leituras paralelas em tempos ***vagos***), mas desejam entender sua atuação criminal (com enfoque na defesa criminal, júri e execução penal), recomendo a leitura do livro-romance **"entre putas, ratos e juízes: histórias de um Defensor" (ABUD, 2018)** com muitos ensinamentos acadêmicos, práticos e de vida. Ademais, porém escrito por um Juiz de Direito (TJ-SP), muito produtiva a leitura do livro **"entre salas e celas: dor e esperança nas crônicas de um juiz criminal" (SEMER, 2017)**, a qual figura como complemento {a leitura do livro do Defensor Público (DPE/RJ) Tiago Abud.

significado constitucional da Instituição, suas funções e objetivos jurídico-sociais perseguidos, garantias, deveres, direitos e métodos de interpretação do Direito a partir do cargo a ser ocupado.

Ademais a leitura para concurso público deve ser ativa e passiva, isto é, leitura com entusiasmo e efetivo raciocínio, visualizando-se o conhecimento lido com a prática e com a vida e questões de concurso.

Deve o candidato se indagar repetidamente "como seria esse conteúdo cobrado na prova?", "o que o examinador gostará de saber desse conteúdo?".

Tais indagações são mais facilmente feitas a partir da experiência com os concursos e do exercício de questões, ainda que não tenha havido estudo do conteúdo correlato, percebendo-se a repetição de abordagens e de conteúdos.

Manoel Pastana[10] recomenda a leitura ativa e passiva para o máximo aproveitamento da leitura e do conteúdo:

O certo é ler habitualmente, sem exagero, e fazer da leitura um exercício saudável do cérebro. Isto é, ler e raciocinar sobre o que foi lido, buscando-se a informação principal, as secundárias, as causas, as consequências, os prós, os contras, ou seja, fazer análise mental do que se trata. Formular questionamentos, buscar soluções etc. Lendo desta forma, tira-se maior proveito, porque se fixa melhor o que foi lido, alimenta-se o espírito crítico, "turbina-se" o raciocínio. Esse é o leitor ativo. O leitor passivo é aquele que lê apenas por ler, sem entusiasmo, comporta-se quase igual a um telespectador em frente da televisão.

Nessa vereda, Cortella escreve que (2013, p. 34):

> Não é uma questão de memória, mas de atenção. Uma sugestão, quando estiver lendo e se o livro for teu, é grifar algo. Se não

10. *De faxineiro a Procurador da República: uma história real de incrível superação*, pág. 16.

> quiser marcar as páginas, acompanhe a leitura com o dedo. Pode até parecer antigo, mas a leitura acompanhada com o dedo evita distrações, uma desconexão do cérebro nessa interação. Faz parte do mundo acadêmico em que, para podermos ler melhor, tenhamos que aprender o ato de leitura em si. Ler com atenção não se consegue apenas com os olhos; é preciso colocar outra parte do corpo no movimento.

Assim que o ano de 2010 concluiu, já tendo prestado o primeiro concurso para Defensor Público, ingressei em curso regular (LFG) televisionado, *on-line* e preparatório para as carreiras jurídicas.

Arriscaria afirmar que se inscrever e estudar em curso preparatório são quase inevitáveis, ineludíveis, não necessariamente imprescindíveis, a depender da realidade de cada pessoa, pois os professores acompanham os concursos públicos, as matérias que estatisticamente são mais cobradas, atualizam materiais de acordo com as leis, jurisprudência, doutrina e exigências das bancas examinadoras, deixando-os "mastigados", com linguagem objetiva, direta e sem rebuscamentos doutrinários, circunstância necessária para a preparação, mormente nas fases objetiva e oral dos certames, além de ser uma rotina inicial a ser seguida, sentindo-se uma ambiência de coletividade com a mesma atmosfera e linguagem.

Em pouco tempo de curso preparatório prestei o concurso público para Defensor Público do Estado de Amazonas (DPE/AM – 2011), no qual obtive 80% (oitenta por cento) de acerto na prova objetiva, tendo ficado entre os sessenta (60) primeiros colocados, muitos dos quais ainda empatados.

O certame foi anulado em razão de fraude no vazamento de espelhos de respostas envolvendo o então chefe da Instituição (Defensor Público-Geral/DPG), fato que me trouxe muito desgosto e revolta, especialmente por envolver um Defensor Público do Estado, o qual estava ocupando cargo de direção e administração à época.

Após amadurecer o caso, e já desistindo de retornar mais à frente ao mesmo certame, principalmente em razão da distância do meu Estado de origem (PB–AM), convenci-me de que falhas humanas existem, vindas de qualquer pessoa, não podendo me desalentar com um exemplo fatídico, cujo fato me serviu de motivação para continuar, já que, desta feita, havia sido aprovado e bem colocado no primeiro momento, circunstância indicadora do acerto dos métodos e dos formatos de estudo.

Resultado da pertinácia? Fui aprovado pouco tempo depois, aos 24 (vinte e quatro) anos de idade, no concurso para Defensor Público da Defensoria Pública do Estado do Maranhão (CESPE/2011-2), sendo nomeado após 40 (quarenta) dias de completar 25 (vinte e cinco) anos de idade, o que me possibilitou completar 30 (trinta) anos de idade e, logo em seguida, 05 (cinco) anos de Defensoria Pública.

## 1.4. CRONOGRAMA, RITMO DE ESTUDOS, ESQUEMA DE PREPARAÇÃO E ATIVIDADES PARALELAS E CONEXAS

> *"A limitação física e intelectual está na mente. Se pensarmos que é impossível, não conseguiremos. Por outro lado, se pensarmos que é possível e agirmos nesse sentido, conseguiremos"*[11].

Cronograma, segundo Dicionário *on-line* de Português[12], significa a "distribuição planejada das fases de execução de um projeto em determinado período de tempo".

---

11. *De faxineiro a Procurador da República: uma história real de incrível superação*, pág. 71.
12. *www.dicio.com.br.*

O cronograma pessoal é veículo de fortalecimento dos estudos e da eficácia destes, na medida em que impede repetições desnecessárias e vícios de comportamento, como leituras afetas às matérias preferidas do candidato, mas não questionadas com intensidade nas provas, isolamento de temáticas em períodos longos de estudo etc., mostrando um caminho a ser percorrido, facilitando-se a disciplina.

Não existe cronograma geral para todo e qualquer candidato ou concurso público!

Reunir dicas gerais de aprovados anteriores e métodos exitosos é útil, mas, após colecionar várias sugestões, deve o concursando selecionar o formato que mais se adapte ao seu perfil ou criá-lo personalizado, a fim de o cronograma não ser o primeiro empecilho na extenuante e marcante caminhada dos concursos.

O candidato deve se perguntar: (i) quais minhas matérias preferidas e com as quais tenho mais identificação e poder de assimilação? (ii) leio suficientemente textos de lei e respondo a provas anteriores ou questões objetivas (de múltipla escolha)? (iii) qual Doutrina deve ser utilizada para o cargo perseguido? (iv) devo comprar livros de todas as matérias do edital? (v) qual o melhor formato de livro para estudos de concurso público: resumos, de doutrina densa, com quadros esquemáticos e com questões comentadas? (vi) a leitura de informativos de jurisprudência pode ser feita desacompanhada de Doutrina ou de Lei? (vii) qual o local com que mais me identifico para os estudos, em casa ou em locais públicos destinados aos estudos?

Trata-se de indagações necessárias, as quais pressupõem um mínimo de autoconhecimento, para iniciar os estudos e o cronograma pessoal, seguindo-se ordem, método e planejamento.

Quando do início de minha preparação não trabalhava no serviço público ou com frequência diária. Associei-me a um colega de faculdade (e de revezamento de veículos para transporte até a universidade) e passamos a advogar, atuando nas áreas consumerista e cível, sobretudo nos Juizados Especiais Cíveis e Varas respectivas.

Ainda chegamos a atuar pontualmente no Tribunal de Justiça (TJ-PB), com mandado de segurança (isenção tributária para pessoa com deficiência), e no STF, neste com mandado de injunção individual[13] para assegurar a servidor público federal o direito à aposentadoria especial (artigo 40, § 4.°, inciso III, da Constituição da República Federativa do Brasil – CRFB[14]). À época não era regulamentado o mandado de injunção coletivo, com seus legitimados[15], consoante Lei n. 13.300 de 23 de junho de 2016.

---

13. Artigo 5.°, inc. LXXI, da CRFB: LXXI – conceder-se-á mandado de injunção sempre que a falta de norma regulamentadora torne inviável o exercício dos direitos e liberdades constitucionais e das prerrogativas inerentes à nacionalidade, à soberania e à cidadania;

14. Art. 40. Aos servidores titulares de cargos efetivos da União, dos Estados, do Distrito Federal e dos Municípios, incluídas suas autarquias e fundações, é assegurado regime de previdência de caráter contributivo e solidário, mediante contribuição do respectivo ente público, dos servidores ativos e inativos e dos pensionistas, observados critérios que preservem o equilíbrio financeiro e atuarial e o disposto neste artigo. (...) § 4º É vedada a adoção de requisitos e critérios diferenciados para a concessão de aposentadoria aos abrangidos pelo regime de que trata este artigo, ressalvados, nos termos definidos em leis complementares, os casos de servidores: I – portadores de deficiência; II – que exerçam atividades de risco; III – cujas atividades sejam exercidas sob condições especiais que prejudiquem a saúde ou a integridade física.

15. Art. 12. O mandado de injunção coletivo pode ser promovido: I – pelo Ministério Público, quando a tutela requerida for especialmente relevante para a defesa da ordem jurídica, do regime democrático ou dos interesses sociais ou individuais indisponíveis; II – por partido político com representação no Congresso Nacional, para assegurar o exercício de direitos, liberdades e prerrogativas de seus integrantes ou relacionados com a finalidade partidária; III – por organização sindical, entidade de classe ou associação legalmente constituída e em funcionamento há pelo menos 1 (um) ano, para assegurar o exercício de direitos, liberdades e prerrogativas em favor da totalidade ou de parte de seus membros ou associados, na forma de seus estatutos e desde que pertinentes a suas finalidades,

A advocacia privada me trouxe experiência valiosa na redação das peças processuais, conversas e negociação com clientes (muitas vezes parentes e pessoas próximas), atuação diversificada em várias instâncias e fóruns, isto é, trabalhando com dinamicidade e amplitude de conteúdos, cuja diversidade é importante no concurso público, devendo a mente do candidato ter preparo suficiente para lidar com questionamentos os mais diversos possíveis ao mesmo momento, interligados ou não (prova objetiva, oral etc.).

Como a advocacia privada servia mais à experiência pessoal, levantamento de pequena renda para custear interesses pessoais e comprovação de atividade jurídica para os concursos jurídicos, destinava quase que integralmente meu tempo para os estudos.

Contando o tempo de aula em cursos preparatórios e intervalos de descansos durante o dia, atingi 14 (quatorze) horas de dedicação diária aos estudos.

No começo esse quantitativo era algo inatingível, impensável, excessivo ou *enlouquecedor*, mas com o tempo fui me conhecendo e percebendo que me concentrava mais com o passar do tempo do que com poucas horas de estudos e aumento dos intervalos, sendo no caso mais benéfico para mim.

Muitos candidatos podem não indicar a aumento do tempo de estudo diário, podendo o conteúdo não ser assimilado em razão do cansaço, mas reitero o que já disse: dependerá do

---

dispensada, para tanto, autorização especial; IV – pela Defensoria Pública, quando a tutela requerida for especialmente relevante para a promoção dos direitos humanos e a defesa dos direitos individuais e coletivos dos necessitados, na forma do inciso LXXIV do art. 5º da Constituição Federal. Parágrafo único. Os direitos, as liberdades e as prerrogativas protegidos por mandado de injunção coletivo são os pertencentes, indistintamente, a uma coletividade indeterminada de pessoas ou determinada por grupo, classe ou categoria.

perfil de cada concursando, pois cada qual tem uma sistemática e um preparo físico e mental próprio.

O que importa, deveras, é a regularidade dos estudos, sem exagero e excesso. O (A) candidato (a) convencer-se-á com os treinos diários e as autoavaliações, mantendo-se hábito e homogeneidade nos estudos.

A constante autoavaliação é essencial ao aprendizado e ao crescimento no concurso, aparando-se as falhas surgidas e aprimorando-se as habilidades.

Eu acordava às 7 (sete) horas *da manhã* e iniciava meus estudos às 8 (oito) horas no meu próprio quarto de casa (meu *retiro intelectual),* reformulado por meus pais para formato de pequeno escritório, com ambiência própria aos estudos (livros, cadernos, esquemas de estudo, citações e conceitos pregados na parede, espaço de mesa para *notebook* etc.), e seguia até meio-dia, quando interrompia os estudos no momento em que estava na leitura ou os concluía até permitir um retorno lógico e facilitado.

Almoçava e praticava a sesta, descanso diário após o almoço para recompor a mente. Esses descansos eram uma verdadeira recomposição mental e física, permitindo retornar ao estudo *novinho em folha*.

O indigitado descanso era curto, entre 10 (dez) e 30 (trinta) minutos, como forma de não se confundir com o sono noturno, este verdadeiramente reparador, pois o "sono é vital para uma mente equilibrada, produtiva e saudável"[16].

Quando estive inscrito em curso regular e anual de preparação para concurso toda minha manhã era destinada às aulas, no período das 07h às 12h.

---

16. *O código da inteligência: a formação de mentes brilhantes e a busca pela excelência emocional e profissional*, pág. 20.

Após o descanso mencionado, regressava aos estudos a partir das 14h (quatorze) horas e os interrompia às 18h (dezoito horas) ou às 17h (dezessete horas), neste caso quando praticava academia com musculação, verdadeira fuga do concurso, manutenção de preparo físico, e também mental, além de manter o corpo saudável.

A vida exige equilíbrio entre corpo e mente (alma). No âmbito do concurso nada muda.

Praticar exercício, fazer musculação, artes marciais, *crossfit,* ioga, dança, esportes em geral ou outras modalidades de atividade físico-mental é essencial para a caminhada do concurso, deixando-a mais leve, cuja rotina se torna mais natural e passageira, evitando as fases de *solidão negativa*, pensamento de desistência, mudança de propósito ou de foco, cansaço extremo e outras prejudiciais ao bom caminhar concurseiro.

Após o período do jantar ou do pós-treino, continuava os estudos a partir das 19h (dezenove horas) ou 19h30min (dezenove horas e trinta minutos) e seguia até 22h (vinte e duas horas) ou, no máximo, 23h (vinte e três horas), já tendo obtido alta carga de estudo e de rendimento diário, não precisando se estender, pena de, aí sim, o cansaço falar mais alto e interromper a compreensão e assimilação dos conteúdos.

No dia seguinte retornava ao mesmo formato, só modificando aos sábados, no qual estudava ora pela manhã (08h-12h), ora manhã e tarde (08-12h; 14-18h).

Todos os sábados à noite e a integralidade dos domingos eram deixados livres para o lazer, oportunidade em que costumava sair com amigos (as) e namorada, atualmente esposa (festas, boates, bares, restaurantes, encontros de casa etc.), ficava com a família, tocava violão (sou *ligado à música* desde cedo) e outras conveniências e ociosidades (ócio produtivo), todas afastadas do âmbito do concurso.

Entre os amigos, e por recomendação dos professores dos cursinhos, já era combinado não comentar assuntos jurídicos e de concurso público, como forma de efetivamente fugir da realidade diária, o que até hoje quase é seguido, em que cada qual com sua função e cargo deixa de lado as particularidades profissionais para obter convívio social facilitado.

A alimentação durante os estudos deve ser equilibrada, sendo recomendado seguir direcionamentos personalizados ou não de nutricionista ou nutrólogo. Alimentação *pesada*, direcionamentos personalizados ou não de além de não ser recomendada para uma vida longeva, atrapalha a memória, a disposição e o preparo físico-mental, isto é, o rendimento dos estudos e a memória a longo prazo, especialmente em períodos próximos às provas.

À época não busquei profissional, porque minha família é da área da saúde e, atualmente, meu irmão exerce Medicina com abordagem em nutrólogo Nutrologia, longevidade e prevenção de doenças e patologias, cujos ensinamentos são seguidos, sempre que possível, pois todo radicalismo é pernicioso.

Durante os estudos intervalados buscava dar um rápido (curto) descanso de poucos minutos com o escopo de descansar os olhos, a cabeça, comendo algo (frutas, proteína) e vislumbrando o horizonte (longa distância) para o olho ter uma dimensão de foco diferente (recomendações de oftalmologistas), além de sempre lubrificá-los constantemente, apenas com água natural.

Meu telefone celular ficava desligado ou distante. À época a rede social do *Facebook* estava começando a ganhar destaque e ainda não existia (ao menos que me recorde) o *Instagram*.

As redes sociais são fortes aliadas na preparação para concurso público, desde que o candidato tenha disciplina, autocontrole, confiança pessoal e saiba estruturar ("formatar") sua rede para a finalidade específica.

Atualmente minha página social do *Instagram* é destinada para publicação de dicas de concursos públicos. Não tenho muitos amigos nessa rede, pois a criei com intuito profissional e de acompanhamento e atualização nos concursos, moldando a página para o formato *concurseiro*, porque professor/orientador de concurso público também é um concurseiro, devendo viver sua realidade e acompanhar o que for possível.

Costumo fazer das redes sociais uma forma de transmissão e difusão de conhecimento, de cultura e de prazeres necessários à vida, como indicação de livros de literatura e do Direito, filmes e seriados com conteúdo relevante, música, enfim, mostrar muito do que não querem ver.

Embora a rede social possa diminuir a socialização, criando falsamente vínculos de amizade (sociabilidade controlada por botões de aceitar, excluir, comentar, bloquear, compartilhar, enviar etc.), potencializar a solidão das pessoas (com o mundo da reafirmação do *eu*, do *ego*), e fomentar o ódio e a discriminação supostamente livres e irresponsáveis, ela se afigura como particular instrumento de preparação para concurso, notadamente porque temos todo tipo de conteúdo nas redes sociais, cuja realidade dos concursos fala alto nas plataformas virtuais (livros, materiais, editoras, cursos preparatórios, aulas gratuitas, professores, provas, dicas de estudo e de questões etc.).

Os algoritmos do mundo virtual são interpretados filosoficamente como algo nocivo ao mundo plural, diversificado, na medida em que direciona seu mundo virtual à realidade dos seus gostos, particularidades, familiaridades. Isto é, você estará preso numa bolha de informação e de cultura, com ilusão de liberdade de navegação.

Entretanto, há um lado positivo para o concurseiro: direcionar sua rede social ao mundo dos estudos para concurso público, evitando-se evasões e abstrações que retirem o foco necessário. Não tenha *informatofobia*[17] durante a preparação para concursos.

Meu *Facebook* era utilizado com finalidade pessoal (da primeira edição à segunda deste livro, dado estar sucumbindo ao nada nos últimos tempos), tendo todo o corpo de amigos e familiares na aludida rede. Por essa razão, a fim de não confundir conteúdos pessoais com profissionais, muitas vezes inevitáveis, criei minha página "Defensor Público Ígor Arruda"[18] (atualmente apenas "Ígor Arruda"), na qual divulgo quase diariamente informações jurídico-sociais, artigos de Defensores Públicos e de outros juristas, dicas de concurso público e redação forense ou língua portuguesa, comentando provas de concursos diversificados, isto é, cumpro a missão defensorial de difusão do conhecimento jurídico, cidadania e direitos humanos (educação em direitos/cidadania), consoante artigo 4.°, inc. III[19], da LC n. 80/94 (Lei Orgânica Nacional da Defensoria Pública – LONDP).

O candidato a concurso pode fazer o mesmo, adequando sua rede social, ou mesmo criando um "perfil concurseiro", com o desiderato de acompanhar dicas de concursos públicos, editais, informações de livros e cursos preparatórios, promoções etc., ou seja, estar virtualmente inserto (não disse in<u>c</u>erto) na seara do concurso, não se ilhando e se isolando das informações relevantes, às vezes essenciais para quem estuda em casa.

Antes de especificar o formato dos estudos com a divisão por temáticas, já que acima apenas indiquei a divisão

---

17. CORTELLA, 2013, p. 35.

18. *www.facebook.com.br/igoraraarruda.*

19. Art. 4º São funções institucionais da Defensoria Pública, dentre outras: (....) III – promover a difusão e a conscientização dos direitos humanos, da cidadania e do ordenamento jurídico; (Redação dada pela Lei Complementar nº 132, de 2009).

em cargas horárias, deixo abaixo quadro esquemático do meu formato inicial de estudos (antes da minha primeira aprovação em Defensoria Pública), podendo ser *adaptado* para qualquer realidade pessoal dos leitores concursandos, customizando-se o cronograma.

| *Turno de estudo* | *Carga horária* |
|---|---|
| *Estudos da manhã (ou aulas de cursos preparatórios)* | *08h-12h.* |
| *Almoço e descanso (sesta e intervalo com cochilos)* | *12h-14h.* |
| *Estudos da tarde* | *14h-17/18h (com academia ou sem atividade física, respectivamente)* |
| *Estudo noturno* | *19h/19h30min – 22h/23h.* |
| *Sábado* | *08h-12h.*<br>*14h-18h (facultativo).* |

O cronograma de estudos deve ser reformulado a cada experiência no concurso ou mesmo do aproveitamento pessoal. Caso o candidato perceba que pela manhã o estudo de Doutrina não rende, tendo pouca assimilação, deve-se antecipar o treino de questões objetivas para este turno, já que desperta maior atenção e raciocínio, destinando o estudo doutrinário para o período vespertino, por exemplo.

Com o passar do tempo o candidato vai naturalmente percebendo suas facilidades e seus ganhos (aquisições intelectuais), sabendo moldar seu cronograma e necessidade, embora no começo pareça complicado ou difícil de customizar seu estudo.

Meu cronograma foi mudado drasticamente quando já era Defensor Público no Estado do Maranhão e decidi prestar os concursos da Defensoria Pública dos Estados da Paraíba e de Pernambuco.

Trabalhava manhã e tarde fazendo muitas audiências criminais, júris, visitas a presídios/penitenciárias e atendimentos ao público, além da atuação processual nos autos com peças diversificadas.

Quando tomei posse na DPE/MA não parei de estudar em absoluto, conquanto estivesse assaz satisfeito com o trabalho e com o Estado, cujo peso da distância da terra natal foi maior com o passar dos anos, mesmo tendo casado, cuja solidão antes individual passou em alguns momentos a ser compartilhada, ilhados a distância e sem facilidade de deslocamento.

Passei 2 (dois) anos na primeira comarca (Açailândia), atuando com defesa criminal, tribunal do júri, execução penal e infância e juventude infracional, época em que continuava com os estudos, mas de maneira não intensificada, priorizando matérias relacionadas ao trabalho.

À época (2012-2015) tive pouco contato com demandas cíveis, de consumo, fazenda pública, tributárias, empresariais, familiares, de registro civil, execuções fiscais e extrajudiciais e outras demandas judiciais ou extrajudiciais de natureza não criminal, o que só veio a ocorrer quando ingressei na DPE/PE, quando passei a atuar indiscriminadamente em todas as searas, prestando a integralidade da assistência jurídica gratuita, observando a instituição no seu todo finalístico, mormente na atuação extrajudicial, educativo e com enfoque coletivo e na efetivação de políticas públicas e de direitos fundamentais.

Quando consegui remoção para a cidade de Imperatriz, onde passei meu último período de 1 (um) ano e meio até mudar de Estado (MA-PE), intensifiquei meus estudos com foco no concurso, pois os editais da DPE/PB e DPE/PE eram iminentes, consoante sítios eletrônicos e grupos de concursos.

Atualmente essas informações são difundidas com muita facilidade em *sites* e redes sociais, por isso a importância de o candidato estar antenado com o mundo virtual, pois muitas informações são antecipadas ou, ao menos, especuladas, facilitando-se o direcionamento de estudo.

Basicamente dispunha do período noturno e da madrugada para estudar, assim sendo feito. Mesmo mantendo atividade física e efetivo empenho no trabalho, tanto que muitos profissionais de outras carreiras (promotores e juízes) ficaram surpresos com a notícia de minha aprovação e saída do Estado, consegui estudar de maneira objetiva, sem excessos e ultrapassar cargas horárias razoáveis de estudo.

Por exemplo, em nenhum momento passei de meia-noite estudando para concurso, sempre mantendo o ritmo das 19h (dezenove horas) às 23h (vinte e três horas).

Em dias específicos, quando os destinava tão somente a uma sessão plenária de júri, por exemplo, mas esta não ocorria por qualquer motivo e eu não estava tão locupletado de manifestações processuais pendentes, conseguia deixar o restante do dia com estudos para concurso. Aprendemos a ser estratégicos e utilizar o tempo vago de modo produtivo.

Trabalhar retira significativamente o tempo de estudo, mas pode ser usado a favor. Quando eu estudava para as provas objetivas e subjetivas, costumava citar nas peças processuais bastantes informativos de jurisprudência e enunciados de súmula, além de textos de lei, a fim de gravá-los, memorizá-los sempre lendo todo o conteúdo ou capítulo legal respectivo com o intuito de memorizar também na prática o conteúdo estudado e trabalhado.

Mais uma dica que deixo antecipada: deve o (a) candidato (a) ler o conteúdo legal referenciado quando estiver estudando uma doutrina ou informativo de jurisprudência.

Se um julgado fizer referência ao instituto do "duty to mitigate the loss" e à boa-fé objetiva (artigo 422 do Código Civil – CC), deve o concursando ler os artigos 421 a 426 do CC, já que versam a "Seção I – Preliminares" das "Disposições Gerais" dos "Contratos em Geral" (Título V), situando geograficamente (no Código/no *Vade Mecum*) o leitor a fim de entender o conteúdo de maneira mais abrangente, fixando-o ("memorizando"), além de verificar detalhes não previstos no julgado ou na citação de doutrina.

A repetição da leitura é a chave de ouro para a memorização!

"A repetição é a mãe do aprendizado" (RIBEIRO, 1994, p. 101).

Reler conteúdo legal não é despiciendo, dispensável, senão relevante técnica de aprendizado e de absorção do âmago do conteúdo, máxime porque a abordagem do concurso exige identificação de detalhes do texto legal.

Não se engane com o conhecimento provisório durante uma leitura ou prática de exercício, na medida em que nossa mente é naturalmente seletiva, até para manutenção da saúde mental. Imagine se nós lembrássemos de todos os fatos da vida? Enlouqueceríamos! Fatos positivos, negativos, comemorativos, destrutivos e traumáticos etc.

"A memória é sempre traiçoeira"! Marcelo Semer[20] cita a frase numa outra realidade (processual penal), versando sobre *falsas memórias*, reconhecimento de pessoas e coisas (com o problema da *força do sugestionamento*), fragilidade dos depoimentos testemunhais, sobretudo de policiais, isto é, no universo da relevância probatória da memória das pessoas, fontes de prova e de informação jurídico-probatória ou indiciária.

Adaptando-se à realidade dos estudos (não apenas para concursos) e do aprimoramento da cultura, importante registrar

20. "A memória é sempre traiçoeira e não raro somos tentados a cobrir os espaços vazios com nossas próprias lembranças ou impressões" (SEMER, 2017, p. 20).

que não deve o candidato contentar-se com o conhecimento aparentemente formado sobre um tema, sempre preferindo sua releitura, revisão, haja vista que poderá cair no esquecimento, cujos concursos exigirão memória de médio ou longo prazo. Impossível estudar todo o conteúdo do edital imediatamente antes da prova, por isso a revisão será ótimo instrumento de memorização e de fixação do conteúdo na mente e na memória do concurseiro.

Na fase oral e na de tribuna eu seguia a mesma tônica dos estudos para primeira fase, com a seguinte característica.

Por atuar com uma atribuição humanista na cidade de Imperatriz da DPE/MA, a defesa das mulheres vítimas de violência ("Defensor da Mulher Vítima" – Lei Maria da Penha), além de a mídia intensificar cotidianamente a divulgação dos direitos do consumidor, concedi muitas entrevistas ao vivo ou gravadas para a imprensa, circunstância que favorecia minha preparação em termos de autocontrole, ansiedade, oratória, domínio dos conteúdos e explicação de modo objetivo e simplificado, sem rebuscamentos improdutivos.

Assim, o cronograma foi modificado à íntegra, adaptando meu trabalho às exigências do concurso, cumprindo a missão defensorial com normalidade.

Ser (estar) Defensor (a) Público (a) e buscar novamente concurso(s) para membro da Defensoria Pública é fazer do trabalho um instrumento de aprovação e de absorção de conteúdos institucionais e práticos, desde que de maneira bem pensada e estruturada.

Como resultado, obtive novas aprovações nos concursos para Defensor Público da Defensoria Pública dos Estados da Paraíba (DPE/PB – FCC/2014-5 – I concurso da Instituição) e de Pernambuco (DPE/PE – CEBRASPE/2014-5 – II concurso da Instituição).

Na DPE/PB obtive a nota de corte na prova objetiva, isto é, fiz pontuação-limite para continuidade no certame. Ademais, tive a satisfação de obter a primeira (1.ª) melhor nota na prova oral, em cuja fase mais de 30% (trinta por cento) dos candidatos foram (injustamente, penso) reprovados, além da segunda (2.ª) melhor nota na prova de tribuna, esta a quarta fase do concurso e a última eliminatória do certame, oportunidade em que a quinta etapa foi destinada apenas para a apresentação dos títulos (fase meramente classificatória, tendo eu não apresentado títulos em razão de desejar ficar no fim de fila, já que estava passando na DPE/PE e meu interesse por esta casa aumentava.

Até o início de 2019 eu fui convocado duas vezes na DPE/PB para nomeação e posse, tendo apresentado pedidos de fim de fila para permitir nomeações de outros candidatos seguintes a minha colocação, não mais tendo interesse em mudança de Estado.

Sim, prezado leitor, meu Estado natal foi deixado de lado em prol de um bem-estar pessoal, familiar e, também, de acomodação profissional. Muitos candidatos serão aprovados em Estados, distantes ou não, da terra natal, e saberão construir uma nova realidade de vida, antes impensável.

Cada um constrói o futuro como bem quer. Semeie seu destino, construa sua estrada e goze dos frutos com satisfação.

# 2

# PASSANDO NA PRIMEIRA FASE

Para obter aprovação em concurso público, principalmente nas carreiras jurídicas, não basta estudar; é preciso saber estudar, ter método, ordem, rotina, sacrifício, paciência, insistência e persistência.

"Seu futuro começa hoje" (CERBASI, 2008, p. 44). Comece a implementar, desde cedo, suas novas estratégias de estudo a fim de que o futuro já esteja acontecendo. Você perceberá que a aprovação não será um *acidente do destino*, e sim fruto de dedicação.

Construa-se! Toda construção vem de baixo para cima. Obtenção de meta sem construção é sorte, com a qual o candidato não deve contar. A evolução é lenta e a paciência, certa. Lembre-se de que o Brasil passou três séculos como colônia até atingir sua independência de Portugal[1]. Os resultados obrigatoriamente vêm quando há esforço e dedicação.

A fase objetiva dos concursos é conhecida como fase da letra *fria* da Lei e dos informativos de Jurisprudência, a depender da preferência da banca examinadora.

1. GOMES, 2015, p. 53.

Nos concursos mais recentes as questões têm tido abordagem prática e interdisciplinar, sobrelevando-se a importância dos informativos de Jurisprudência, os quais norteiam a elaboração das questões pelos examinadores.

Palavras de um professor-orientador de curso preparatório para concurso público, o qual extrai dos indigitados informativos muitos casos práticos em preparação aos candidatos habilitados às segundas fases de concurso para Defensoria Pública dos Estados, havendo meras remodelações e adaptações a situações pontuais, mas se aproveitando de casuísmos e teses decididas por Tribunais Superiores e pela Suprema Corte.

A partir dessa premissa os estudos devem ser formatados para o perfil dos concursos: (a) Lei; (b) Informativos de Jurisprudência; (c) Doutrina (objetiva e pontualmente densa).

## 2.1. CONHECENDO O EDITAL, SUAS DIRETRIZES E O PESO DE PONTUAÇÃO DAS MATÉRIAS

O conhecimento do edital, a leitura de suas diretrizes gerais e dos conteúdos é essencial com o fim de conhecer o formato do concurso, da banca examinadora, o âmago das matérias examinadas e da estratégia na revisão de matérias ou de prioridades na fase mais próxima do certame.

Se em determinado concurso público de Defensoria Pública Estadual a matéria "Direito Administrativo" tiver peso "04" de "100" não deve o candidato aplicar-lhe máxima atenção, havendo outras disciplinas com peso maior, por exemplo, "22" ou "10" de "100", cujas pontuações elevarão o candidato às primeiras posições.

Não se quer dizer que as matérias de menor peso devem ser ignoradas, haja vista que serão elas a definir a aprovação ou a boa colocação do candidato ao término do certame.

Todas as matérias são importantes, quando devidamente cobradas no edital, mas pela infinidade programática o candidato deve saber priorizar temas e disciplinas por *peso do conteúdo*, facilidade de absorção da matéria e tempo de revisão.

De tal modo, compreender a importância e o peso da matéria, ambos dados pela banca examinadora no edital do concurso, e não propriamente pela relevância do tema à Carreira respectiva, é ferramenta relevante para programação dos estudos e adoção de estratégias reais.

Na 1.ª edição deste livro transcrevi o edital do concurso da Defensoria Pública da Bahia (FCC/2016-7)[2], demonstrando o valor de cada matéria na prova objetiva seletiva.

Nesta presente edição preferi somar novos conteúdos e informações, remetendo o leitor aos sítios eletrônicos das bancas examinadoras, indicando apenas trecho do aludido edital com a esquematização de quantidade de questões e seu respectivo valor na pontuação final do certame.

| **BLOCO** | **DISCIPLINA** | **QUANTIDADE DE QUESTÕES** |
|---|---|---|
| *I* | *(I) Direitos Humanos;*<br>*(II) Direito Constitucional;*<br>*(III) Direito Administrativo.* | *(I) 10;*<br>*(II) 10;*<br>*(III) 04.* |
| *II* | *(I) Direito Penal;*<br>*(II) Direito Processual Penal e Execução Penal.* | *(I) 10;*<br>*(II) 10.* |
| *III* | *(I) Direito Civil e Direito do Consumidor;*<br>*(II) Direito Processual Civil.* | *(I) 22;*<br>*(II) 10.* |

2. Disponível em: https://www.concursosfcc.com.br/concursos/dpeba116/index.html. Acesso em 12 mar. 2019.

| *BLOCO* | *DISCIPLINA* | *QUANTIDADE DE QUESTÕES* |
|---|---|---|
| *IV* | *(I) Direito da Criança e do Adolescente;*<br>*(II) Legislação, Princípios e Atribuições Institucionais e da Defensoria Pública do Estado da Bahia;*<br>*(III) Aspectos da Constituição e Formação da População e da História da Bahia.* | *(I) 08;*<br>*(II) 08;*<br>*(III) 08.* |

A Defensoria Pública do Estado do Espírito Santo (2016-7), também por meio da banca examinadora Fundação Carlos Chagas (FCC), previu edital semelhante, com adição de "Direito Difusos e Coletivos", "Direito Previdenciário e Tributário" e "métodos consensuais de soluções de conflitos" (Direito Processual Civil), mostrando-se a repetição de conteúdos programáticos e a necessidade de avaliação da banca examinadora para adoção de método de estudo, sobretudo porque as bancas examinadoras costumam repetir conteúdos de questões de concursos passados, alterando-se sinônimos, institutos jurídicos ou abordagem das questões, adaptando-as.

O mesmo rumo programático seguiu a Defensoria Pública do Estado do Mato Grosso (DPE/MT). No entanto a banca examinadora foi a Universidade Federal do Mato Grosso (UFMT), com o acréscimo da prova de tribuna, cuja fase também foi aplicada no I concurso Defensoria Pública do Estado da Paraíba (FCC/2015-6).

A Defensoria Pública do Distrito Federal – DPDF (CEBRASPE/2019) lançou seu II concurso público em 07 de março de 2019 com novas tendências defensoriais, tais como (i) abordagem sobre Filosofia e Sociologia Jurídica, (ii) conhecimentos sobre a realidade da região ("conhecimentos sobre o Distrito Federal"), (iii) aumento da relevância do Direito Institucional (história, organização, princípios e normas institucionais da Defensoria Pública e da DPDF), (iv) prova oral sem critério classificatório, mas tão só eliminatório (realidade incomum), (v) cláusulas de barreiras entre as etapas do concurso, (vi) Criminologia, Direitos Humanos, Difusos e Coletivos como matérias autônomas.

Essas tendências já vinham sendo sinalizadas nos certames da DPE/SP e da DPE/MG (2018-9), demonstrando concursos com *perfil defensorial*, buscando-se conhecimentos mais aproximados da realidade da instituição e de suas funções institucionais (LONDP) e constitucionais.

Se o candidato destinar 1 (um) dia ou pouco mais de estudo para o edital perceberá que a partir dele é feita uma rápida revisão dos conteúdos e da sistemática dos temas, conhecendo-se e/ou revisitando-se itens e institutos jurídicos importantes.

O edital auxilia o candidato na própria divisão temática do concurso, facilitando-se o estudo e o cronograma personalizado do concursando.

Se num concurso for indagado o significado do *efeito cliquet* e os princípios da vedação à evolução reacionária ou contrarrevolução social, o candidato não poderá se mostrar surpreso, visto que o conteúdo estará inserto como "princípio da proibição do retrocesso social", previsto expressamente no edital, cabendo ao candidato analisar as temáticas exigidas pelo examinador para estruturar seus estudos em consonância com a realidade daquele edital.

Ademais, se uma questão correlacionar Leis Penais Simbólicas (Direito Penal Simbólico), Direito Penal Máximo e Mínimo, Minimalismo Penal e Garantismo Penal, ou mesmo indagar o significado de "sobrevitimização" (vitimização secundária) e as demais formas de vitimização (primária e terciária), mais uma vez deverá o candidato mostrar-se afinado com o edital, já estando todos os institutos jurídicos expressamente previstos na disciplina *Criminologia*, cuja matéria passou a ser mais recorrente nos concursos públicos de Defensoria Pública Estadual (DPE), à semelhança de Direitos Humanos e Humanística (Filosofia, Filosofia do Direito, Sociologia, Sociologia Jurídica), como demonstrado acima (aumento nos concursos de 2017 a 2019).

A despeito da extensão dos editais dos concursos, muitos conteúdos são perceptivelmente reiterados entre as disciplinas.

Por exemplo, a Lei n. 11.340/2006, notoriamente conhecida como "Lei Maria da Penha" (violência doméstica, familiar e/ou afetiva contra a mulher/o gênero feminino), pode ser encontrada nas disciplinas "Direitos Humanos", "Direito Penal" e "Direito Processual Penal" (aspectos processuais da Lei n. 11.340/2006).

No edital da DPE/MG, datado de 18 de janeiro de 2019, cujo concurso teve banca própria da Instituição local com auxílio operacional da FUNDEP (Fundação de Desenvolvimento da Pesquisa), depreende-se que o conteúdo da indigitada Lei Maria da Penha (LMP) foi colocado em diversos itens do edital, tais como Direito Penal (aspectos penais da Lei n. 11.340/2006), Direito Processual Penal (aspectos processuais da Lei n. 11.340/2006), Legislação Especial (Violência Doméstica: Lei n. 11.340/2006), Direitos Humanos (diversidade sexual e de gênero; grupos vulneráveis) e Princípios Institucionais (especificidades da atuação especializada da Defensoria Pública: mulher vítima de violência doméstica).

Demonstra-se que um mesmo conteúdo, com abordagens diversas, está presente em diversas partes do mesmo edital, diminuindo-se sua extensão, retirando-se o temor da quantidade de leituras e de metas a bater.

Isto é, a despeito da extensão do edital, deve o candidato saber que muitos conteúdos são repetidos nas disciplinas, além de estarem correlacionados, não se tratando de matérias distantes e ilhadas. A partir do estudo integral de uma dada Lei, estará o candidato esgotando pontos do edital em algumas ou várias matérias expressamente previstas.

Importante também verificar a extensão da disciplina e se ela está abarcando outras. As disciplinas "Direito Empresarial", "Falencial", "do Idoso", "do Consumidor", "das Pessoas com Deficiência" podem estar abarcadas no "Direito Civil", devendo o candidato ficar atento para não excluir as matérias abrangidas por não as visualizar no edital ou por considerá-las irrelevantes em razão da "continência editalícia", em que um conteúdo está contido noutro, não mostrando a banca examinadora redução de valor ou da importância da matéria, dependendo do próprio peso do conteúdo geralmente indicado no edital ("lei dos concursos").

Após essa narrativa sobre o estudo do edital, os leitores podem se indagar: e se eu estiver estudando sem edital e sem concurso específico? Se eu estiver iniciando a caminhada dos concursos?

Primeiramente é importante fazer escolha da carreira e do cargo. Foco também é uma técnica para aprovação!

Não é produtivo, malgrado possa ser atingido, perseguir diversos cargos de carreiras distintas. Isto é, não é satisfatório estudar para Defensor Público Estadual, Promotor de Justiça, Juiz Federal, Delegado de Polícia Civil, Procurador do Trabalho, Analista Judiciário etc.

O candidato deve escolher qual (quais) carreira (s) estipulará como meta. Naturalmente que 80% (oitenta por cento) ou mais dos leitores que adquiriram este livro desejam ser (ou já são) Defensor Público estadual, distrital ou federal, mostrando-se o cumprimento antecipado de um método de aprovação.

Após selecionar a carreira perseguida, e como ainda não será possível obter aprovações para o cargo da carreira jurídica (exigências de prévia atividade jurídica), salvo situações pontuais de cada pessoa, deve o candidato estipular como meta de estudo os editais dos concursos públicos relacionados ao cargo.

Não basta seguir friamente um edital. É importante concatenar vários editais previstos para o mesmo cargo, acrescentando-se matérias que não estavam indicadas num concurso, mas estava em outro, à semelhança de "Direito Difusos e Coletivos", "Direitos Humanos", e "Direito Tributário", "Filosofia e Sociologia Jurídica".

O estudo inicial sem ordem, método e organização atrapalhará a evolução do candidato, cujo norte ("bússola") inicial é o edital, o qual indica quais conteúdos deve o concursando estudar, priorizar e revisar.

## 2.2. DIVISÃO ESQUEMÁTICA E ESTRATÉGICA DOS ESTUDOS

O candidato não pode isolar as leituras periódicas, por semana ou mês.

Como assim? Ler durante uma semana apenas Doutrina e, ainda pior, ler apenas uma Doutrina durante o interstício semanal.

A leitura não pode ser monocular, abstraindo-se por muito tempo outras áreas do conhecimento e outras abordagens de aprendizado do conteúdo.

As leituras devem ser intervaladas e múltiplas *(estudo por prestações)*, mesclando leitura legal, jurisprudencial e doutrinária, fazendo-se intercâmbio entre os conteúdos, interligando-os, notadamente para ganhar dinamicidade e poder de interpretação de questões com abordagem ampla e multidisciplinar.

O conteúdo é vasto, o edital prevê uma infinidade de matérias e em cada delas há uma extensão de conteúdo. Assim sendo, mesclar as leituras é essencial para aprendizado e absorção do conteúdo.

Dentro do cronograma do candidato é possível dividi-lo por horas, turno ou dia.

Por exemplo, estudar Doutrina Processual Penal, Penal (Geral, Especial ou Legislação Penal Especial) e Execução Penal com leitura de informativos de jurisprudência correlatos ou integrais numa segunda-feira; Direitos Humanos, Constitucional e Administrativo com realização de questões de concursos passados ou disponibilizadas em livros, sítios eletrônicos, cursos preparatórios etc. numa terça-feira; Doutrina Processual Civil, Civil, Consumidor, Idoso, Criança e Adolescente com leitura do texto legal respectivo numa quarta-feira; Lei seca das matérias anteriores na quinta-feira; etc.

Quando me refiro à *Doutrina* não quero dizer leitura específica de livro, podendo ser o caso de material de curso preparatório para concurso, cadernos com resumos etc., isto é, utilização de vários instrumentos nos quais contenha conteúdo de Doutrina.

A divisão temática, como dito alhures, deve ser personalizada, de acordo com a carga horária disponível para o candidato, seu preparo mental e físico para intensidade e quantidade de estudo, necessidade de intensificação dos estudos na matéria "A" ou "B", de revisão de conteúdo em razão do esquecimento de temas importantes e recorrentes no concurso, dentre outros fatores relevantes a serem considerados.

## 2.3. ESTUDANDO *LEI SECA* COM TÉCNICAS DE APRENDIZAGEM E ABSORÇÃO DO CONTEÚDO

> *"A primeira fase de concurso exige conhecimento de lei seca".*

A frase acima ecoará na vida do concursando que ainda não obteve aprovação na primeira fase ou está iniciando os estudos. Se não a escutou antes da prova, será convencido durante a realização do certame.

Conhecer a lei, o conteúdo do texto legal, a escolha política feita pelo órgão Legislativo, a bem da verdade, é uma técnica de aprendizado no Direito como um todo, devendo o aprendiz (todo jurista é eterno aprendiz) partir do pressuposto da leitura do conteúdo da Lei para, após, ingressar na Doutrina, nos informativos de Jurisprudência, os quais julgam o texto legal, interpretam-no, dão-lhe sentido, extensão e alcance normativo.

A norma é resultado da interpretação e da correta exegese do texto normativo, dando-lhe sentido e alcance, por isso a importância de conhecê-lo (texto constitucional, supralegal, legal ou infralegal) para entender o porquê da fundamentação num informativo de jurisprudência, saber desenvolver um tema com eloquência e argumentação suficientes numa peça processual ou numa arguição oral, atraindo-se a pontuação máxima.

Rafael Calmon (2017) afirma que o CPC/2015 não trouxe apenas uma nova legislação processual civil, senão um novo sistema de direito processual civil brasileiro, com nova realidade a ser ordenada, disciplinada e interpretada conforme valores e normas fundamentais estabelecidos na CRFB (art. 1.° do CPC).

A respeito do texto normativo e da norma jurídica, assevera que (Rafael Calmon, 2017, p. 28-9):

> (...) o novo Código, assim como qualquer corpo legislativo, se apresenta sob a forma de meros *enunciados normativos* que, nessa condição, se limitam a enunciar, a relatar, a emitir frases formadas por palavras, que precisam ser *interpretadas* no caso concreto, com o objetivo de que a *norma jurídica* nelas encartada possa ser extraída antes de ser efetivamente aplicada ao caso concreto".

Não se quer dizer que a Lei é suficiente para regular, por inteiro, a complexidade dos problemas da vida social, sendo ela ponto de partida para compreensão dos fenômenos sociais ou mesmo para verificar a necessidade de sua mudança ou adaptação.

Para além de registrar aspectos positivos, como a limitação ao poder estatal[3] e dos monarcas (absolutismo), dar segurança, certeza e previsibilidade e proteção de indivíduos e de direito fundamentais (proteção dos indivíduos contra arbítrios de quaisquer autoridades), Cesar Asfor Rocha (2009, p. 20-2) critica a visão positivista do Direito e a ideia do *legalismo*:

> É inegável que a Ciência do Direito, certamente por causa da excessiva valorização de seu objeto imediato – a lei escrita –, tendeu, ao longo de seu desenvolvimento histórico, a absorver o viés chamado de *positivista*, que fundamenta, sem dúvida alguma, a ideia do legalismo, redutora do Direito à sua dimensão legal ou normativa, escrita ou positivada, atribuindo à lei função exaustiva da regulação da vida social e de seus variados e múltiplos problemas e encaminhando o jurista àquele prefalado viés técnico ou legalista.
>
> No entanto, como proclamam os que não se conformam com essa visão ou essa posição dogmática legalista no que toca à compreensão do Direito, *a lei é manifestamente insuficiente para dar conta da complexidade dos problemas da vida social*, como advertia Lourival Vilanova, ou nesta outra forma, dita por Mário Moacir Porto, *a lei não esgota o Direito, assim como a partitura não esgota a música*. (...)
>
> Não se pode negar que a chamada visão positivista do Direito – e também de sua celebrada corrente legalista – teve na História do Direito um papel nada desprezível, que foi o de expressar limitações ao magnífico poder estatal, máxime nas épocas em que esse poder se confundia com a vontade do príncipe, o qual não deixava aos indivíduos a ele subordinados qualquer margem

3. "A lei limita o julgador; a lei é o freio eficaz contra seus impulsos subjetivos e sua particular percepção de justiça, às vezes contra sua vocação de paladino" (ROCHA, 2009, p. 51).

> de segurança, tendo-se presente a imprevisibilidade das manifestações subjetivas da autoridade autocrática, a cujo respeito Max Weber escreveu páginas de notável exemplaridade. (...)

Continua o citado autor da seguinte forma (ROCHA, 2009, p. 24):

> Devido a essa distorção ou ao abandono do sentido, que eu diria *libertário*, dos primeiros tempos do positivismo jurídico, juristas da mais alta estirpe intelectual e doutrinária, mestres como Conrad Hesse, na Alemanha, Norberto Bobbio, na Itália, e Paulo Benevides, no Brasil – para citas apenas esses luminares –, desenvolveram a doutrina do pós-positivismo, que não descarta o valor do sistema de leis escritas, mas traz para seu interior e coloca no centro da ordem jurídica os valores do humanismo em sua dimensão exata e contemporânea de *proteção da pessoa humana*.

No âmbito do concurso (sobretudo em primeira fase e prova oral), e por uma influência positivista ou legalista do Direito bem como da segurança e da objetividade dos textos normativos, o conteúdo legal tem máxima valorização pelas bancas examinadoras, devendo o candidato iniciar seus estudos por ele, mas sempre dialogando com a Doutrina e a Jurisprudência, as quais darão significado, alcance e compreensão de vários institutos jurídicos inicialmente não compreendidos com a mera leitura fria da Lei.

Nas fases com maior conteúdo argumentativo, com densidade jurídica, será exigido do candidato o poder de interpretação da norma jurídica, de identificação do pós-positivismo, mormente da humanização do Direito (com as conquistas da civilização), inteiramente ligado ao perfil da Defensoria Pública, com atuação subjetiva de tutela dos necessitados em todas as dimensões de empoderamento destes.

A **memorização do conteúdo do dispositivo legal** é sobremaneira importante. Há quem entenda que não é necessário memorizar conteúdo de texto legal ou os números dos artigos, parágrafos, incisos, alíneas.

Entrementes conhecer o conteúdo legal, memorizando-o, trará diferencial no momento da elaboração da prova objetiva, cujas redações são *cópia da lei*, alterando-se tão somente advérbios, adjetivos, sentidos gerais, ou seja, colocando-se as *pegadinhas* para os desavisados e não tarimbados com a leitura do texto legal.

Importante que ao ler a legislação o candidato siga as remissões a enunciados de súmulas, outros textos legais, sempre dialogando, analisando o tema de maneira multidisciplinar, cuja abordagem é atualmente recorrente nos concursos públicos, com o desiderato de analisar o perfil dos candidatos, analisando se estes são capazes de se desprender de um texto legal, dialogar com outro e com enunciado de súmula de Tribunais Superiores ou até mesmo interpretá-los com os casos práticos, cujo domínio textual auxilia a identificação do acerto ou do erro da assertiva.

A título de exemplo, a leitura do artigo 186 do Código Civil-CC[4] (atos ilícitos) remete à leitura dos artigos 43 (responsabilidade civil das pessoas jurídicas de direito público interno), 398 (mora do devedor de obrigação decorrente de ato ilícito) e 927 e seguintes (responsabilidade civil e obrigação de indenizar), todos do próprio Código Civil.

De mais a mais, há remissão encontrada em *Vade Mecum* aos enunciados de Súmula do Supremo Tribunal Federal (STF) n. 28 (responsabilidade civil do estabelecimento bancário por pagamento de cheque falso), n. 492 (responsabilidade civil solidária das empresas locadoras de veículos por danos causados a terceiros), além dos Enunciados de Súmula do Supremo

4. "Aquele que, por ação ou omissão voluntária, negligência ou imprudência, violar direito e causar dano a outrem, ainda que exclusivamente moral, comete ato ilícito".

Tribunal de Justiça (STJ) n. 37 (acumulação das indenizações por danos moral e material pelo mesmo fato), n. 221 (responsabilidade civil solidária decorrente de publicação pela imprensa do autor do escrito e do proprietário do veículo de comunicação), n. 403 (desnecessidade de prova do prejuízo – dano moral *in re ipsa* – na indenização pelo prejuízo decorrente de publicação não autorizada de imagem de pessoa com fins econômicos ou comerciais), n. 387 (cumulação das indenizações de dano estético e dano moral).

O artigo 186 do CC fará remissão também ao CDC (Código de Defesa do Consumidor), à CRFB (Constituição da República Federativa do Brasil) e a enunciados das Jornadas de Direito Civil.

O candidato perceberá o diálogo feito por todo o ordenamento jurídico a partir da leitura de um único dispositivo legal, concatenando-se as informações, depreendendo-se a vastidão de um tema e da necessidade da compressão de todos os vieses passíveis de cobrança no concurso, mesmo que sejam temas *batidos*, já consagrados no Direito e no debate doutrinário e jurisprudencial, recorrentes e de conhecimento geral da grande maioria dos candidatos.

Quando o leitor estiver lendo um livro, por exemplo, e houver indicação de um artigo de lei, deve buscar o texto legal e lê-lo, não se satisfazendo com a mera remissão feita no livro. Além do mais, deve não apenas ler o artigo específico, lendo toda a *seção* ou o *capítulo* relativo ao conteúdo do dispositivo citado, compreendendo todo o contexto do dispositivo, além de reiterar as leituras, fixando-se a memória textual e literal do dispositivo.

A literalidade do conteúdo legal pode ser questão de prova, por isso a relevância do seu conhecimento e de seu *domínio*.

Farei prova abaixo da relevância do conhecimento textual dos dispositivos legais.

Se uma questão afirmar que "o Conselho de Sentença será questionado sobre matéria de fato e de direito e se o acusado deve ser absolvido" a assertiva estará certa ou errada?

Que diz o *caput* do art. 482 do CPP? "O Conselho de Sentença será questionado *sobre matéria de fato* e se o acusado deve ser absolvido"!

Logo a assertiva está errada, pois o Conselho de Sentença não delibera "matéria de direito", cabendo esta ao Juiz-Presidente, consoante arts. 492 e 497, incisos IV e X, ambos do Código de Processo Penal (CPP).

Com outro exemplo é possível demonstrar a importância do conhecimento da literalidade do texto legal, além das abordagens do examinador na primeira fase do concurso (prova objetiva).

Se a assertiva afirmar que "durante o julgamento não será permitida a leitura ou a exibição de quaisquer documentos ou de objeto que não tiverem sido juntados aos autos com a antecedência mínima de 05 (cinco) dias, dando-se ciência à outra parte", ela estará correta?

Para a resposta da indagação acima basta analisar o que preceitua o artigo 479, *caput* e parágrafo único, do CPP, com os grifos apropriados ao entendimento da matéria:

> Art. 479. Durante o julgamento **não será permitida a leitura de documento ou a exibição de objeto que não tiver sido juntado aos autos com a antecedência mínima de 3 (três) dias úteis**, dando-se ciência à outra parte. (Redação dada pela Lei nº 11.689, de 2008)
>
> Parágrafo único. **Compreende-se na proibição deste artigo** a leitura de jornais ou qualquer outro escrito, bem como a exibição de vídeos, gravações, fotografias, laudos, quadros, croqui ou qualquer outro meio assemelhado, **cujo conteúdo versar sobre a matéria de fato** submetida à apreciação e julgamento dos jurados. (Incluído pela Lei nº 11.689, de 2008)

Assim sendo apenas os documentos e objetos relacionados à *matéria de fato* deverão ser previamente juntados aos autos para exibição/leitura em plenário do Tribunal do Júri, cuja juntada deverá ser feita com antecedência mínima de 03 (três) dias, e não 05 (cinco), sendo a contagem em dia úteis, cuja informação foi omitida na assertiva adrede criada acima.

Quanto ao prazo de três dias úteis mencionado no aludido dispositivo legal do CPP, pode ser indagado um conteúdo jurisprudencial: a lei exige apenas que, para que determinado documento seja lido no júri, deve este ser juntado aos autos até 3 dias úteis antes da sua realização, podendo a parte ser cientificada até o seu início, ou que não só a juntada, mas também a ciência da parte interessada deve ocorrer até 3 dias antes do início do júri?

Nos autos do REsp 1.637.288-SP, DJe 1/9/17, a Sexta Turma (T6) asseverou que (*Info. 610*):

> (...) De nada adiantaria a exigência de que o documento seja juntado em tempo razoável se não vier acompanhada da necessidade de que a parte contrária seja cientificada também em tempo razoável da juntada. (...) Sendo assim, considerando que a intenção do legislador é garantir o julgamento justo, permitindo às partes (defesa e acusação) conhecer de documento relevante para o julgamento e, em tempo hábil, se manifestar sobre ele, é de suma importância que a ciência da parte contrária e a juntada do documento ou exibição de objeto se dê no tríduo legal.

Como se percebe, as bancas examinadoras gostam deveras da abordagem do texto legal, o mesmo valendo para enunciados de súmula dos Tribunais Superiores e da Suprema Corte, devendo o candidato ler, reler, memorizar e exercitar o conteúdo legal.

Abaixo continuo exemplificando a necessidade do estudo do texto legal, além da conjugação com precedentes e informativos de Jurisprudência dos Tribunais Superiores.

A Defensoria Pública do Estado do Mato Grosso (DPE/MT), em concurso realizado pela Universidade Federal do Mato Grosso (UFMT/2016), abordou Direito Institucional na questão 77[5] da seguinte forma:

> Sobre as prerrogativas do Defensor Público, assinale a afirmativa correta.
>
> **(A)** É do lançamento da ciência pessoal do Defensor, com vista pessoal dos autos, que se inicia a contagem de prazo a partir do dia útil seguinte.
>
> **(B)** É necessário o pedido de intimação pessoal e prazo em dobro que, deferidos, serão observados no rito processual.
>
> **(C)** A contagem em dobro dos prazos processuais, omissa na Lei Complementar Federal n° 80/1994, tem por base a Lei n° 1.060/1950.
>
> **(D)** É obrigatória intimação pessoal para o Defensor Público para todos os atos do processo, em qualquer grau de jurisdição ou instância administrativa.
>
> **(E)** É vedada a prisão do Defensor Público, senão por ordem judicial escrita, salvo em flagrante de crime inafiançável, caso em que a autoridade fará imediata comunicação para a Corregedoria-Geral da Defensoria Pública.

As prerrogativas (não confundir com "garantias") dos membros da Defensoria Pública dos Estados estão previstas na Lei Orgânica Nacional da Defensoria Pública (LONDP), a Lei Complementar (LC) n. 80/94, mais precisamente no artigo 128[6], além das Leis Orgânicas Estaduais ("lei local").

---

5. Disponível em: http://www.cev.ufmt.br/Portal/Concursos/DEFENSORIA2016/CADERNO_FINAL_COM%20CAPA.pdf. Acesso em 06 dez. 2016.

6. Art. 128. São prerrogativas dos membros da Defensoria Pública do Estado, dentre outras que a lei local estabelecer: I – receber, inclusive quando necessário, mediante entrega dos autos com vista, intimação pessoal em qualquer processo e grau de jurisdição ou instância administrativa, ***contando-se-lhes em dobro todos os prazos***; II – não ser preso, senão por ordem judicial escrita, salvo em flagrante, caso em que a autoridade fará

A **assertiva "C"** está errada, porque a contagem em dobro dos prazos processuais está prevista expressamente na Lei Complementar federal (nacional!) n. 80/1994 (art. 128, inc. I, parte final).

A **assertiva "D"** é a alínea a ser assinalada, na medida em que "é obrigatória intimação pessoal para o Defensor Público para todos os atos do processo, em qualquer grau de jurisdição

---

imediata comunicação ao Defensor Público-Geral; III – ser recolhido à prisão especial ou à sala especial de Estado-Maior, com direito a privacidade e, após sentença condenatória transitada em julgado, ser recolhido em dependência separada, no estabelecimento em que tiver de ser cumprida a pena; IV – usar vestes talares e as insígnias privativas da Defensoria Pública; V – (VETADO); VI – comunicar-se, pessoal e reservadamente, com seus assistidos, ainda quando estes se acharem presos ou detidos, mesmo incomunicáveis, tendo livre ingresso em estabelecimentos policiais, prisionais e de internação coletiva, independentemente de prévio agendamento; (Redação dada pela Lei Complementar nº 132, de 2009); VII – ter vista pessoal dos processos fora dos cartórios e secretarias, ressalvadas as vedações legais; VIII – examinar, em qualquer repartição pública, autos de flagrantes, inquéritos e processos, assegurada a obtenção de cópias e podendo tomar apontamentos; (Redação dada pela Lei Complementar nº 132, de 2009); IX – manifestar-se em autos administrativos ou judiciais por meio de cota; X – requisitar de autoridade pública ou de seus agentes exames, certidões, perícias, vistorias, diligências, processos, documentos, informações, esclarecimentos e providências necessárias ao exercício de suas atribuições; XI – representar a parte, em feito administrativo ou judicial, independentemente de mandato, ressalvados os casos para os quais a lei exija poderes especiais; XII – deixar de patrocinar ação, quando ela for manifestamente incabível ou inconveniente aos interesses da parte sob seu patrocínio, comunicando o fato ao Defensor Público-Geral, com as razões de seu proceder; XIII – ter o mesmo tratamento reservado aos Magistrados e demais titulares dos cargos das funções essenciais à justiça; XIV – ser ouvido como testemunha, em qualquer processo ou procedimento, em dia, hora e local previamente ajustados com a autoridade competente; XV – (VETADO); XVI – (VETADO). Parágrafo único. Quando, no curso de investigação policial, houver indício de prática de infração penal por membro da Defensoria Pública do Estado, a autoridade policial, civil ou militar, comunicará imediatamente o fato ao Defensor Público-Geral, que designará membro da Defensoria Pública para acompanhar a apuração.

ou instância administrativa", conforme disposição literal do mesmo art. 128, inc. I, parte inicial ("receber, inclusive quando necessário, mediante entrega dos autos com vista, intimação pessoal em qualquer processo e grau de jurisdição ou instância administrativa").

A **assertiva "E"** está errada, visto que o membro da DPE não pode ser preso "senão por ordem judicial escrita, salvo em flagrante, caso em que a autoridade fará imediata comunicação ao Defensor Público-Geral", não se tratando de "crime inafiançável"[7] tampouco de comunicação à Corregedoria-Geral da Instituição, mas sim ao Defensor Público-Geral, Chefe da Instituição Defensorial.

Nesse sentido escreve Caio Paiva (2016, pág. 107):

> Fácil perceber que a LONDP é *menos garantista* do que as Leis Orgânicas da magistratura e do Ministério Público em pelo menos três pontos: (I) admite prisão em flagrante do defensor público tanto por crime inafiançável quanto por crime afiançável, diversamente dos regramentos jurídicos do MP e da magistratura, que somente admitem a prisão em flagrante dos seus membros por crime inafiançável; (II) não especifica o prazo da comunicação, limitando-se a ressaltar que deve ser

7. A *Lei Orgânica Nacional do Ministério Público (LONMP) prevê no artigo 40, inc. III*, que "constituem prerrogativas dos membros do Ministério Público, além de outras previstas na Lei Orgânica: (...) III – ser preso somente por ordem judicial escrita, *salvo em flagrante de crime inafiançável*, caso em que a autoridade fará, no prazo máximo de vinte e quatro horas, a comunicação e a apresentação do membro do Ministério Público ao Procurador-Geral de Justiça", indicando "crime inafiançável" aos membros do MP. A mesma prerrogativa é prevista para os magistrados, consoante *Lei Orgânica da Magistratura Nacional (LOMAN), no art. 33, inc. II*, segundo o qual "São prerrogativas do magistrado: (...) II – não ser preso senão por ordem escrita do Tribunal ou do órgão especial competente para o julgamento, *salvo em flagrante de crime inafiançável*, caso em que a autoridade fará imediata comunicação e apresentação do magistrado ao Presidente do Tribunal a que esteja vinculado (vetado);

*imediatamente*, diversamente, portanto, da LONMP, que prevê prazo máximo de 24 horas; e (III) não prevê a *apresentação* do defensor público ao DPG, ao contrário da LOMAM (sic) e da LONMP.

Nas três (03) assertivas acima bastava conhecer a literalidade do texto legal, sobrelevando-se conhecer as nuanças dos dispositivos legais e exceções, além das nomenclaturas próprias e termos jurídicos ("crime inafiançável"; "comunicação ao Defensor Público-Geral *x* Corregedoria-Geral"; "intimação pessoal para todos os atos do processo").

Para as **assertivas "A" e "B"** o conteúdo legal não era tão importante, devendo o candidato conhecer a Jurisprudência.

A contagem do prazo processual para o Defensor Público ocorre a partir da entrada dos autos no setor administrativo ou equivalente da Instituição Defensorial, e não "do lançamento da ciência pessoal do Defensor", consoante jurisprudência do STJ, estando, pois, equivocada a assertiva "A", a qual exigia o lançamento da ciência pessoal do próprio Defensor.

O STJ, nos autos do REsp n. 1.636.929/MT (julgado do próprio Mato Grosso!), T3 (Terceira Turma), DJe 21/11/2016, asseverou que:

> CIVIL. AÇÃO DE REINTEGRAÇÃO DE POSSE. AGRAVO DE INSTRUMENTO. EMBARGOS DE DECLARAÇÃO. OMISSÃO. NÃO OCORRÊNCIA. PREQUESTIONAMENTO. AUSÊNCIA. SÚMULA 211/STJ. **DEFENSORIA PÚBLICA. PRAZO. PRERROGATIVA LEGAL DE INTIMAÇÃO PESSOAL.**
>
> 1. Ação de reintegração de posse ajuizada em 07.01.2012. Agravo em
>
> Recurso especial atribuído ao gabinete em 25.08.2016.
>
> **2. Cinge-se a controvérsia a definir o termo inicial para a contagem do prazo recursal para parte representada pela Defensoria Pública do Estado.**

3. Ausente o vício do art. 535, II do CPC/73, rejeitam-se os embargos de declaração.

4. A ausência de decisão acerca dos dispositivos legais indicados como violados, não obstante a interposição de embargos de declaração, impede o conhecimento do recurso especial.

**5. A Defensoria Pública possui a prerrogativa legal de intimação pessoal das decisões em qualquer processo ou grau de jurisdição, sendo que seus prazos iniciam-se a partir do dia útil seguinte à data da entrada dos autos com vista no referido órgão. Precedentes.**

6. Recurso especial parcialmente conhecido, e nessa parte, provido.

Ademais, não é necessário o "pedido de intimação pessoal e prazo em dobro" para observância no rito processual.

Nos autos do AgRg no EREsp n.º 1.249.354/MG, T4, DJe 07/06/2016, o Ministro-Relator Marco Buzzi do STJ, cujo voto foi vencedor do entendimento já sufragado no EREsp n.º 1.249.354/MG, asseverou que "inexiste imposição legal prevendo àquele que possui a prerrogativa do prazo em dobro que tenha de se manifestar previamente ao juízo a fim de noticiar que está patrocinando a parte para que lhe seja conferido o benefício legal".

Logo o prazo em dobro para os assistidos da Defensoria Pública independe de prévia comunicação ao Juízo, devendo ser analisado no momento da apresentação da peça processual respectiva, estando, portanto, incorreta a alínea "E" da questão 77.

Utilizando-me novamente da prova realizada pela DPE/MT (UFMT/2016), a questão 99 sobre Direitos Difusos e Coletivos questionou sobre a Ação Civil Pública (ACP) da seguinte forma:

**QUESTÃO 99**

A respeito da legitimidade da Defensoria Pública na tutela de interesses difusos e coletivos em juízo, considerando a doutrina majoritária e a jurisprudência pacífica sobre o assunto, assinale a afirmativa correta.

**(A)** Como a instauração de inquérito civil pode ser essencial à formulação de convencimento da Defensoria Pública para proposição de Ação Civil Pública, mesmo não sendo imprescindível, ela pode solicitar sua instauração, conforme disposição legal.

**(B)** Não é admitida a solicitação de abertura de uma investigação prévia à Ação Civil Pública pela Defensoria Pública.

**(C)** Em qualquer caso, a Defensoria Pública pode propor Ação Civil Pública somente quanto à tutela dos interesses de pessoas necessitadas cujo objeto é previsto na lei que a disciplina.

**(D)** A Defensoria Pública tem legitimidade para propor Ação Civil Pública, no que se refere à ação principal, e deve observar a hipossuficiência dos titulares quanto à ação cautelar.

**(E)** Na execução individual de sentença em Ação Civil Pública, a Defensoria Pública somente poderá tutelar interesses de indivíduos hipossuficientes.

O gabarito correto da questão 99 está na letra "E", senão demonstro abaixo.

A **assertiva "A"** pode ser eliminada, mais uma vez, com o conhecimento textual de Lei, consoante § 1.° do artigo 8.° da Lei n. 7.347/85 (Lei da Ação Civil Pública – "LACP"), além de conhecer o Microssistema Processual Coletivo, pois embora o Inquérito Civil seja peça dispensável ("não sendo imprescindível"), a Defensoria Pública não pode solicitar sua instauração "conforme disposição legal".

O aludido dispositivo legal da LACP assevera que apenas o Ministério Público pode presidir Inquérito Civil[8], cuja possibi-

8. Art. 8º Para instruir a inicial, o interessado poderá requerer às autoridades competentes as certidões e informações que julgar necessárias, a serem fornecidas no prazo de 15 (quinze) dias. § 1º *O Ministério Público poderá instaurar, sob sua presidência, inquérito civil,* ou requisitar, de qualquer organismo público ou particular, certidões, informações, exames ou perí-

lidade de presidência de inquérito (civil) não foi estendida, por lei, à Instituição Defensorial.

Nada impede que a Defensoria Pública instaure procedimentos administrativos de tutela coletiva para investigar e apurar fatos e colher elementos de informação hábeis à propositura de ação civil pública ou resolução do conflito de maneira extrajudicial, sendo muito comum a regulamentação dessa possibilidade pelos Conselhos Superiores da Defensoria Pública, cuja informação já afasta a correção da **assertiva "B"**.

Sobre a atuação da Defensoria Pública na seara coletiva, extrajudicial e na concretização de políticas públicas com fiscalização e acompanhamento da suposta discricionariedade administrativa governamental, recomendo a leitura integral de meu Artigo "Defensoria Pública na concretização de políticas públicas: um controle da aparente discricionariedade administrativa governamental" (Âmbito Jurídico, 2012)[9].

O indigitado trabalho acadêmico deste Autor foi citado como fundamentação e razão de decidir pelo Superior Tribunal de Justiça (STJ) nos autos do RHC n. 61.848/PA, T5, DJe 17/08/2016, a fim de defender a ideia de que "os Defensores Públicos não são advogados públicos, possuem regime disciplinar próprio e têm sua capacidade postulatória decorrente diretamente da Constituição Federal", cujo entendimento também fora sustentado por este Autor no Artigo "Defensor Público não exerce Advocacia Pública" (JusNavigandi, 2013).[10]

---

cias, no prazo que assinalar, o qual não poderá ser inferior a 10 (dez) dias úteis.§ 2º Somente nos casos em que a lei impuser sigilo, poderá ser negada certidão ou informação, hipótese em que a ação poderá ser proposta desacompanhada daqueles documentos, cabendo ao juiz requisitá-los

9. Disponível em: http://www.ambito-juridico.com.br/site/?n_link=revista_artigos_leitura&artigo_id=11851. Acesso em 09 dez. 2016.

10. Disponível em: https://jus.com.br/artigos/23468/defensor-publico-nao-exerce-advocacia-publica. Acesso em 09 dez. 2016.

Para a verificação da incorreção da **assertiva "C"**, inicialmente é importante verificar o uso de advérbios, como "apenas", "tão só", "somente", "nunca", "jamais", "exclusivamente" etc.

A Defensoria Pública não atua, apenas, em favor de pessoas necessitadas quando houver previsão expressa na lei que regulamenta o objeto pretendido, isto é, somente "quanto à tutela dos interesses de pessoas necessitadas cujo objeto é previsto na lei que a disciplina".

O artigo 4.° da Lei Orgânica Nacional da Defensoria Pública (LONDP) prevê as funções institucionais da Instituição, segundo o qual:

> (...)
>
> VII – promover ação civil pública e todas as espécies de ações capazes de propiciar a adequada tutela dos direitos difusos, coletivos ou individuais homogêneos quando o resultado da demanda puder beneficiar grupo de pessoas hipossuficientes;
>
> (...)
>
> X – promover a mais ampla defesa dos direitos fundamentais dos necessitados, abrangendo seus direitos individuais, coletivos, sociais, econômicos, culturais e ambientais, sendo admissíveis todas as espécies de ações capazes de propiciar sua adequada e efetiva tutela;
>
> XI – exercer a defesa dos interesses individuais e coletivos da criança e do adolescente, do idoso, da pessoa portadora de necessidades especiais, da mulher vítima de violência doméstica e familiar e de outros grupos sociais vulneráveis que mereçam proteção especial do Estado;
>
> (...)

A **assertiva "D"** não está em consonância com a lei, doutrina majoritária e jurisprudência, porque a Defensoria Pública tem legitimidade para propor Ação Civil Pública, tanto no que se refere à ação principal, quanto à ação cautelar, consoante artigo 5.°, inciso II, da LACP[11], com redação dada pela Lei n. 11.448/2007 e em harmonia com o julgamento pelo STF da ADI n. 3.943/DF.

A **assertiva "E"** está correta, tratando-se do gabarito da questão, pois deveras a "na execução individual de sentença em Ação Civil Pública, a Defensoria Pública somente poderá tutelar interesses de indivíduos hipossuficientes", diferentemente na atuação coletiva cognitiva (fase processual de conhecimento).

Nesse sentido o EREsp n. 1.192.577/RS, Corte Especial (CE), DJe 13/11/2015 (STJ):

> EMBARGOS DE DIVERGÊNCIA NO RECURSO ESPECIAL NOS EMBARGOS INFRINGENTES. PROCESSUAL CIVIL. **LEGITIMIDADE DA DEFENSORIA PÚBLICA PARA A PROPOSITURA DE AÇÃO CIVIL PÚBLICA EM FAVOR DE IDOSOS.** PLANO DE SAÚDE. REAJUSTE EM RAZÃO DA IDADE TIDO POR ABUSIVO. **TUTELA DE INTERESSES INDIVIDUAIS HOMOGÊNEOS. DEFESA DE NECESSITADOS, NÃO SÓ OS CARENTES DE RECURSOS ECONÔMICOS, MAS TAMBÉM OS HIPOSSUFICIENTES JURÍDICOS.** EMBARGOS DE DIVERGÊNCIA ACOLHIDOS.
>
> (...)
>
> *4.* **"A expressão 'necessitados' (art. 134, caput, da Constituição), que qualifica, orienta e enobrece a atuação da Defensoria Pública, deve ser entendida, no campo da Ação Civil Pública, em sentido amplo, de modo a incluir, ao lado dos estritamente carentes de recursos financeiros – os miseráveis e pobres -, os hipervulneráveis (isto é, os socialmente estigmatizados ou excluídos, as crianças, os idosos, as gerações futuras), enfim todos aqueles que, como indivíduo ou classe, por conta de sua real debilidade perante abusos ou arbítrio dos detentores de poder econômico ou político, 'necessitem' da mão benevolente e solidarista do Estado para sua proteção, mesmo que contra o próprio Estado.**

---

11. Art. 5º Têm legitimidade para propor a *ação principal e a ação cautelar*: (...) II – *a Defensoria Pública*.

> Vê-se, então, que a partir da ideia tradicional da instituição forma-se, no Welfare State, um novo e mais abrangente círculo de sujeitos salvaguardados processualmente, isto é, adota-se uma compreensão de minus habentes impregnada de significado social, organizacional e de dignificação da pessoa humana" (REsp 1.264.116/RS, Rel. Ministro HERMAN BENJAMIN, SEGUNDA TURMA, julgado em 18/10/2011, DJe 13/04/2012).
>
> **5. O Supremo Tribunal Federal, a propósito, recentemente, ao julgar a ADI 3943/DF, em acórdão ainda pendente de publicação, concluiu que a Defensoria Pública tem legitimidade para propor ação civil pública, na defesa de interesses difusos, coletivos ou individuais homogêneos, julgando improcedente o pedido de declaração de inconstitucionalidade formulado contra o art. 5.º, inciso II, da Lei n.º 7.347/1985, alterada pela Lei n.º 11.448/2007 ("Art. 5.º – Têm legitimidade para propor a ação principal e a ação cautelar: ... II – a Defensoria Pública").**
>
> 6. Embargos de divergência acolhidos para, reformando o acórdão embargado, restabelecer o julgamento dos embargos infringentes prolatado pelo Terceiro Grupo Cível do Tribunal de Justiça do Estado do Rio Grande do Sul, que reconhecera a legitimidade da Defensoria Pública para ajuizar a ação civil pública em questão.

O mesmo entendimento vem sendo mantido no STJ, conforme decisão nos autos do AgInt no REsp 1.704.581/MG, T1, DJe 14/5/18.

De maneira mais precisa e pontual está o acórdão do STJ nos autos do REsp n.º 1.449.416/SC, T3, DJe 29/03/2016, segundo o qual "a liquidação e a execução da sentença proferida nas ações civis públicas movidas pela Defensoria Pública somente poderá ser feita aos que comprovarem insuficiência de recursos, pois, nessa fase, a tutela de cada membro da coletividade ocorre de maneira individualizada":

> ESPECIAL. PROCESSUAL CIVIL. DEFENSORIA PÚBLICA. LEGITIMIDADE ATIVA. AÇÃO CIVIL PÚBLICA. TUTELA DE

INTERESSES INDIVIDUAIS HOMOGÊNEOS. MUTUÁRIOS. SISTEMA FINANCEIRO HABITACIONAL. PERTINÊNCIA SUBJETIVA. **NECESSITADOS. SENTIDO AMPLO. PERSPECTIVA ECONÔMICA E ORGANIZACIONAL.**

1. Cinge-se a controvérsia a saber se a Defensoria Pública da União detém legitimidade para propor ação civil pública em defesa de direitos individuais homogêneos, a exemplo dos mutuários do SFH.

2. A Defensoria Pública é um órgão voltado não somente à orientação

jurídica dos necessitados, mas também à proteção do regime democrático e à promoção dos direitos humanos e dos direitos individuais e coletivos.

**3. A pertinência subjetiva da Defensoria Pública para intentar ação civil pública na defesa de interesses transindividuais está atrelada à interpretação do que consiste a expressão "necessitados" (art. 134 da CF) por "insuficiência de recursos" (art. 5º, LXXXIV, da CF).**

**4. Deve ser conferido ao termo "necessitados" uma interpretação ampla no campo da ação civil pública para fins de atuação inicial da Defensoria Pública, de modo a incluir, para além do necessitado econômico (em sentido estrito), o necessitado organizacional, ou seja, o indivíduo ou grupo em situação especial de vulnerabilidade existencial.**

**5. O juízo prévio acerca da coletividade de pessoas necessitadas deve ser feito de forma abstrata, em tese, bastando que possa haver, para a extensão subjetiva da legitimidade, o favorecimento de grupo de indivíduos pertencentes à classe dos hipossuficientes, mesmo que, de forma indireta e eventual, venha a alcançar outros economicamente mais favorecidos.**

***6. A liquidação e a execução da sentença proferida nas ações civis públicas movidas pela Defensoria Pública somente poderá ser feita aos que comprovarem insuficiência de recursos, pois, nessa fase, a tutela de cada membro da coletividade ocorre de maneira individualizada.***

7. Recurso especial provido. *(grifo meu)*

O leitor-candidato ainda tem dúvidas da relevância do estudo da *letra fria* da lei?

A melhor forma de se convencer da relevância do texto legal é exercitando com provas e questões de concurso, fazendo com que o candidato perceba a intensidade de exigências desse conteúdo, além da repetição.

Não basta esgotar a leitura do conteúdo de um edital (impossível!) para, empós, treinar questões. O treino tem de ser constante, periódico, seja diário, seja semanal, mas jamais mensal ou anual.

Mesmo não conhecendo o conteúdo, isto é, mesmo não "dominando" a matéria ou tema, deve o candidato realizar provas e questões a fim de perceber os conteúdos mais cobrados, direcionando seus estudos futuros a partir do guia encontrado nas próprias questões.

Além do mais, existem outras formas de memorizar textos legais, princípios e regras, conceitos e definições de institutos jurídicos, classificações, características e outras exigências de conteúdo jurídico.

**Recursos mnemônicos** são excelente instrumento de memorização. Podem não ser a técnica adequada e mais recomendada de aprendizagem, mas são úteis na absorção inicial do conteúdo.

Abaixo colocarei quadro esquemático com exemplos de utilização de recursos mnemônicos, cujo conhecimento vocabular e, até mesmo, de língua estrangeira, além de criatividade em geral, auxiliarão na criação dos indigitados recursos.

| ***Recursos Mnemônicos*** | ***Conteúdo a ser memorizado*** |
|---|---|
| *1. Requisitos elencados pelo STF para incidência do princípio da insignificância: M.A.R.I. ou C.A.L.C. (de calculadora).* | *a) Mínima Ofensividade na Conduta;*<br>*b) Nenhuma periculosidade social da Ação;*<br>*c) Reduzido/Reduzidíssimo grau de reprovabilidade do Comportamento;*<br>*d) Inexpressividade da Lesão causada ao bem jurídico tutelado pela norma penal incriminadora.* |
| *2. Diretrizes do princípio da cooperação processual (artigo 6.° do CPC[12]): P.A.D.E. (de "PAD" – Processo Administrativo Disciplinar)[13]* | *a) Prevenção;*<br>*b) Auxílio (ou Colaboração);*<br>*c) Diálogo (ou Consulta);*<br>*d) Esclarecimento.* |
| *3. Princípios da Administração Pública direta e indireta (artigo 37 da CRFB[14]): L.I.M.P.E.* | *a) Legalidade;*<br>*b) Impessoalidade;*<br>*c) Moralidade;*<br>*d) Publicidade;*<br>*e) Eficiência.* |

12. "Todos os sujeitos do processo devem cooperar entre si para que se obtenha, em tempo razoável, decisão de mérito justa e efetiva".

13. No artigo "Cooperação processual: dever colaborativo parcial e imparcial" (Empório do Direito, Disponível em http://emporiododireito.com.br/cooperacao-processual/, acesso em 21 nov. 2016, publicado em 23 abr. 2016), o Autor explicou as quatro (04) diretrizes da cooperação processual do novo Código de Processo Civil (art. 6.° do CPC).

14. "A administração pública direta e indireta de qualquer dos Poderes da União, dos Estados, do Distrito Federal e dos Municípios obedecerá aos princípios de legalidade, impessoalidade, moralidade, publicidade e eficiência e, também, ao seguinte (...)".

| *Recursos Mnemônicos* | *Conteúdo a ser memorizado* |
|---|---|
| *4. Atributos (ou características) do Ato Administrativo: L.E.I.T.E.* | *a) Legitimidade (presunção de legitimidade, veracidade, validade ou legalidade);*<br>*b) Exigibilidade (ou Coercibilidade);*<br>*c) Imperatividade;*<br>*d) Tipicidade;*<br>*e) Executoriedade (autoexecutoriedade).* |
| *5. Teorias da consumação do delito de furto: C.I.A.A.* | *a) "Contrectatio": para que o crime se consume, basta o contato do agente com o objeto material;*<br>*b) "Ilatio": necessidade de que a coisa seja levada para o local desejado pelo agente e mantida a salvo;*<br>*c) "Amotio" ou "Apprehensio": o delito consuma-se quando a coisa subtraída passa para o poder do agente, independentemente da posse mansa e pacífica e da saída do poder de vigilância da vítima, e ainda que haja curto espaço de tempo;*<br>*d) "Ablatio": o agente consegue levar a coisa, retirando-a da esfera patrimonial da vítima.* |

Além dos recursos mnêmicos, a **leitura de materiais com infográficos, quadros esquemáticos e resumos** auxiliará a absorção do conteúdo, abordando-se *memorização fotográfica, esquemática ou até mesmo auditiva*, quando o candidato ler em voz alta os tópicos de memorização, evitando-se a criação de longos resumos, perdendo-se tempo com técnica improdutiva, cujos apontamentos esquemáticos e em espaços marginais do próprio material de estudo poderão surtir melhor efeito de memorização de médio a longo prazo.

Abaixo cito quadro esquemático extraído do livro "Manual de Mediação para a Defensoria Pública", de autoria coletiva, cujo primeiro capítulo fora escrito pelos Defensores Públicos Felipe Kirchner e Rafael Vinheiro Monteiro Barbosa (2014, pág. 31):

| SISTEMA | BASE LEGAL | VIÉS PROTEÇÃO | GARANTIA |
|---|---|---|---|
| ***Justiça Gratuita*** | *Lei 1.060/50* | *Econômica* | *Custas* |
| ***Assistência Judiciária*** | *Leis Esparsas* | *Econômica* | *Acesso Judiciário* |
| ***Assistência Jurídica*** | *Leis Esparsas* | *Econômica* | *Acesso Judiciário e Extrajudicial* |
| ***Assistência Jurídica Integral*** | *CF (5.°, LXXIV e 134) e LC 80/94* | *Vulnerabilidade Organizacional* | *Acesso à Justiça* |

Utilizando o formato de apresentação de resumos (*quadro sinótico*) ao término de cada capítulo Dirley da Cunha Jr.[15] apresenta os bens públicos da seguinte forma:

| BENS PÚBLICOS |
|---|
| ***1. Conceito*** |
| *Bens públicos são todas as coisas materiais ou imateriais cujos titulares são as pessoas jurídicas de direito público (entidades estatais, autarquias e fundações públicas) ou pessoas jurídicas de direito privado prestadoras de serviços públicos, quando estes bens, na última hipótese, se encontrem vinculados à prestação destes serviços públicos.*<br>*Todavia, segundo o art. 98 do Código Civil de 2002, são bens públicos somente aqueles pertencentes às pessoas jurídicas de direito público, que, entre nós, são a União, os Estados-membros, o Distrito Federal e Territórios, os Municípios e suas autarquias e fundações de direito público.* |
| ***2. Classificação dos bens públicos*** |
| *Segundo art. 99 do CC, são bens públicos:* |

15. *Curso de Direito Administrativo*, pág. 353.

| ***BENS PÚBLICOS*** |
|---|
| *I.* ***Os de uso comum do povo*** *– Tais como rios, mares, estradas, ruas e praças. Os bens públicos de uso comum são destinados ao uso comum e geral de toda a comunidade;*<br>*II.* ***Os de uso especial*** *– Tais como edifícios ou terrenos destinados a serviço ou estabelecimento da administração federal, estadual, distrital ou municipal, inclusive os de suas autarquias e fundações públicas;*<br>*III.* ***Os dominicais*** *– Que constituem o patrimônio disponível das pessoas jurídicas de direito público, como objeto de direito pessoal, ou real, de cada uma dessas entidades.*<br>*Na doutrina, os bens de uso comum do povo e os de uso especial, por terem destinação pública específica, são considerados bens afetados, pois encontram-se (sic) vinculados a um destino ou fim público. Já os bens dominicais, por não terem destinação pública específica, são considerados bens não afetados, pois não se vinculam a nada. Quando um bem público passa de dominical para de uso comum ou especial, temos uma afetação; quando passa de uso comum ou especial para dominical, temos uma desafetação.*<br>*(...)* |

Em tempos de surgimento de novo diploma legal (novo sistema de direito processual civil), tal como o novo (atual!) Código de Processo Civil (Lei n. 13.105/2015), a utilização dos aludidos recursos fortalece o aprendizado e a memorização, cujos quadros esquemáticos podem demonstrar redação legal anterior e a nova, o que mudou e o que é redação nova/inovadora, na medida em que na fase inicial de adaptação do novo diploma legal processual as bancas examinadoras exigirão as mudanças, alterações e revogações.

Abaixo cito algumas mudanças no novo CPC para compreensão do estudo esquemático e sua essencialidade na preparação para concurso público:

| CPC novo (Lei n. 13.105/2015) | CPC antigo (Lei n. 5.869/73) |
|---|---|
| *1. Art. 2.° O processo começa por iniciativa da parte e se desenvolve por impulso oficial,* ***salvo as exceções previstas em lei.*** | *Art. 262. O processo civil começa por iniciativa da parte, mas se desenvolve por impulso oficial.* |
| *2. Art. 6.° Todos os sujeitos do processo devem cooperar entre si para que se obtenha, em tempo razoável, decisão de mérito justa e efetiva.* | ***Sem redação equivalente.*** |
| *3. Art. 18. Ninguém poderá pleitear* ***direito alheio em nome próprio****, salvo quando autorizado pelo* ***ordenamento jurídico.*** ***Parágrafo único. Havendo substituição processual, o substituído poderá intervir como assistente litisconsorcial.*** | *Art. 6.º Ninguém poderá pleitear, em nome próprio, direito alheio, salvo quando autorizado por lei.* |
| *4. Art. 1003. O prazo para interposição de recurso conta-se da data em que os advogados,* ***a sociedade de advogados, a Advocacia Pública, a Defensoria Pública ou o Ministério Público*** *são intimados da decisão.* *§ 1.°* ***Os sujeitos previstos no caput considerar-se-ão*** *intimados em audiência* ***quando nesta for proferida*** *a decisão.* | *Art. 242. O prazo para a interposição de recurso conta-se da data, em que os advogados são intimados da decisão, da sentença ou do acórdão.* *§ 1.° Reputam-se intimados na audiência, quando nesta é publicada a decisão ou a sentença.* |

As técnicas acima são sobremodo importantes para aprovação no concurso, em todas as fases do certame, não só na prova objetiva e na prova oral ou de tribuna, mas também na segunda fase, já que o conhecimento legal facilita encontrar os dispositivos textuais que servem de base para a argumentação da questão dissertativa ou peça prática, além do que alguns concursos não permitem acesso ao texto legal, devendo o candidato conhecer o ordenamento jurídico (textos normativos) com autoridade para poder elaborar uma peça prática ou responder às questões dissertativas a partir *do branco* da folha de respostas.

## 2.4. LEITURA ATENTA E ATUALIZADA DOS INFORMATIVOS DE JURISPRUDÊNCIA E DEMAIS PRECEDENTES JURISPRUDENCIAIS (*DIREITO JURISPRUDENCIAL*)

A Jurisprudência (Direito Jurisprudencial) está ganhando novos contornos, tendências, abordagens e relevância forense, jurídica e processual, influenciando todo o ordenamento jurídico e, consequentemente, a vida forense dos Lidadores do Direito.

O atual Código de Processo Civil (Lei n. 13.105/2015) é prova da relevância da Jurisprudência, consoante alguns artigos abaixo transcritos[16]:

> DA IMPROCEDÊNCIA LIMINAR DO PEDIDO
>
> **Art. 332.** *Nas causas que dispensem a fase instrutória*, o juiz, independentemente da citação do réu, *julgará liminarmente improcedente o pedido que contrariar*: **I** – *enunciado de súmula* do Supremo Tribunal Federal ou do Superior Tribunal de Justiça; **II** – acórdão proferido pelo Supremo Tribunal Federal ou pelo Superior Tribunal de Justiça *em julgamento de recursos repetitivos*; **III** – entendimento firmado em *incidente de resolução de demandas repetitivas ou de assunção de competência*; **IV** – *enunciado de súmula* de *tribunal de justiça sobre direito local.*
>
> (...)
>
> **Art. 489.** São elementos essenciais da sentença:
>
> (...)
>
> **§ 1.º** Não se considera fundamentada qualquer decisão judicial, seja ela interlocutória, sentença ou acórdão, que: (...) **V** – se limitar a invocar precedente ou enunciado de súmula, sem identificar seus fundamentos determinantes nem demonstrar que o caso sob julgamento se ajusta àqueles fundamentos; **VI** – deixar

---

16. Disponível em: https://www.planalto.gov.br/ccivil_03/_ato2015-2018/2015/lei/l13105.htm. Acesso em 06 dez. 2016.

de seguir enunciado de súmula, jurisprudência ou precedente invocado pela parte, sem demonstrar a existência de distinção no caso em julgamento ou a superação do entendimento.

(...)

LIVRO III – DOS PROCESSOS NOS TRIBUNAIS E DOS MEIOS DE IMPUGNAÇÃO DAS DECISÕES JUDICIAIS – TÍTULO I – DA ORDEM DOS PROCESSOS E DOS PROCESSOS DE COMPETÊNCIA ORIGINÁRIA DOS TRIBUNAIS – CAPÍTULO I – DISPOSIÇÕES GERAIS

**Art. 926.** *Os tribunais devem uniformizar sua jurisprudência e mantê-la estável, íntegra e coerente.* **§ 1o** Na forma estabelecida e segundo os pressupostos fixados no regimento interno, os tribunais editarão enunciados de súmula correspondentes a sua jurisprudência dominante. **§ 2o** Ao editar enunciados de súmula, os tribunais devem ater-se às circunstâncias fáticas dos precedentes que motivaram sua criação.

**Art. 927.** Os juízes e os tribunais observarão:

**I** – as decisões do Supremo Tribunal Federal em controle concentrado de constitucionalidade; **II** – os enunciados de súmula vinculante; **III** – os acórdãos em incidente de assunção de competência ou de resolução de demandas repetitivas e em julgamento de recursos extraordinário e especial repetitivos; **IV** – os enunciados das súmulas do Supremo Tribunal Federal em matéria constitucional e do Superior Tribunal de Justiça em matéria infraconstitucional; V – a orientação do plenário ou do órgão especial aos quais estiverem vinculados.

**Art. 928.** Para os fins deste Código, considera-se julgamento de casos repetitivos a decisão proferida em: **I** – incidente de resolução de demandas repetitivas; **II** – recursos especial e extraordinário repetitivos. **Parágrafo único.** O julgamento de casos repetitivos tem por objeto questão de direito material ou processual.

Os dispositivos acima foram transcritos como forma de comprovar ao leitor a atual relevância dada pelo CPC à Jurisprudência, o que naturalmente só fortalecerá a exigência de seu conhecimento nos concursos públicos, sendo dever não só do Julgador, mas também da primeira porta de acesso à Justiça (Defensoria Pública *x* Defensor Público) conhecer os precedentes jurisprudenciais para orientar e assessorar os assistidos[17] (usuários e credores da assistência jurídica integral e gratuita do Estado-Defensor), ingressar com demandas judiciais bem fundamentadas, resolver extrajudicialmente os conflitos sociais e interpessoais a partir do entendimento de casos semelhantes e julgados, antecipando aos envolvidos e contextualizando-os dos possíveis resultados de futura demanda judicial.

O **início dos estudos dos informativos** é um tanto confuso, na medida em que os julgados não são necessariamente pontuais, abrangendo diversos conteúdos num mesmo julgado, além de os precedentes não pacificados ou sumulados sofrerem diversas mudanças entre as Turmas ou até mesmo dentro destas, obrigando o leitor à máxima atenção, além de se situar entre informativos anteriores e posteriores, não formando convicção com a leitura de apenas 1 (um) informativo.

Em casos de aparente divergência, deve o candidato buscar ler outros julgados sobre a matéria no próprio sítio eletrônico do Tribunal (STJ/STF), utilizando-se das ferramentas de pesquisa.

A título de exemplificação, analiso a compensação entre a atenuante da confissão espontânea (artigo 65, inc. III, "d", do CP)[18] e a agravante da reincidência (art. 61, inc. I, do CP)[19]

17. Para compreender o vocábulo "assistido" e "núcleo regional" remeto o leitor ao meu Artigo "Vocabulário Defensorial: Assistido e Núcleo Regional". Disponível em: http://justificando.com/2015/07/13/vocabulario-defensorial-assistido-e-nucleo-regional/. Acesso em: 06 dez. 2016.

18. Art. 65 – São *circunstâncias que sempre atenuam a pena*: (...) III – ter o agente: (...) d) *confessado espontaneamente, perante a autoridade, a autoria do crime*".

19. Art. 61 – São *circunstâncias que sempre agravam a pena*, quando não constituem ou qualificam o crime: I – a *reincidência*".

em razão do artigo 67 do Código Penal-CP, segundo o qual “no concurso de agravantes e atenuantes, a pena deve aproximar-se do limite indicado pelas circunstâncias preponderantes, entendendo-se como tais as que resultam dos motivos determinantes do crime, da personalidade do agente e da reincidência”.

O STJ pacificou o tema (Tema 585), após julgamento em sede de recurso especial repetitivo, nos autos do Resp n. 1.341.370/MT, S3 (Terceira Seção), DJe 17/04/2013, no sentido de que “é possível, na segunda fase da dosimetria da pena, a compensação da atenuante da confissão espontânea com a agravante da reincidência” (Precedente: EREsp n.º 1.154.752/RS, S3, DJe 04/09/2012).

Em 1997 a Quinta Turma (T5) do STJ, nos autos do REsp n. 110.109/RJ, DJ 14/04/1997, afirmou que não vulnera o artigo 67 do Código Penal-CP o acórdão de Tribunal que faz prevalecer a agravante da reincidência sobre a atenuante da confissão espontânea, nos seguintes termos:

- RECURSO ESPECIAL CRIMINAL. **FIXAÇÃO DE PENA. CONCURSO DE ATENUANTE E AGRAVANTE. ART. 67, DO CPP. SUPREMACIA DA REINCIDÊNCIA SOBRE A CONFISSÃO VOLUNTÁRIA. VIOLAÇÃO LEGAL NÃO CONFIGURADA.**

- **AO FAZER PREPONDERAR A REINCIDÊNCIA SOBRE A CONFISSÃO ESPONTÂNEA, NÃO VULNEROU O ACORDÃO RECORRIDO O PRECEITUADO NO ART. 67, DO CPP, EIS QUE (SIC) A PENA SE APROXIMA DO LIMITE INDICADO PELA CIRCUNSTÂNCIA PREVALECENTE.**

- RECURSO CONHECIDO, MAS IMPROVIDO.

No mesmo sentido seguiu o julgado no REsp n. 165.774/DF, T5, DJ 20/03/2000.

Em 2004 a Sexta Turma (T6) do STJ, nos autos do REsp n. 565.407/DF, DJ 16/02/2004, asseverou *não haver ilegalidade na compensação* da atenuante da confissão espontânea (personalidade do agente) com a agravante da reincidência em sede de individualização da pena, tratando-se de causas igualmente preponderantes:

> RECURSO ESPECIAL. CRIMINAL. **INDIVIDUALIZAÇÃO DA PENA. CONCURSO DE CIRCUNSTÂNCIAS ATENUANTES E AGRAVANTES. CONFISSÃO ESPONTÂNEA. REINCIDÊNCIA. ARTIGO 67 DO CÓDIGO PENAL. PREPONDERÂNCIA.** RECURSO IMPROVIDO.
>
> 1. A confissão espontânea integra o elenco das atenuantes legais (artigo 65, inciso III, alínea "d", do Código Penal).
>
> 2. "É no motivo e, não, na sua voluntariedade que se afere a espontaneidade que faz da confissão circunstância atenuante da pena (Código Penal, artigo 65, inciso III, alínea 'd')." (HC 13.286/MS, da minha Relatoria, in DJ 19/2/2001).
>
> **3. Trata-se a confissão espontânea de circunstância atenuante que diz com a personalidade do agente, tanto quanto a reincidência, não havendo ilegalidade qualquer em sua compensação em sede de individualização da pena, na exata razão de que, pelas suas naturezas, são causas preponderantes, à luz do artigo 67 do Código Penal.**
>
> 4. Recurso especial improvido. (grifo meu)

Ocorre que anos antes (1999) a própria Sexta Turma do STJ havia entendido que a reincidência prevalecia sobre a confissão espontânea, consoante ementa do acórdão lavrado nos autos do HC n. 9.589/MG, DJ 23/08/1999[20].

---

20. PROCESSUAL PENAL. *PENA. FIXAÇÃO. CONCURSO DE CIRCUNSTÂNCIA ATENUANTE (CONFISSÃO) COM AGRAVANTE (REINCIDÊNCIA). PREPONDERÂNCIA DA SEGUNDA.*

    1 – O paciente foi preso em flagrante, (fato externo) portando substância entorpecente. *Nestas condições, sua confissão afigura-se de pouca ou nenhuma valia, porque a reincidência é circunstância preponderante, nos termos do art. 67, do Código Penal, prevalecendo sobre aquela causa atenuante, não podendo, portanto, engendrar diminuição da pena, ou mesmo compensação.*

    2 – Ordem denegada.

Depreende-se, então, que até a pacificação desse entendimento a Quinta e a Sexta Turmas divergiam constantemente, até mesmo dentro delas, o que poderia levar o candidato a formar entendimento incompleto, desatualizado, podendo responder erroneamente no concurso, sem compreender a divergência dentro do próprio Tribunal (T5 *x* T6) ou entre Tribunais (STF *x* STJ).

Outro tema exemplar da divergência jurídica dentro do mesmo Tribunal ocorre com a incidência (ou não) dos alimentos na participação nos lucros e resultados (STJ, Info. 620, REsp 1.561.097-RJ, T4, DJe 2/3/18 *x* Info. 615, REsp 1.465.679-SP, T3, DJe 17/11/17).

Quando iniciei os estudos de Jurisprudência tive a dificuldade acima, mas consegui contornar com a leitura dos materiais relativos à Doutrina (cadernos de *cursinho preparatório* para concurso e materiais diversos), sempre remetendo minha leitura aos julgados, lendo-os em várias fontes até compreender se o tema apresentava divergência ou não, mesmo que o livro não trouxesse informação nesse sentido, pois os livros nem sempre conseguem acompanhar as atualizações jurisprudenciais, cabendo ao candidato acompanhar os julgados, previamente sabedor dessa necessidade.

Na própria **escolha da fonte/material de estudos** deve o candidato priorizar materiais que contenham leis, informativos de jurisprudência, questões de concurso, quadros esquemáticos e infográficos, isto é, abordem todos os vieses do conhecimento estudado, não se limitando à Doutrina aprofundada ou especializada, sem dialogar com outras fontes de conhecimento jurídico.

De mais a mais, caso o candidato sinta dificuldade extrema no início dos estudos de Jurisprudência, deve buscar cursos específicos voltados aos informativos, materiais especializados com divisão temática no estudo de julgados e até os próprios sítios eletrônicos dos Tribunais, os quais apresentam inteligentes instrumentos de estudos e organização dos precedentes e julgados ("Pesquisa Pronta", "Vocabulário Jurídico", "Jurisprudência em Teses", "Súmulas Anotadas" etc.), todas ferramentas das quais deve o candidato se utilizar e constantemente frequentar.

Após se habituar aos informativos, o candidato sentir-se-á habilitado a lê-los diretamente, sem precisar de auxílios, sendo o próprio informativo autossuficiente, autocompreensível.

Como já demonstrado no item do estudo da letra da Lei, a Jurisprudência é sobremodo requisitada nas questões de concurso de primeira fase, muitas vezes sendo indicada na própria redação da questão ("*considerando a doutrina majoritária e a jurisprudência pacífica sobre o assunto*").

Há questões objetivas de concurso (assertivas) que são cópia integral das ementas dos julgados ou das frases-chave dos informativos de jurisprudência (consoante assertiva "E" da questão 99 da prova da DPE/MT, comentada acima com o REsp n. 1.449.416/SC, T3, DJe 29/03/2016, STJ), indicando a máxima necessidade na leitura dos julgados, mormente em bancas com fama de ter abordagem jurisprudencial (CEBRASPE/CESPE e, mais recentemente, FCC).

Como forma de demonstrar a cobrança de Jurisprudência nos concursos públicos, utilizo-me do II certame organizado pela Defensoria Pública do Estado de Pernambuco (DPE/PE – CEBRASPE/CESPE – 2014-5), no qual o candidato deveria apenas responder certo ("C") ou errado ("E").

A **questão 16**[21] do concurso asseverou que:

> De acordo com entendimento sumulado do STJ, não são devidos honorários advocatícios à DP quando esta atuar em processo

21. Disponível em: http://www.cespe.unb.br/concursos/DPE_PE_14_DEFENSOR/arquivos/Caderno%20de%20questoes_Tipo%20I.pdf. Acesso em 09 dez. 2016.

> contra a pessoa jurídica de direito público à qual pertença. A referida Corte fixou entendimento recente, em consonância com a referida jurisprudência, de que são devidos honorários advocatícios sucumbenciais em favor da DP, quando se tratar de demanda ajuizada em face de ente federativo diverso do qual pertença.

Trata-se de resposta de fácil identificação. Por quê? O Enunciado n. 421 de Súmula do STJ ("*de acordo com entendimento sumulado do STJ*") obtempera que "os honorários advocatícios não são devidos à Defensoria Pública quando ela atua contra a pessoa jurídica de direito público à qual pertença".

Logo se a Defensoria Pública atuar judicialmente em desfavor de Ente Público ao qual não pertença fará jus aos honorários advocatícios (verbas sucumbenciais[22]).

Portanto com base em mero conhecimento de enunciado de súmula do STJ seria possível responder à indagação da questão, mostrando-se a relevância de conhecer o texto dos enunciados de súmula dos Tribunais Superiores.

Malgrado não seja o objetivo deste livro, cabe-me referenciar que o enunciado de súmula n. 421 do STJ é objeto de severas críticas da Doutrina Institucional de Defensoria Pública, tratando-se de enunciado criado antes da Lei Complementar (LC) n. 132/2009, a qual alterou a LC n. 80/94 (LONDP), bem como da Emenda Constitucional (EC) n. 80/2014, a qual reformulou a Defensoria Pública na Constituição da República (CRFB), denotando que a Defensoria Pública é Instituição pública (órgão de Estado) com

22. Art. 4º São *funções institucionais da Defensoria Pública*, dentre outras: (...) XXI – *executar e receber as verbas sucumbenciais decorrentes de sua atuação, inclusive quando devidas por quaisquer entes públicos*, destinando-as a fundos geridos pela Defensoria Pública e destinados, exclusivamente, ao aparelhamento da Defensoria Pública e à capacitação profissional de seus membros e servidores;

autonomia (administrativa, funcional e financeira – EC n. 45/2004 e 74/2013), cujo orçamento é desvinculado inteiramente do ente público ao qual pertença, devendo receber as verbas sucumbenciais quando atuar em desfavor de quaisquer entes públicos, não havendo discriminação da Lei (art. 4.°, inc. XXI, da LONDP).

Diante disso, o STF concedeu à DPU o direito de receber honorários sucumbenciais em desfavor da União levando em conta a EC n. 80/2014, consoante ementa do AR 1.937 AgR/DF, Pleno, DJe 9/8/17.

Como o STJ tem mantido o enunciado n. 421 de súmula nos julgados recentes (AgInt no AREsp 1.217.057/AM, T2, DJe 1/10/18), o STF reconheceu a repercussão geral da matéria, conforme Tema 134 (RE 1.140.005 RG/RJ, Pleno eletrônico, DJe 10/8/18).

Logo o tema permanece aberto, cabendo ao leitor-candidato antenar-se com o debate legal (art. 4.°, XXI, LONDP), doutrinário (Institucional) e jurisprudencial (STF e STJ) até pacificação final na Suprema Corte, acompanhando-se os informativos respectivos.

A **questão 47** trouxe uma abordagem mais prática, na seguinte forma:

> Tales foi preso em flagrante delito quando transportava, sem autorização legal ou regulamentar, dois revólveres de calibre 38 desmuniciados e com numerações raspadas.
>
> Acerca dessa situação hipotética, julgue os itens que se seguem, *com base na jurisprudência dominante dos tribunais superiores* relativa a esse tema.
>
> 47 O fato de as armas apreendidas estarem desmuniciadas não tipifica o crime de posse ou porte ilegal de arma de fogo de uso restrito em razão da total ausência de potencial lesivo da conduta.

Como a própria questão expressamente exigia, o candidato deveria responder à indagação "*com base na jurisprudência dominante dos tribunais superiores*", cujo formato o candidato deve conhecer ao responder questões de concursos passados da mesma banca examinadora e voltadas, ou não, para o cargo público visado.

O STJ, julgando o AgRg no AREsp n.º 286.960/MG, T5, DJe 29/06/2016, traz a resposta da seguinte forma:

> PENAL E PROCESSO PENAL. AGRAVO REGIMENTAL NO AGRAVO EM RECURSO ESPECIAL. VIOLAÇÃO DE DISPOSITIVO CONSTITUCIONAL. INVIABILIDADE. **PORTE ILEGAL DE ARMA DE FOGO DESMUNICIADA. PERIGO ABSTRATO. CONDUTA TÍPICA.** DESCLASSIFICAÇÃO PARA O ART. 14 DA LEI N.º 10.826/2003. **ARTEFATO COM NUMERAÇÃO RASPADA. CONDUTA QUE SE AMOLDA AO ART. 16, PARÁGRAFO ÚNICO, INCISO IV, DA Lei n.º 10.826/2003.** AGRAVO NÃO PROVIDO.
>
> 1. Inviável a análise de ofensa a dispositivos constitucionais no recurso especial.
>
> 2. **Portar um revólver calibre 22 com numeração descaracterizada, desmuniciada, é crime de perigo abstrato, ou seja, para a configuração do crime basta o cometimento de qualquer dos núcleos do tipo penal, não exigindo a demonstração de potencial lesivo do objeto apreendido (precedentes.)**
>
> 3. Não há falar em desclassificar a conduta para o artigo 14 por se amoldar a hipótese, portar arma com numeração raspada, perfeitamente ao art. 16, parágrafo único, IV, da Lei n.º 10.826/03
>
> 4. Agravo regimental não provido.

O julgado acima é de 2016, 2 (dois) anos após a realização do certame, portanto devo demonstrar o entendimento da Corte à época.

Assim, no mesmo sentido está o HC n. 223.759/SP, T6, DJe 05/11/2013:

> HABEAS CORPUS. IMPETRAÇÃO COMO SUCEDÂNEO RECURSAL. IMPROPRIEDADE DA VIA ELEITA. **PORTE DE ARMA**

> **DE USO PERMITIDO COM NUMERAÇÃO RASPADA (DESMUNICIADA). POSSIBILIDADE DE LESÃO REAL. AFERIÇÃO. DESNECESSIDADE. CRIME DE PERIGO ABSTRATO.** AUSÊNCIA DE ILEGALIDADE PATENTE. NÃO CONHECIMENTO.
>
> (...)
>
> **2. Nos termos do entendimento majoritário das duas Turmas componentes da Terceira Seção, portar arma de uso permitido com numeração raspada (desmuniciada) é de perigo abstrato, sendo desinfluente aferir se o artefato seja capaz de produzir lesão real a alguém. Precedentes do Supremo Tribunal Federal.** Ressalva do ponto de vista da relatora.
>
> 3. Ausência de ilegalidade flagrante, apta a fazer relevar a impropriedade da via eleita.
>
> 4. Writ não conhecido.

Calha registrar que o STJ mantém seu entendimento uniformizado no sentido de que o delito de porte/posse ilegal de arma de fogo é de perigo abstrato, configurando-se o crime mesmo que o artefato esteja desmuniciado ou desmontado (AgRg no AREsp 1.367.442/MS, T6, DJe 14/12/18).

O Supremo Tribunal Federal (STF), no mesmo ano de 2013, tinha o mesmo entendimento:

> EMENTA: HABEAS CORPUS. CONSTITUCIONAL. PENAL. PORTE DE ARMA DE FOGO COM NUMERAÇÃO RASPADA. ABOLITIO CRIMINIS TEMPORÁRIA. INOCORRÊNCIA. **ARMA DESMUNICIADA. TIPICIDADE DA CONDUTA.** ORDEM DENEGADA.
>
> 1. A conduta de posse de arma de fogo com numeração raspada não está abrangida pela *vacatio legis* prevista nos art. 30 a 32 da Lei 10.826/03. Precedentes.
>
> **2. Porte ilegal de arma de fogo de uso permitido é crime de mera conduta e de perigo abstrato. O objeto jurídico tutelado não é a incolumidade física, mas a segurança pública e a paz social, sendo irrelevante estar a arma de fogo desmuniciada.**
>
> 3. Ordem denegada.

Na discussão apresentada na questão é possível ao candidato, numa segunda fase, abordar tese defensiva pela não configuração da tipicidade penal em razão dos princípios da lesividade e ofensividade, discorrendo sobre a principiologia presente no caso, além de entendimentos jurisprudenciais nesse sentido.

No entanto, como se tratava de primeira fase de concurso, cuja assertiva exigia conhecimento da "*jurisprudência dominante dos tribunais superiores*", deveria o candidato respeitar o entendimento jurisprudencial dominante, indicando o desacerto da assertiva.

Mais uma vez indago: o candidato não se convenceu da importância do estudo da Jurisprudência para a realização dos concursos públicos de Defensoria Pública? Basta analisar as últimas provas dos certames e compatibilizar os gabaritos e as respostas com os estudos do Direito Jurisprudencial, aferindo-se a real incidência dos entendimentos dos Tribunais Superiores como respostas às indagações.

Para além de acompanhar provas e certames da Defensoria Pública (dos Estados, do DF e da União – DPEs, DPDF e DPU), importante que o candidato exercite conteúdos de prova de outras carreiras jurídicas com bancas examinadoras semelhantes (FCC, CEBRASPE, VUNESP, FGV, FUNDEP etc.), cujos conteúdos são obrigatoriamente repetidos em outras provas.

No dia 10 de março de 2019 o Tribunal de Justiça do Paraná – TJ/PR (CESPE-CEBRASPE/2019) aplicou sua prova objetiva, contendo uma questão de Direito Civil sobre investigação de parentalidade e anulação de registro civil de nascimento por negativa de exame de DNA da seguinte forma:

> Eduardo, na qualidade de pai registral, ajuizou ação de anulação de registro de nascimento, tendo como fundamento um exame de DNA comprobatório de ausência de vínculo genético entre ele e o filho registrado. Nessa situação hipotética, à luz do entendimento jurisprudencial do STJ, o magistrado deverá...

A resposta correta indicava que "o magistrado deverá exigir, além do exame de DNA, prova robusta de que Eduardo fora induzido a erro ou coagido a registrar o filho de outrem como seu" (alínea A da questão 3)

A questão exigia conhecimento sobre informativo de jurisprudência do STJ de 2011, bastante anterior à prova (2011-2019).

O reconhecimento espontâneo da paternidade é irrevogável (art. 1.610, CC) e apenas pode ser desfeito quando demonstrado *vício de consentimento*, ou seja, para que haja a possibilidade de anulação do registro de nascimento de menor cuja paternidade foi reconhecida, é necessário prova robusta de que o pai registral foi de fato, por exemplo, induzido a erro, ou ainda, de que tenha sido coagido a tanto (erro e coação como vícios de consentimento do ato jurídico de paternidade), não bastando "gotas de sangue" (exame de codificação genética) para exclusão de paternidade registrada (STJ: REsp 1.098.036-GO, T3, julg. em 23/8/11, *Info. 481*; REsp 932.692-DF, T3, julg. em 9/12/08, *Info. 380*.

Ademais, muitas questões estão recebendo abordagem prática, conforme a última questão acima mencionada da DPE/PE (CEBRASPE/2014-5) e do TJ-PR (CEBRASPE/2019), devendo o candidato ter a técnica de estudar imaginando um questionamento em vários sentidos.

Estudar para concurso exige a *técnica da antevisão de questões*, cuja *habilidade* também é adquirida estudando com repetição e obstinação e praticando testes, provas e questões.

O candidato deve se perguntar: como o examinador poderia indagar esse julgado numa questão? A partir daí se passa a antever possíveis questões de prova, estudando de maneira atenta, e não com mera leitura passiva.

## 2.5. ESTUDO DA DOUTRINA E SELEÇÃO DE MATERIAIS

Como técnicas de estudo e de aprendizagem, prioritariamente voltadas ao concurso público, todas as informações prestadas anteriormente e relacionadas ao estudo da letra da Lei e dos informativos de Jurisprudência servem ao presente tópico, devendo o leitor correlacionar as informações, concatenando os métodos de estudo e instrumentos de aprendizado e de memorização de conteúdo.

A **leitura de Doutrina densa é um erro grave dos candidatos**, mormente quando o estudo estiver direcionado, momentaneamente, para a primeira fase do certame.

Que significa Doutrina densa? A resposta é exemplificativa e questionadora: faz-se necessário comprar um Manual de Direito Tributário para concurso de Defensoria Pública Estadual quando as questões são cobradas apenas na primeira fase, têm peso ínfimo e com quantitativo insignificante? Naturalmente que não.

Materiais objetivos de cursos preparatórios, resumos, treinamento de questões e informativos de Jurisprudência são suficientes para compreender o nível das questões e respondê-las coerentemente.

Não é preciso se tornar um tributarista para obter 100% (cem por cento) de pontuação numa determinada disciplina não prioritária no concurso para determinada Carreira.

A leitura de Doutrina, mesmo na primeira fase dos certames, é importante para aprovação final e obtenção de boa colocação no concurso para Defensoria Pública estadual (DPE).

Quando se fala em Doutrina não significa, necessariamente, a procura pelo entendimento do Doutrinador respectivo (majoritário ou minoritário), mas sim a compreensão dos institutos jurídicos de uma maneira não colocada na Lei ou julgada pela Jurisprudência, cuja leitura trará a compreensão ou facilitação do conteúdo.

A Defensoria Pública do Estado do Rio Grande do Norte (DPE/RN) exigiu no seu II concurso público (CEBRASPE/2015-6), na segunda fase do certame, o conceito de "direito de sobrelevação". Embora a indagação acima tenha sido feita na 2.ª fase, não é incomum ser abordada nas primeiras fases.

A banca examinadora publicou padrão de resposta definitivo[23] sobre o *direito de sobrelevação* ou *direito da laje* da seguinte forma:

> **Conceito**
>
> O direito de sobrelevação, conhecido também como direito de laje, prática muito comum nas favelas brasileiras, é "a possibilidade de o titular da propriedade superficiária construir ou conceder a um terceiro que construa sobre a sua propriedade superficiária". Há uma tripartição de propriedades autônomas: a propriedade do solo, de titularidade do concedente; a propriedade da superfície, pertencente ao superficiário; e a propriedade da sobrelevação, que ingressaria no patrimônio do segundo concessionário (Ricardo Pereira Lira. **O novo código civil, estatuto da cidade, direito de superfície**. *In:* Seminário EMERJ – Debate: O Novo Código Civil. **Anais dos seminários EMERJ – Debate: O Novo Código Civil**. Número especial, parte II, 2004, p. 151).

Tal conceito muito dificilmente seria utilizado pelo candidato com mera leitura de texto legal ou jurisprudencial, devendo ter contato com instrumentos doutrinários com o escopo de bem desenvolver a questão subjetiva.

Após a finalização do II concurso da DPE/RN foi promulgada a Medida Provisória n. 759 de 22/12/2016 abordando o

23. Disponível em: http://www.cespe.unb.br/concursos/DPE_RN_15_DEFENSOR/arquivos/DPE_RN_15_DEFENSOR_PADRAO_DE_RESPOSTA_DEFINITIVO_209DPERN_2A01_P3Q1.PDF. Acesso em 12 dez. 2016.

direito real da laje, alterando-se o art. 1.225 do Código Civil, segundo o qual "são direito reais: (...) XII – a concessão de direito real de uso; XIII – a laje", além de acrescer-lhe o art. 1.510-A[24].

Na questão de primeira fase, ainda que com a indicação das assertivas, o formato de redação poderia complicar o entendimento do instituto para quem nunca o estudou a partir de uma Doutrina.

A DPE/RN, no certame acima referenciado[25], cobrou conhecimento de direitos sociais, políticas públicas e mínimo existencial na questão 15 da seguinte maneira:

---

24. Art. 1.510-A. O direito real de laje consiste na possibilidade de coexistência de unidades imobiliárias autônomas de titularidades distintas situadas em uma mesma área, de maneira a permitir que o proprietário ceda a superfície de sua construção a fim de que terceiro edifique unidade distinta daquela originalmente construída sobre o solo. § 1º O direito real de laje somente se aplica quando se constatar a impossibilidade de individualização de lotes, a sobreposição ou a solidariedade de edificações ou terrenos. § 2º O direito real de laje contempla o espaço aéreo ou o subsolo de terrenos públicos ou privados, tomados em projeção vertical, como unidade imobiliária autônoma, não contemplando as demais áreas edificadas ou não pertencentes ao proprietário do imóvel original. § 3º Consideram-se unidades imobiliárias autônomas aquelas que possuam isolamento funcional e acesso independente, qualquer que seja o seu uso, devendo ser aberta matrícula própria para cada uma das referidas unidades. § 4º O titular do direito real de laje responderá pelos encargos e tributos que incidirem sobre a sua unidade. § 5º As unidades autônomas constituídas em matrícula própria poderão ser alienadas e gravadas livremente por seus titulares, não podendo o adquirente instituir sobrelevações sucessivas, observadas as posturas previstas em legislação local. § 6º A instituição do direito real de laje não implica atribuição de fração ideal de terreno ao beneficiário ou participação proporcional em áreas já edificadas. § 7º O disposto neste artigo não se aplica às edificações ou aos conjuntos de edificações, de um ou mais pavimentos, construídos sob a forma de unidades isoladas entre si, destinadas a fins residenciais ou não, nos termos deste Código Civil e da legislação específica de condomínios. § 8º Os Municípios e o Distrito Federal poderão dispor sobre posturas edilícias e urbanísticas associadas ao direito real de laje.
25. Disponível em: http://www.cespe.unb.br/concursos/DPE_RN_15_DEFENSOR/arquivos/208DPERN_001_01.PDF. Acesso em 12 dez. 2016.

> No que diz respeito aos direitos sociais, à intervenção judicial na implementação de políticas públicas e ao mínimo existencial, assinale a opção correta.
>
> (A) Ocorre o fenômeno conhecido como judicialização da política quando o Poder Judiciário, ao interpretar uma norma, ampliar o seu sentido para abarcar situações aparentemente por ela não previstas.
>
> (B) O transporte e a felicidade são direitos fundamentais sociais assegurados pelo Estado a todo cidadão brasileiro como garantia individual.
>
> (C) Para o STF, a tese da reserva do mínimo possível é aplicável apenas se restar comprovada a real falta de recursos orçamentários pelo poder público, pois não é admissível como justificativa genérica para eventual omissão estatal na efetivação dos direitos fundamentais.
>
> (D) Uma decisão judicial que ordenasse à administração pública a execução de obras emergenciais em um estabelecimento prisional, necessárias para a garantia da integridade física dos detentos, seria uma afronta ao princípio da separação dos poderes, segundo entendimento do STF.
>
> (E) O direito ao mínimo existencial, no tocante aos direitos fundamentais, está vinculado às condições estritamente necessárias para a manutenção da vida dos indivíduos.

Percebe-se acima a cobrança de conteúdo doutrinário e jurisprudencial, estando a resposta com a Jurisprudência (STF) e a Doutrina (conceito principiológico), isto é, a letra "C", tratando-se do verdadeiro conceito do princípio da reserva (financeira) do possível ("tese da reserva do mínimo possível") de acordo com o STF.

A letra "B" ainda abordou conhecimento textual da Constituição da República (CRFB), mais precisamente dos artigos 5.° e 6.°, pois a felicidade é direito fundamental individual, e não social, como o é o direito ao transporte, este expressamente previsto no art. 6.° da CRFB.

Mais uma vez demonstrada a necessidade de conhecimento de todas as fontes (legal, doutrinária e jurisprudencial) para resposta no concurso público.

A Defensoria Pública do Maranhão (DPE/MA – FCC/2018-9) abordou conteúdo no seu VI concurso sobre a tutela dos necessitados e a evolução histórico-constitucional da assistência jurídica gratuita, da assistência judiciária gratuita e da gratuidade da justiça, prova objetiva aplicada no dia 15 de dezembro de 2018:

> (FCC – Defensor Público – DPE – MA/2018) Sobre os conceitos de gratuidade judiciária, assistência judiciária e assistência jurídica gratuita, considerando a evolução da tutela do necessitado no Brasil, é correto afirmar que:
>
> (A) A Constituição de 1934 foi um marco na positivação da matéria ao não somente prever em seu texto a assistência judiciária, como também preconizar a criação de órgãos especiais para esse fim.
>
> (B) A Constituição de 1937 foi a primeira Constituição a prever em seu texto a incumbência da União e dos Estados de prestar assistência jurídica aos necessitados.
>
> (C) Em que pese já se encontrasse previsão da prestação da assistência judiciária aos necessitados nas Constituições de 1934 e 1937, a Carta de 1967 foi a primeira a expressamente preverá assistência jurídica integral e gratuita aos necessitados.
>
> (D) A Constituição da República de 1988 levou a tutela jurídica do necessitado a um novo patamar ao prever expressamente sua assistência jurídica integral e gratuita, independentemente da comprovação da insuficiência de recursos.
>
> (E) A Lei n. 1.060/50, sob o pretexto de tratar da gratuidade judiciária, acabou criando um verdadeiro sistema de assistência jurídica, devidamente institucionalizado, ao prever a existência das Defensorias Públicas, trazendo suas normas gerais de organização.

As respostas às alíneas “D” e “E” poderiam ser facilmente extraídas da legislação, já que a CRFB exige comprovação de insuficiência de recursos a fim de obter assistência jurídica gratuita e integral do Estado-Defensor (arts. 5.°, inc. LXXIV, e 134, da CRFB), além do que a Lei n. 1.060/50 (derrogada pelo CPC/2015, conforme art. 1.072, inc. III) abordou a gratuidade da justiça e a assistência judiciária gratuita, não tratando da assistência jurídica gratuita, muito menos com um *sistema institucionalizado* (*salaried staff model*), até porque foi publicada na vigência da Constituição brasileira de 1946 (antes da CF/1967 e a CRFB/1988), quando ainda não havia conceito de assistência jurídica gratuita.

O mesmo conteúdo foi abordado na prova objetiva do VIII concurso da Defensoria Pública de São Paulo (FCC/2019), demonstrando-se a importância do estudo da evolução histórica e constitucional da assistência jurídica e judiciária gratuita, notadamente em Defensorias com tradição mais "institucional", isto é, que preza pelos conteúdos mais defensoriais práticos e essenciais à Carreira.

Com base em conhecimento legal ou jurisprudencial, você conseguiria responder às alíneas "A" a "C"? Qual seria a alínea correta? De antemão, o gabarito está na letra "A", sob a seguinte fundamentação.

A primeira Constituição do Brasil, a Constituição Imperial de 1824, publicada dois anos após a proclamação da independência do país em relação à Corte Portuguesa (07/09/1822), nada previu em relação à assistência jurídica ou judiciária gratuita.

A pioneira Constituição republicana (CF/1891) foi promulgada dois anos após a proclamação da República brasileira (15/11/1889) e três anos após a abolição da escravatura no país (13/5/1888), esta um século antes da atual Constituição brasileira (Constituição Cidadã de 05/10/1988). Mais uma vez, nada foi abordado sobre a assistência judiciária ou jurídica gratuita.

A primeira Constituição a trabalhar a discutida temática foi a de 1934, segundo a qual "a União e os Estados concederão aos necessitados assistência judiciária, criando, para esse efeito, órgãos especiais assegurando, a isenção de emolumentos, custas, taxas e selos" (art. 113, 32).

Nessa Constituição de 1934 foi registrada a expressão "assistência judiciária", e não "assistência jurídica", embora tenha o texto constitucional deixado clara sua preferência pelo modelo de assistência jurídica gratuita do *salaried staff* ao mencionar que "criando, para esse efeito, órgão especiais", embora não tenha previsto o órgão defensorial, o que só veio a ficar expresso no vigente texto constitucional (1988).

Portanto, sim, "a Constituição de 1934 foi um marco na positivação da matéria ao não somente prever em seu texto a assistência judiciária, como também preconizar a criação de órgãos especiais para esse fim" (alínea "A" da questão acima).

Em um momento histórico-político brasileiro nada democrático, foi *outorgada* (não *promulgada*) a Carta Política de 1937 (período ditatorial de Getúlio Vargas), a qual não cuidou da assistência judiciária/jurídica em seu texto.

Findo o Estado Novo, exsurge a Constituição de 1946 (durante a qual foi publicada a Lei n. 1.060/50), retornando-se os ares democráticos brasileiros, restabelecendo-se a *assistência judiciária* como direito constitucional do cidadão.

Malgrado tenha sido prevista a assistência enquanto obrigação do Poder Público, o texto constitucional de 1946, diferentemente da Constituição de 1934, foi omisso quanto à criação de órgãos públicos especialmente destinados a esse fim, retirando-se a preferência pelo *Salaried Staff Model*, mas também se afastou do modelo *Pro Bono* (ônus do Poder Público).

O art. 141, § 35, asseverava que "o Poder Público, na forma que a lei estabelecer, concederá assistência judiciária aos necessitados".

O texto constitucional de 1967, representando o contexto político ditatorial da época (1964-1985), não garantiu a responsabilidade do Estado pela assistência judiciária (art. 150, § 32: "será concedida assistência Judiciária aos necessitados, na forma da lei"). Não cuidou, pois, de apontar quem seria o responsável pela atribuição da assistência judiciária: se o Poder Público ou algum particular.

Não acolhendo expressamente o modelo *pro bono*, a omissão constitucional garantiu a continuidade do mesmo sistema adotado no regime constitucional anterior (1946), no qual o Estado era responsável por garantir a assistência *judiciária*.

Representando todo o sentimento de democratização, foi promulgada a Constituição de 1988 (*Constituição Cidadã*), a qual modificou todo o nosso histórico constitucional e optou pela substituição do termo *assistência judiciária* por *assistência jurídica*, demonstrando uma opção clara e deliberada pelo modelo de "assistência jurídica" (*salaried staff model*), compreendendo-se as esferas judicial e extrajudicial, além da integralidade da assistência jurídico-estatal defensorial, conforme texto do artigo 134 da CRFB/1988, mormente após a redação da EC n. 80/2014.

Logo, a seleção de material de Doutrina deve ser cautelosa, pena de o candidato utilizar-se de instrumento de compreensão doutrinária que desviará a atenção do concursando, aprofundará temas irrelevantes, perderá tempo com leituras prescindíveis, isto é, desviará o foco e a atenção.

Até hoje tenho aproximadamente 30 (trinta) livros da época de concurso público e que tento colocar em pauta de estudo caseiro e diário com o fim de não eliminar os livros tampouco os deixar em minha biblioteca pessoal sem a devida leitura.

Esse acúmulo foi oriundo de compras de livros voltados à primeira e à segunda dos concursos de *DPEs*, mas que era inviável ler no tempo proposto ou mesmo ler à íntegra todas as fontes de estudo, notadamente os livros mais densos e volumosos, com mais de 700 (setecentas) páginas.

Talvez se eu tivesse despendido tempo com a leitura de todos os materiais adquiridos durante os certames não estaria aprovado nos meus concursos de Defensoria estadual (DPE--MA/2011-2; DPE-PE/2014-5; e DPE-PB/2014-5).

Recomendo aos candidatos que sempre ao lerem Doutrina tenham consigo a letra da Lei (*Vade Mecum*) e acesso rápido aos informativos de Jurisprudência, manuseando as diversas fontes de conhecimento e prioritárias do concurso com perspicácia, rapidez e inteligência.

Evite estudar a legislação por meio de celulares, *tablets*, notebooks e computadores, visto que durante a execução das provas dissertativas e práticas o manuseio da legislação em toda a extensão de um Vade Mecum será essencial para o tempo e argumentação precisa.

Perder-se na fonte inesgotável de textos normativos do *Vade Mecum* pode ser fatal durante uma prova prático-dissertativa, seja por não encontrar o fundamento normativo adequado, seja pelo tempo desperdiçado. Lembre-se: tempo também é critério de avaliação e de eliminação de candidatos. Treine seu adequado uso.

O estudo da Doutrina não pode ser isolado tampouco com pensamento voltado à primeira fase do certame, já devendo o candidato antever as próximas fases, mesmo a fase prática e dissertativa, cuja abordagem é diversa, mas estudando a integralidade dos conteúdos, pena de o tempo ser o maior desafeto do concursando, o qual não saberá administrar conteúdos e suas fontes entre as fases do concurso.

# 3

# A TEMIDA FASE "FIQUEI POR UMA QUESTÃO" E A POSSÍVEL VONTADE DE DESISTIR

> *"Concurso público não exige apenas razão e conhecimento técnico-jurídico, pois a caminhada será uma verdadeira provação da pessoa, um teste de paciência, autocontrole e obstinação" (ARRUDA, Ígor Araújo de).*

Concurso público é uma escalada árdua! Tem hora para começar, mas não para acabar, ou seja, não tem prazo, termo final certo para o objetivo ser alcançado.

É comum escutar a frase "em concurso não se estuda *para* passar, mas *até* passar", denotando a necessidade de persistência do candidato até a obtenção do resultado prático.

Trata-se de uma verdadeira máxima no seio dos concursos públicos, devendo o candidato ter a compreensão de que ingressar nele exige foco, dedicação, disciplina, obstinação, persistência, pertinácia, vontade de vencer e de driblar obstáculos periódicos, internos e externos.

Não adianta seguir o ritmo de uma "sociedade 'fast-food', onde tudo é rápido e pronto"[1], pois o caminhar do concurso exige, realmente, paciência para ir galgando os graus com o tempo, com o crescimento pessoal, próprio de cada candidato e fruto da bagagem cultural.

Na mundialmente conhecida distopia literária de George Orwell (Eric Arthur Blair), o livro "1984" (1949), o personagem Winston Smith chega a afirmar que "o pior inimigo de uma pessoa" pode ser "seu sistema nervoso" (ORWELL, 1949, p. 82), apontando que as pessoas não podem manifestar seu pensamento, opinião e ter liberdade de expressão por meio de palavras/conversas, comportamentos e expressões corporais no *fictício* governo autoritário e tirano (com o lema "guerra é paz, liberdade é escravidão, ignorância é força"), pena de controle absoluto de *pensamento-crime*[2] e *rostocrime* pela Polícia das Ideias, podendo ser vaporizadas como punição (desaparecimento forçado da pessoa opositora ao Governo), denotando a necessidade de controle de atos e manifestações.

Para além do mundo literário e da tirania governamental, exemplificado de maneira didática, trata-se da necessidade de controle de impulsos, vontades passageiras, desejos momentâneos, fúrias descontroladas, os quais podem prejudicar o equilíbrio mental e emocional do estudante, afetando o rendimento e a preparação adequada.

Equilíbrio sempre como a chave para tudo na vida. A pior tirania pode ser o não controle de nosso *eu*, de nossos comportamentos e ações.

---

1. *Ansiedade: como enfrentar o mal do século: a Síndrome do Pensamento Acelerado: como e por que a humanidade adoeceu coletivamente, das crianças aos adultos*, pág. 48.
2. "O pensamento-crime não acarreta a morte: o pensamento-crime é a morte" (ORWELL, 1949, p. 40).

Como mencionei alhures, o candidato não pode ser metódico demais consigo mesmo e excessivamente rigoroso com o cumprimento de metas, prazos e objetivos, pois a caminhada necessariamente evolutiva é longa e extenuante, devendo levá-la com compromisso e comprometimento, mas com leveza e livre de excessiva autocobrança, pena de o verdadeiro algoz do candidato ser ele mesmo, pois "nossos piores inimigos não estão fora de nós"[3].

Sobre a autocobrança excessiva e o *eu autossabotador*, Augusto Cury discorre que[4]:

> Quem cobra demais de si retira o oxigênio da própria liberdade, asfixia sua criatividade e, o que é pior, estimula o registro automático da memória a produzir janelas killer[5] toda vez que falha, tropeça, claudica ou não corresponde a suas altíssimas expectativas.

Nem todo resultado de primeira fase será obtido com maestria, com folga em relação aos demais candidatos. Muito pelo contrário! Os resultados entre concorrentes, em sua grande maioria, indicam proximidade, uma linha tênue na diferença entre notas, podendo haver eliminação por uma 1 (uma) reles questão.

Jamais deve o candidato pensar em desistir por causa dessa situação, muito menos concretizar o aludido pensamento

---

3. ________________, pág. 128.
4. ________________, pág. 92.
5. O próprio autor A. Cury (2014, pág. 66) explica que as janelas *killer* "correspondem a todas as áreas da memória que têm conteúdo emocional angustiante, fóbico, tenso, depressivo, compulsivo. São as janelas traumáticas ou zonas de conflito. *Killer*, em inglês, significa 'assassino'. Assim, como o próprio nome diz, são janelas que assassinam não o corpo, mas o acesso à leitura de inúmeras outras janelas da memória, dificultando ou bloqueando respostas inteligentes em situações estressantes".

negativo, pois "pensar em fracassar é criar uma profecia autocumpridora"[6] ou "uma derrota começa quando se acredita nela"[7].

Não obter aprovação por uma questão, ou até mesmo por pouco mais, significa proximidade do objetivo, acerto de alguns métodos de estudo e necessidade de reparação de outros, servindo de estímulo e móvel para continuidade na estrada sinuosa.

"Não há construção sem destruição"[8]. A fase da vida dos concursos não é circundada apenas de vitórias e sucessos. Haverá muita decepção, arrependimento, frustração, prostração. "A falha é uma parte importante do aprendizado"[9].

Dissertando sobre o engessamento das pessoas pelo medo e o *roubo* da esperança com o pensamento excessivo, A. Cury acerta da seguinte forma[10]:

> Toda vez que pensamos num obstáculo e o consideramos intransponível, ele nos paralisa. Ficamos engessados pelo medo. Pensar com lucidez é necessário, mas pensar excessivamente nas dificuldades que atravessamos trava a inteligência e rouba a esperança.

Da mesma maneira, o autor assevera que "sábio não é o que nunca erra, mas o que usa seus erros para crescer. Os poetas da vida sempre transformam os mais amargos dramas nas mais belas poesias. Treine ser um desses poetas"[11].

Afirmar ser fácil lidar com uma reprovação por uma questão é temerário. Só aquele que por isso passou pode sentir. Particularmente não tive a experiência de ficar por uma questão nas primeiras fases de concurso de Defensoria Pública estadual.

---

6. *Comunique-se melhor: fale em público sem perder a calma*, pág. 42.
7. ***Casais inteligentes enriquecem juntos***, p. 160.
8. Viajando no tempo: recriando seu passado & criando seu futuro. 1994, p. 39.
9. ______________________________. 1994, p. 67.
10. *Treinando a emoção para ser feliz*, pág. 17.
11. ______________, pág. 22.

Entretanto no meu concurso da DPE/PB (FCC/2014-5) obtive uma pontuação acima da nota de corte, indicando proximidade de eliminação, e na DPE/PE (CEBRASPE/2014-5) atingi tão somente a nota de corte (por uma questão não era eliminado), cuja aprovação fora obtida após elevar muito a pontuação nas fases prático-subjetiva e oral, minhas fases de preferência e atualmente de preparação para concursos públicos como orientador e coordenador de segundo fase em curso preparatório[12].

Até a 1.ª edição deste livro o autor trabalhava como professor-coordenador de cursos de 2.ª fase (prático-dissertativa) e oral (com arguições *on-line* simuladas com banca examinadora própria do curso) para Defensoria Pública, tendo posteriormente passado a atuar como Professor de Direito Institucional (Princípios Institucionais da Defensoria Pública) nos cursos de primeira fase, cujos cursos ainda não eram realidade nos cursos preparatórios personalizados.

A temática de Direito Institucional, com a iniludível relevância doutrinária e prática, passou a ser enaltecida e supervalorizada nos concursos da Instituição Defensorial, tratando-se da essência da Defensoria, com o estudo do seu significado, de sua vocação constitucional, funções e atribuições institucionais, evolução histórica e dos modelos de prestação de assistência jurídica/judiciária gratuita no mundo, além de estudar prerrogativas, garantias, deveres, impedimentos e outras circunstâncias funcionais afetas à atuação dos membros da instituição e a seu público assistido, destinatário das normas fundamentais da assistência jurídica integral e gratuita e do acesso à Justiça (arts. 5.°, incs. XXXV e LXXIV, e 134, ambos da CRFB).

Durante minha caminhada concurseira nos certames, prestei cinco (5) concursos para Defensoria Pública estadual: DPE/GO (2010); DPE/AM (2011); DPE/MA (2011); DPE/PE (2014) e DPE/PB (2014).

---

12. Curso *Mege* (www.mege.com.br).

Na DPE/GO fiquei por mais de 5 (cinco) questões, quando tinha apoucados 6 (seis) meses de estudo, circunstância que me motivou deveras a perseguir os estudos com afinco e perseverança, indicando quase correção dos métodos de estudo, já que estava apenas iniciando a caminhada.

Na DPE/AM, como dissertei anteriormente, obtive aprovação na primeira fase com 80% (oitenta por cento) de acerto das questões, mas o certame fora anulado por fraude, o que não me fez retornar a esse certame anos depois, quando já ocupava cargo de Defensor Público no Estado do Maranhão (DPE/MA).

Após duas frustrações, uma justificada por desacerto na preparação estratégica para concurso (interna) e outra por fraude no certame (externa), só obtive aprovações nas Defensorias Estaduais, sendo a primeira na DPE/MA, em cuja Instituição passei mais de 3 (três) anos e 5 (cinco) meses *defensorando*, e posteriormente na DPE/PE (minha casa institucional atual) e na DPE/PB (meu Estado de origem), superando inúmeras adversidades pessoais, emocionais, internas e externas, as quais acometem todo e qualquer concursando.

A luz do candidato deve estar sempre acesa. A grande meta é não deixar apagá-la, pois poderá ser fatal.

O candidato que busca concurso público, por via de regra, faz uma escolha voluntária e refletida, não colocando outra solução de vida profissional na sua lista pessoal. O primeiro pensamento a se fazer deve ser rigoroso: não tenho outra saída; ou sou aprovado, ou sou aprovado!

Não deve existir solução alternativa como fuga do candidato e motivo para flexibilidade nos estudos e fonte de evasão do âmbito concurseiro. A aprovação deve ser a *única alternativa*, até porque não existe "outra alternativa"[13] para os concurseiros

13. Sobre o vocábulo "alternativa" Domingos Paschoal Cegalla (2010, págs. 31-2)

puristas. Os bons entendedores da Língua Portuguesa compreenderão a tônica da ironia positiva.

Quando o candidato traz uma autolimitação benéfica, por exemplo, impedindo-o de evadir-se à advocacia (caso, de fato, não tenha interesse), a outros cursos ou profissões paralelas, tratar-se-á de uma estratégia favorável, pois não haverá uma mente desfocada, pensativa em soluções alternativas, o que só prejudica o bom andamento e a evolução do candidato, cujas perdas e derrotas, inequivocamente, só servem para fortalecer o candidato e sua preparação.

O candidato deve saber "utilizar o fato indesejado como experiência de prevenção"[14], apurando-se os erros, estudando-se as falhas e questões erradas, as técnicas de tempo e de elaboração de prova, isto é, aprendendo com o erro, e não se destruindo a partir dele, pois "o emocional reprova o candidato preparado"[15].

Discorrendo sobre a importância da inteligência emocional para os concursos públicos (e para a vida), Pastana assevera que[16]:

> A pessoa tem que saber ser profissional em tudo, inclusive na derrota, pois ela faz parte do jogo, e a inteligência emocional nos indica que a derrota é só um detalhe para se chegar à vitória. Nesse diapasão, volto a lembrar as sábias palavras de Henry Ford: 'O fracasso é a oportunidade de recomeçar, com mais inteligência e redobrada vontade'.

---

explica que "a expressão *outra alternativa* é impugnada pelos puristas por ser redundante, visto que a ideia de *outra* já está implícita no elemento inicial *alter*, que em latim significa *outro*. Pode-se questionar o excesso de zelo etimológico. Seja como for, evite-se a redundância".

14. *De faxineiro a Procurador da República: uma história real de incrível superação*, pág. 82.
15. ____________________, pág. 95.
16. ____________________, pág. 83.

Concurso público não exige apenas razão e conhecimento técnico-jurídico, pois a caminhada será uma verdadeira provação da pessoa, um teste de paciência, autocontrole e obstinação.

Lembre-se de que "quem vence sem dificuldades triunfa sem grandeza"[17] e "quem vence sem crises e acidentes vence sem glória"[18].

Como técnica de elaboração de prova, Pastana discorre sobre a chamada "estratégia mental defensiva", com a utilização do critério da preparação psicológica de aceitação da derrota, devendo o candidato *vacinar-se* contra o medo de perder, relativizando-se a perda, pois "se acontecer o pior, isto é, não passar, o mundo não vai acabar e a coisa não será tão ruim. Com isso, afasta-se o medo de perder, o nervosismo desaparece e, se a pessoa estiver realmente preparada, passará"[19].

No mesmo sentido, continua M. Pastana[20]:

> A aceitação da derrota na hora da prova, eliminando-se da mente a obrigação de ter que passar, afasta o nervosismo que ataca a pessoa que está bem preparada, e ela põe em prática o que aprendeu nos estudos. E só não passará se não se preparou o suficiente, pois o nervosismo comum em tal situação não irá lhe atrapalhar.

Trata-se de uma *técnica psicológica de aceitação da derrota* como forma de não aumentar a ansiedade natural, apreensão, antevendo resultados negativos, derrotas, cujos pensamentos apenas aumentam expectativas, criam barreiras e eliminam

---

17. *Ansiedade: como enfrentar o mal do século: a Síndrome do Pensamento Acelerado: como e por que a humanidade adoeceu coletivamente, das crianças aos adultos*, pág. 86.

18. __________________, pág. 147.

19. *De faxineiro a Procurador da República: uma história real de incrível superação*, pág. 99.

20. __________________, pág. 101.

o candidato preparado, retirando-lhe a liberdade de pensar corretamente, como se fosse um dia normal de estudo ou de teste caseiro.

Trata-se de exercitar a "filtragem de estímulos estressantes"[21] (Cury, 2008, pág. 25), isto é, filtrar fatores internos e externos que aumentam ansiedade, criam estresses demasiados e prejudicam a desenvoltura do concursando.

A inteligência emocional ganha importância no transcurso regular e saudável do caminhar concurseiro e especialmente no dia de prova. "Perseverança, determinação, garra e paixão são fundamentais para vencer num ramo altamente competitivo. Não se permita desanimar" (MÜSSNICH, 2007, p. 182).

Assim como a escola (*escolarização*) é um complemento à educação familiar (*educação*)[22], a inteligência emocional é um complemento necessário ao conhecimento jurídico, ambos como instrumentos de aprovação em concurso público.

Nenhum candidato deve desistir de seus sonhos.

Não se trata de exercício de autoajuda, mas de necessário soerguimento de autoestima, não podendo o candidato abalar-se com resultados negativos, os quais necessariamente ocorrerão e deverá o candidato estar previamente ciente da necessidade de enfrentar as derrotas e seguir rumo ao objetivo final.

---

21. *O código da inteligência: a formação de mentes brilhantes e a busca pela excelência emocional e profissional*, pág. 25.

22. Mario Sergio Cortella discorre sobre escola e educação afirmando que "muita gente confunde educação com escola. Escola é uma das formas de educação. Na sociedade ocidental, a escola é muito recente em termos de organização da vida em relação à educação (...) Educação é o que conduz cada indivíduo, desde criança, a tornar-se humano, formar-se humano, ser humano (...) Educação é tudo aquilo que nos molda, nos orienta, nos organiza em nossa trajetória, o que inclui também a escola" (*Pensar bem nos faz bem!: 1. Filosofia, religião, ciência e educação*, pág. 17).

Para finalizar, deve o candidato lembrar que "se a sociedade nos abandona, a solidão é tratável; mas, se nós mesmos nos abandonamos, ela é quase incurável"[23].

Adaptando-se à difícil realidade dos concursos, o candidato deve ser o maior incentivador de si mesmo, acreditar no seu potencial, porquanto falhas e derrotas são próprias de todos, sem exceções, sendo o vitorioso não aquele que atinge seus objetivos sem máculas e falhas no percurso, mas sim aquele que sabe enfrentar os obstáculos para obter a sua meta. Resiliência[24]!

---

23. *Ansiedade: como enfrentar o mal do século: a Síndrome do Pensamento Acelerado: como e por que a humanidade adoeceu coletivamente, das crianças aos adultos*, pág. 95.

24. "Capacidade de quem se adapta às intempéries, às alterações ou aos infortúnios" (www.dicio.com.br).

# 4

# APROVADO PARA A SEGUNDA FASE

## 4.1. MUDANÇA NO MÉTODO DE ESTUDO, CRONOGRAMA E CONTEÚDO PROGRAMÁTICO

A aprovação para a segunda fase indica uma necessária mudança no formato de estudo, de seus métodos e cronograma.

Não há mais tamanha relevância de conteúdo de texto legal (normativo), salvante nos casos de concurso público em que não é possível consultar texto de lei, geralmente quando a segunda fase ocorre no mesmo dia da primeira, em turnos separados, ou em dias seguidos, como foi o caso do IV concurso da DPE/MA (CESPE/2011-2), III concurso da DPE/PE (CEBRASPE/2014-5) e II concurso da DPE/AL (CEBRASPE/2017-8).

Nessas situações o conhecimento legal favorecerá o candidato na indicação dos dispositivos para base argumentativa (há bancas examinadoras que, ainda assim, exigem indicação do dispositivo de lei no espelho de resposta), identificação/cabimento de peça processual, prazos/tempestividade, particularidades (repercussão geral no Recurso Extraordinário, efeito retratativo/regressivo no Recurso em Sentido Estrito ou na apelação cível de sentença judicial extintiva sem resolução do mérito etc.), prerrogativas da Defensoria Pública, desenvoltura na dissertação do tema proposto e outras diretrizes.

A bem da verdade não se deve fazer estudo isolado para cada fase, como já antecipado em capítulo anterior, devendo o candidato preparar-se para todas as etapas quando estiver estudando sem edital específico, já que o surgimento de um edital faz com que o concursando dê preferência à primeira fase, mais próxima, a fim de que retome os demais formatos de estudo após aprovação no primeiro momento.

Os conteúdos de Doutrina e os informativos de Jurisprudência mantêm sua relevância, até mesmo sobressaindo, já que a essência da 2.ª fase (e também da prova oral) está na *capacidade de argumentação* e de convencimento, na *articulação do raciocínio*, no *domínio do conhecimento jurídico*, na *adequação da linguagem* e no *uso correto do vernáculo*, cujos critérios geralmente estão dispostos expressamente no edital de abertura do certame.

Em 2.ª fase não basta memorizar conteúdo legal para responder a questões de múltipla escolha, devendo o candidato desenvolver seu raciocínio, argumentando de maneira articulada, com bom uso do vernáculo e comprovando ao examinador seu conhecimento jurídico, pois em concurso público a banca examinadora não presume conhecimento do candidato, devendo ser provado na escrita, na redação forense, isto é, deve o candidato exteriorizar todo seu conhecimento jurídico, objetivamente.

Por via de regra, o número de matérias será reduzido na segunda fase, cujo concurso exigirá matérias correlatas à atuação institucional da Defensoria Pública, tais como Direito Constitucional, Administrativo, Penal e Processo Penal, Criminologia e Execução Penal, Civil e Processo Civil, Difusos e Coletivos, tutela extrajudicial e Microssistema Processual Coletivo (ECA, CDC, LACP, EI, EPD, LAP, LMS, LMI, LONDP[1] etc.), Institucional e Legislação Especial (Legislação, Princípios e Atribuições Institucionais da Defensoria Pública) etc.

Uma recomendação para quem estuda para concurso de Defensoria Pública, de qualquer ente federativo, é concatenar os ramos do Direito com a vocação constitucional e as funções e atribuições da Instituição Defensorial (Direito Institucional).

À guisa de exemplo, em relação aos Direitos Difusos e Coletivos deve o candidato se posicionar de que maneira a respeito da legitimidade da Defensoria Pública na tutela coletiva para ajuizamento de ação civil pública de improbidade administrativa? O tema encontra forte divergência doutrinária.

Numa primeira corrente doutrinária, encontramos os seguintes argumentos em favor da legitimidade defensorial: **(i)** segunda onda renovatória de acesso à Justiça, na qual se busca a representação jurídica dos direitos difusos e coletivos, e se assegura uma *litigiosidade contida*, impedindo a *loteria judiciária* (com decisões conflitantes e opostas para situações idênticas); **(ii)** indeterminação da titularidade (*plurititularidade*) dos direitos transindividuais/metaindividuais/supraindividuais (direito fundamental difuso à moralidade administrativa), englobando os necessitados e grupos sociais vulneráveis, em especial; **(iii)** legitimidade defensorial coletiva (disjuntiva e concorrente) para proteção de interesses e direitos difusos,

1. Estatuto da Criança e do Adolescente (Lei n. 8.069/90), Código de Defesa do Consumidor (Lei n. 8.080/90), Lei da Ação Civil Pública (Lei n. 7.347/85), Estatuto do Idoso (Lei n. 10.741/2003), Estatuto da Pessoa com Deficiência ou Lei Brasileira de Inclusão-LBI (Lei n. 13.146/2015), Lei da Ação Popular (Lei n. 4.717/65), Lei do Mandado de Segurança (Lei n. 12.016/2009), Lei do Mandado de Injunção (Lei n. 13.300/2016), Lei Orgânica Nacional da Defensoria Pública (LC n. 80/94).

coletivos e individuais homogêneos (STF, ADI 3.943/DF e RE-Rg 733.433; STJ, EREsp 1.192.577/RS, Corte Especial, DJe 13/11/15; arts. 5.°, inc. LXXIV, e 134, da CRFB; art. 4.°, incs. VII, VIII, X, XI e § 4.°, da LC n. 80/94 – LONDP; art. 5.°, inc. II, da Lei n. 7.347/85 – LACP; outras fontes normativas do microssistema de intercâmbio normativo coletivo), havendo leis ulteriores à *LIA* conferindo legitimidade à Defensoria para tutela de interesses difusos e coletivos; **(iv)** o patrimônio público, de titularidade indeterminada/difusa, não se adstringe apenas ao patrimônio econômico, senão também ao patrimônio moral dos entes públicos, qual seja, a honestidade administrativa (direito à boa administração e à correta aplicação dos recursos públicos: *Good Governance*), de importância para todos, sobretudo para usuários dos serviços públicos, comumente a camada vulnerável da sociedade.

Logo, para essa corrente de pensamento, a Defensoria Pública pode tutelar interesses difusos da moralidade e da probidade administrativa, ajuizando-se *ACP* nesse sentido.

Por outro lado, indicando nítida divergência doutrinária, a **(i)** Lei da Improbidade Administrativa (Lei n. 8.429/92) não previu a Instituição Defensorial como legitimada, mas apenas o MP e a pessoa jurídica (de Direito Público) interessada (art. 17 da *LIA*), cuja ausência de expressa previsão legal denota silêncio eloquente (intencional) do legislador, tratando-se de rol exaustivo de legitimados.

Ademais, **(ii)** a Constituição da República não assegurou essa previsão expressamente, como o fez com o MP (art. 129, inc. III)[2], bem como **(iii)** o controle da moralidade administra-

2. Como crítica a esse argumento, Erik P. Boson (2016, p. 93) assevera que "é dizer, mesmo uma eventual constatação de voluntariedade na previsão restritiva de legitimados na Lei 8.429/1992 não teria o condão de afetar a legitimidade defensorial. E não só em razão do microssistema de processo coletivo, mas principalmente porque o suporte normativo que atribui

tiva despenderia desnecessariamente tempo da Defensoria Pública e desprotegeria os hipossuficientes e pessoas vulneráveis (argumento clássico do *cobertor curto*).

Destarte o candidato deve estar atento à indagação no concurso e à sua respectiva fase (objetiva, oral ou prático-dissertativa). Em se tratando de indagação acerca da previsão legal na LIA, a Defensoria Pública não a tem de modo expresso, mas apenas no diálogo e intercâmbio normativo processual coletivo, sobretudo em atenção às inovações legislativas supervenientes à Lei n. 8.429/92.

Tratando-se de questão subjetiva ou oral, as quais pressupõem argumentação e desenvolvimento do tema, ineludível que o candidato demonstre ambos os entendimentos doutrinários acima indicados, apontando o *mais favorável* à legitimidade defensorial na proteção dos necessitados como solução final da questão.

Nem toda resposta e conteúdos argumentativos são absolutos. Dependerá da abordagem, do questionamento, da banca examinadora. Uma preparação metodológica para a Defensoria Pública conduzirá à resposta adequada.

O debate acima foi exigido no VII concurso da DPE/SP (FCC/2015) da seguinte forma: "fundamente a legitimidade ativa da Defensoria Pública para ajuizar ações contra suposto ato de improbidade administrativa à luz da legislação cabível, da doutrina e da jurisprudência" (valor de 5,00 pontos e e 25 linhas para resposta definitiva). A argumentação acima deveria ser utilizada, objetivamente, para sua resposta fundamentada, articulada e convincente.

legitimidade à Defensoria tem natureza constitucional, existindo disposição na Constituição que determina expressamente a responsabilidade da Defensoria pela defesa dos direitos humanos e dos direitos coletivos, não fazendo a Constituição nenhuma ressalva quanto a alguma suposta limitação referente à matéria".

Em razão do exposto acima, será natural uma momentânea reformulação do cronograma de estudo, já que algumas matérias não serão mais cobradas, a abordagem modificará, havendo novas exigências.

Cada concursando tem seu perfil, tempo de estudo, bagagem cultural, cujo cronograma será consequência natural desses fatores, devendo adaptá-los e personalizá-los, não havendo um formato padrão, mas meramente diretrizes para adaptação pelo candidato.

A tônica da segunda fase está nas questões dissertativas e nas peças processuais práticas, já que a abordagem dos concursos se adstringe a elas.

Nas situações dos candidatos que não têm afinidade com peças processuais tampouco tiveram experiência prática com estágio ou assessoria jurídica, é aconselhável fazer cursos preparatórios para os concursos, os quais delimitam o estudo do candidato à respectiva fase, com correções personalizadas de peças simuladas.

Na verdade, a recomendação também é útil até mesmo para quem teve ou continua tendo experiência prática, na medida em que os cursos ensinam o formato de concurso público das peças processuais e dissertações, pois de nada adianta saber redigir uma peça processual se não souber ser objetivo, sucinto, com linguagem escorreita, própria do concurso público e do cargo pretendido, cujo modelo não segue o padrão forense, com vícios, estratégias e técnicas persuasivas diversos do padrão dos certames das Carreiras Jurídicas.

Quando prestei concurso público para a DPE/MA não fiz curso preparatório em razão de a segunda fase ter sido no mesmo dia da primeira e minha prova de OAB não distar tanto, para a qual fiz curso *on-line* para a segunda fase (cível), auxiliando-me bastante, mormente porque na peça cível fora exigida uma ação indenizatória com pedido de danos material, moral, estético, alimentos decorrentes de ato ilícito, conteúdos verdadeiramente trabalhados no curso.

Quando prestei os concursos para a DPE/PE e DPE/PB não fiz mais cursos em razão da minha atividade prática com mais de 2 (dois) anos na DPE/MA, já como Defensor Público, tendo muito conhecimento das peças práticas e conteúdos jurídicos defensoriais, o que me levou, logo em seguida às últimas aprovações, a ingressar como professor-orientador em curso *on-line* de preparação de candidatos para concurso público nas fases prático-subjetiva de Defensoria Pública e oral para todas as Carreiras Jurídicas, mormente Defensoria, MP e Magistratura, com especial destaque hoje em dia para todas as etapas dos concursos da Defensoria Pública.

O treinamento é essencial para compreensão das peças processuais e dissertações, até mesmo para controle de espaçamento e tempo, os quais também são critérios de aprovação/reprovação e classificação.

Na minha época inicial de estudo costumava escrever sobre as temáticas de estudo por meio de Artigos jurídicos, publicando-os em revistas jurídicas *on-line*[3], o que me presenteava com publicações com reconhecimento futuro na fase final de títulos do certame, além de ser citado em trabalhos jurídicos e acadêmicos e, mais à frente, na Quinta Turma do STJ (RHC n. 61.848/PA, T5, DJe 17/8/16).

A desenvoltura de um texto é habilidade adquirida, devendo exercitar para não deixar o texto da prova desconexo, sem articulação devida e argumentação pertinente e profunda.

---

3. Ver artigos publicados na Revista JusNavigandi (disponível em: https://jus.com.br/242370-igor-araujo-de-arruda/publicacoes), Empório do Direito (disponível em: http://emporiododireito.com.br/tag/igor-araujo-de-arruda/) e DireitoNet (disponível em: http://www.direitonet.com.br/artigos/perfil/exibir/116432/Igor-Araujo-de-Arruda). Acesso em 17 dez. 2016.

Não adianta conhecer com profundidade o Direito, mas não saber articular o raciocínio e as ideias por meio de um texto persuasivo, objetivo e enxuto, concatenado, cujos exercícios auxiliarão nesse sentido.

Abaixo colocarei diretrizes para segunda fase em formato de subtópicos, de modo a condensar melhor o conteúdo e demonstrar a sua relevância, tais como vocabulário jurídico e gramatical, conhecimento dos espelhos dos examinadores e provas anteriores, treinos de peças práticas e dissertações, cujos itens favorecem a preparação do candidato, sendo suficiente para obtenção de nota máxima no concurso.

## 4.2. REDAÇÃO FORENSE E VOCABULÁRIO JURÍDICO, GRAMATICAL E DEFENSORIAL: ERROS COMUNS DOS CANDIDATOS

De nada adianta ter bom conhecimento jurídico se não souber expressar-se por meio de redação forense escorreita, elegante e fluente.

Quem corrige trabalhos acadêmicos, provas de concurso público ou de candidatos e analisa peças processuais na vida forense percebe que falta conhecimento vocabular e gramatical de inúmeros *operadores* do Direito, os quais esqueceram o estudo da Língua Portuguesa, ignoram-na ou nunca aprenderam suficientemente.

Calha registrar que não se recomenda o uso de linguagem hermética, com rebuscamentos e excessos de adjetivações, tampouco a prolixidade, mormente em concurso público, em que há limite máximo de linhas e espaços (e de tempo) para exposição do conteúdo, bastando a correção gramatical, técnica e jurídica, apontando-se sucinta e integralmente o conteúdo exigido.

Nesse sentido defende Sabbag[4] o uso de linguagem jurídica com simplicidade, propriedade e objetividade:

4. *Redação Forense & Elementos da Gramática*, 2009.

"A linguagem hermética e 'centrípeta' só agrada ao remetente, não ao destinatário" (pág. 16).

"Parafraseando, nesse ínterim, a expressão latina *Dat mihi factum, dabo tibi jus* e adequando-a à mensagem querida, ter-se-ia: 'Dá-me os fatos' com simplicidade e clareza, e 'eu te darei o direito', com praticidade e bom-senso" (pág. 32).

"**Correção**: traduz-se na obediência à disciplina gramatical, com respeito às normas linguísticas. A correção deve ser almejada com o uso de uma linguagem escorreita, livre de vícios, formando uma imagem favorável do comunicador perante os receptores das mensagens. Há, pois, a necessidade de uma linguagem inatacável, quer sob o aspecto técnico-jurídico, quer à luz da própria castidade do idioma" (pág. 47).

"O segredo da boa comunicação está na receita: simplicidade com propriedade" (pág. 47).

"**Concisão**: é qualidade inerente à objetividade e à justeza de sentido no redigir. Como se sabe, falar muito, com prolixidade, é fácil; o difícil é falar tudo, com concisão... é dizer muito em poucas palavras, evitando períodos extensos. A sobriedade no dizer, expondo o sentido retilíneo do pensamento, sem digressões desnecessárias e manifestações supérfluas, representa o ideal na exposição do pensar. (...) Deve o cauteloso peticionário redigir com concisão, substituindo por sinônimos as palavras repetidas, desmembrando períodos longos, procurando construir frases curtas, com objetividade" (pág. 48).

"A qualidade do petitório não se mostra pela quantidade de vocábulos, mas pela pujança teórico-jurídica e vitalidade gramatical do subscritor" (pág. 49).

"A linguagem direta, sem rebuscamentos e excesso de adjetivações, comunica melhor" (pág. 50).

Lembro-me da paixão durante a Universidade pelos vocabulários rebuscados, o que foi bastante corrigido por magistrados com quem estagiava como forma de evitar uma linguagem centrípeta e hermética, inacessível à camada da população semialfabetizada ou com vulnerabilidade cultural.

Ainda concluí a universidade com esse vício, fechando *com chave de ouro* no trabalho de conclusão do curso (monografia), intitulada de "o inequívoco desiderato procrastinatório dos embargos declaratórios", cujo texto também fora publicado como artigo jurídico em revista *on-line*[5], sendo bastante a indicação da expressão legal "manifestamente protelatórios" (artigos 1.026 do CPC/2015 e 538 do CPC/1973).

O texto criticava relativa a utilização de recursos com finalidade protelatória (*atrasatória*), prejudicando-se a entrega do bem da vida perseguido na demanda judicial, já que Direito que tarda também falha, pois "processo justo e processo moroso são noções incompatíveis e inconciliáveis" (M. ARRUDA, 2006, p. 90). Isto é, "justiça que lerda é igual relógio que atrasa: não adianta" (ABUD, 2018, p. 109).

Fui amadurecendo a simplicidade da linguagem ao lidar com os assistidos da Defensoria Pública, vulneráveis por natureza (vulnerabilidade econômica, social, cultural, circunstancial ou existencial), ao conceder entrevistas gravadas e ao vivo na mídia televisiva, fazer sustentações orais em plenário de Tribunal do Júri, ou seja, na ambiência jurídica acessível à população e ao povo.

O candidato não deve, pois, ignorar o estudo da língua portuguesa, sempre antenado com vocabulários novos, sinonímias, evitando rebuscamentos e vocábulos arcaicos (obsoletos, insólitos, estapafúrdios, estrambóticos, escalafobéticos... entendeu?), demonstrando domínio vocabular e gramatical por meio da simplicidade, correção, método e objetividade.

---

5. Disponível em: http://www.ambito-juridico.com.br/site/index.php?n_link=revista_artigos_leitura&artigo_id=2938. Acesso em 15 dez. 2016.

A correção e a simplicidade da linguagem devem ser empregadas não apenas por sujeitos processuais postulatórios, mas também por julgadores, demonstrando uma tendência do universo (não apenas jurídico) pela linguagem simples, clara e escorreita, mas não informal ou vulgar, senão vejamos (ROCHA, 2009, p. 126-7):

> Entretanto, o que desejo expor nesta carta é minha apreciação sobre a linguagem profissional dos juristas e dos juízes, que muitas vezes escrevem ou falam empregando termos ou signos verbais que chamamos de *arcaísmos*, termos que os dicionários modernos não mais registram e que foram de uso corrente nos primórdios da língua portuguesa, mas hoje não servem mais para viabilizar a comunicação entre as pessoas e, portanto, carecem de funcionalidade ou operatividade. Chamar o oficial de justiça de *meirinho*, o prefeito de *alcaide*, uma petição inicial de *postulatória de pórtico* ou, em vez de dizer fulano casou-se com fulana, dizer *fulano amaridou-se de fulana*; em vez de ajuizar uma ação, dizer *abroquelar uma exordial*, essas não são atitudes que expressam cultura, e sim afetação – não demonstram erudição, e sim pedantismo, que muitas vezes soa ridículo.

Ademais, deve-se evitar o uso de linguagem informal ou popular, empregando-se gírias na dissertação. Nesse viés, Barroso e Lettière defendem que[6]:

> Em petição, é incorreta a adoção de gírias ou da linguagem popular, a menos que isso seja absolutamente necessário para o caso. Por exemplo, em transcrições de depoimentos ou em referência à fala de outrem, mas nunca como linguagem própria do advogado.

Depreende-se, pois, que "o bom texto jurídico tem três características: clareza, objetividade, elegância" (MÜSSNICH, 2007, p. 29), conceito iniludivelmente aplicável aos concursos

6. *Prática Jurídica Civil*, pág. 06.

públicos, em cujas folhas de resposta há limitação de quantidade, merecendo argumentos precisos, objetivos e integrais.

Og Fernandes e Marilda Lipp (2017, p. 119) acrescentam lição importante sobre o *juridiquês*, a ininteligibilidade e empáfia gramaticais:

> A escolha por uma linguagem rebuscada e, muitas vezes, ininteligível para os interessados demonstra, no mínimo, uma necessidade substancial de ser considerado uma pessoa culta, com vasto vocabulário. A peça processual deve ser elaborada com clareza, precisão e objetividade sem rebuscamento excessivo.
>
> (...)
>
> O esnobismo da linguagem, ou seja, a insustentável arte da falsa erudição, pode também ser indicativo de uma grande insegurança. Ézio Luiz Pereira aponta que "A complicação ou falsa erudição denota um complexo de inferioridade embutido e depõe contra quem utiliza. É como uma máscara para esconder algum defeito de personalidade confusa".

Do mesmo modo, e de maneira mais específica, deve o candidato a concurso para membro da Defensoria Pública conhecer a *linguagem institucional*.

Imagine um candidato substituindo "assistido da Defensoria Pública"[7] por "cliente"[8], "Núcleo Regional da Defensoria"

---

7. Marcelo Semer (2017, p. 132) bem empregou o termo "assistidos" em seu livro: "Os defensores públicos, que se esforçam para cumprir a tarefa quase inatingível de entrevistar reservadamente os réus, que acabam de conhecer no pé da porta, já se aperceberam da necessidade de não apenas falar baixo, como ouvir mais baixo ainda, a fim de evitar que os juízes descubram, ao mesmo tempo que eles, o que seus ***assistidos*** pretendem alegar".

8. Marcelo Auler, por sua vez, escrevendo a biografia de Antonio Carlos Biscaia, com frágil conhecimento da atuação defensorial, apontou o termo ***cliente*** do Defensor Público da seguinte forma (AULER, 2012, p. 57): "Como defensor, Biscaia tinha o dever de empenhar-se na absolvição do ***cliente***, independentemente do crime cometido. Posição diferente da do promotor de Justiça, cuja função de defesa da sociedade o leva,

por "escritório", "Defensor Público" por "Advogado", ou seja, utilizando-se erroneamente a linguagem institucional, esta encontrada na própria Lei Orgânica nacional (LONDP) ou estadual da Defensoria Pública (LOEDP).

A respeito do tema escrevi o artigo "Vocabulário defensorial: Assistido e Núcleo Regional"[9] para o qual remeto o leitor, no qual indiquei a necessidade de compreensão do vocabulário institucional:

> Segundo Cecília Meirelles, citada por Eduardo de Moraes Sabbag, "a palavra é a porta de entrada para o mundo". Este mundo é sobremaneira complexo, exige muita leitura e dedicação, já que a escrita e a fala são espelhos naturais de pesquisa cultural e conhecimento, isto é, "escrever é habilidade adquirida", consoante Bed Bradlee.
>
> O vocabulário é a expressão maior da palavra. Evanildo Bechara defende que "o ideal é o falante ser poliglota na sua própria língua". A correção gramatical-vocabular é imprescindível para uma boa comunicação, a fim de transmitir a exata ideia desejada pelo comunicador (meio escrito ou falado).
>
> A ausência de correção gramatical pode implicar ambiguidades, vícios de linguagem, sentidos deturpados, dificuldades interpretativas, não transmissão perfeita do conteúdo idealizado e outros defeitos de comunicação.
>
> No âmbito do Direito há expressões específicas da Ciência Jurídica, muitas vezes criticadas com a alcunha "Jurisdiquês". Em alguns momentos as expressões são necessárias à indicação de institutos e técnicas próprios; em outros, mero rebuscamen-

---

na maioria das vezes, a denunciar os indiciados, mas não o impede de, reconhecendo a inocência do denunciado, opinar pela absolvição. Ao defensor, que recebe do Estado para garantir o direito de defesa dos réus sem condições financeiras, não é dada a opção de desistir, mesmo quando o crime cometido lhe causa repugnância, como nos casos de violência sexual contra crianças".

9. Disponível em: http://justificando.cartacapital.com.br/2015/07/13/vocabulario-defensorial-assistido-e-nucleo-regional/. Acesso em 15 dez. 2016.

> to que distancia o comunicador jurídico da Sociedade e dos destinatários da norma (jurisdicionados, assistidos, cidadãos, administrados etc.).
>
> Em se tratando de Direito Institucional da Defensoria Pública há vocábulos específicos que devem ser conhecidos com o escopo de não se utilizar de termos ligados a outros âmbitos e outras Ciências.
>
> Duas (02) expressões jurídico-institucionais destacam-se na praxe forense, sendo utilizados inadequadamente outros vocábulos e expressões: "Assistido" e "Núcleo Regional".

A correção e qualidade da escrita pressupõem treinamento e dedicação, e não *vocação*:

> Alguns autores não conseguem fazê-lo, mas escrever com desenvoltura é uma arte, que exige formação, treino, sensibilidade. A arte não é o automático, a arte é, sim, dedicação. Um texto científico, literário, um relatório no mundo do trabalho, uma redação, para que ela se coloque como desenvolta, aquela que não produz obstáculos desnecessários, inúteis, dentro da escrita, exige essa percepção de arte (CORTELLA, 2013, p. 47).

A correção da linguagem revela-se sobremodo importante no âmbito do concurso público, mormente para as Carreiras Jurídicas, cuja redação forense, correção do vocabulário, articulação do raciocínio e uso correto do vernáculo costumam retirar pontos valiosos dos candidatos.

A título de exemplo, o item "XI" do edital inaugural do concurso para a Defensoria Pública do Espírito Santo (DPE-ES/2016-7) previu que "2. Na avaliação das Provas Escritas Específicas será considerado o acerto das respostas dadas, o grau de conhecimento do tema demonstrado pelo candidato, a fluência e a coerência da exposição e a correção (gramatical e jurídica) da linguagem".

Ademais, o mesmo edital previu que "3. Na aferição do critério de correção gramatical, por ocasião da avaliação do desempenho nas Provas Escritas Específicas (P2, P3 e P4) a que se refere este Capítulo, os candidatos devem usar as normas ortográficas em vigor a partir de 1 de janeiro de 2016, implementadas pelo Acordo Ortográfico da Língua Portuguesa", acrescentando que "4. Serão consideradas como não escritas as provas ou trechos de provas que forem ilegíveis".

Desde 1.° de janeiro de 2016 está em vigor o novo Acordo Ortográfico da Língua Portuguesa, devendo o candidato respeitar as novas regras, não mais utilizando vocabulários anteriores ("idéia", "assembléia", "anti-social", "contra-regra" etc.), não se tratando mais de faculdade, mas sim de exigência gramatical, linguística e vocabular.

O item "14.5" do edital da DPE/MG (FUNDEP/2019), publicado em 18/01/19[10], previu que "a Banca Examinadora deverá considerar, nas provas discursivas, o conhecimento sobre o tema, a utilização correta do idioma e capacidade de exposição", não havendo atribuição de nota pela utilização correta de idioma e capacidade de exposição quando o candidato não obtiver pontuação alguma (item "14.5.1").

Há bancas examinadoras que especificam qual o erro gramatical cometido pelo candidato (grafia/acentuação; morfossintaxe; propriedade vocabular etc.), sendo bastante rigorosas quanto à correção da língua portuguesa, como exemplo o CEBRASPE/CESPE-UNB (Centro Brasileiro de Seleção e de Promoção de Eventos da Universidade de Brasília).

Por outro lado, há bancas que demonstram rigor na correção gramatical, mas não especificam os critérios de correção e qual o erro do candidato, método geralmente utilizado pela

10. Disponível em: https://www.defensoria.mg.def.br/wp-content/uploads/2019/01/dpmg_edital-VIII-concurso_1.pdf. Acesso em 13 mar. 2019.

FCC (Fundação Carlos Chagas), o que não significa dizer menor relevância da redação forense e da correção gramatical e jurídica, ambos critérios indicados expressamente no edital, como foi o caso da DPE/ES (FCC/2016-7) acima indicado.

O IV concurso público da DPE/MA (2011-2/CESPE)[11], minha primeira aprovação em Defensoria Pública Estadual, o CESPE (atualmente CEBRASPE) exigiu uma questão dissertativa sobre Direito Institucional e Direitos Difusos e Coletivos envolvendo pessoas com deficiência ("portadores de necessidades especiais").

Abrindo rápido parêntesis, à época não havia o Estatuto da Pessoa com Deficiência (EPD) ou Lei Brasileira de Inclusão da Pessoa com Deficiência (LBI), a Lei n. 13.146, de 06/07/2015, cujas pessoas eram erroneamente tachadas de "portadores de necessidades especiais", em razão da forte influência da Lei n. 7.853/89, parcialmente revogada pelo EPD, mas ainda em vigor.

Trata-se de linguagem errada segundo o próprio artigo 2.º do EPD, segundo o qual "considera-se pessoa com deficiência aquela que tem impedimento de longo prazo de natureza física, mental, intelectual ou sensorial, o qual, em interação com uma ou mais barreiras, pode obstruir sua participação plena e efetiva na sociedade em igualdade de condições com as demais pessoas".

A jornalista Carminha Soares já criticava o uso da expressão *portadores de deficiência* (ou de *necessidades especiais*) para designar as pessoas com deficiência, esclarecendo que "a pessoa não *porta* uma deficiência, não carrega provisoriamente como uma bolsa, mas tem uma deficiência real"[12].

---

11. O V concurso da DPE/MA fora organizado pela FCC (2015-6). Edital de abertura disponível em: http://www.concursosfcc.com.br/concursos/dpmad114/boletim_dpmad114.pdf. Acesso em 17 dez. 2016.

12. *A inclusão social e a mídia: um único olhar*, pág. 21.

Fiz essa pontual digressão em razão do conteúdo do espelho de resposta do CESPE, a fim de não deixar o candidato acostumar-se com a linguagem e usá-la erroneamente no concurso, mormente em provas dissertativas e orais, máxime pelo fator de discriminação, preconceito e exclusão da expressão grassada cotidianamente.

Registro abaixo o formato de espelho individual da indigitada banca examinadora, indicando os *aspectos macroestruturais* (apresentação e estrutura textual, com respeito à legibilidade, margens e paragrafação, isto é, indicação de parágrafos, e desenvolvimento do tema), *aspectos microestruturais* (tipo de erro: grafia/acentuação; morfossintaxe; propriedade vocabular) e o *resultado*, o qual decorria da soma da nota de conteúdo com diminuição do número de erros dos aspectos microestruturais.

| ***ASPECTOS MICROESTRUTURAIS*** | | |
|---|---|---|
| ***Quesitos avaliados*** | ***Faixa de valor*** | ***Nota*** |
| *1. Apresentação e estrutura textual (legibilidade, respeito às margens e indicação de parágrafos)* | *0,00 a 0,10* | - |
| *2. Desenvolvimento do tema* | | |
| *2.1. Conceito de interesse primário e conceito de interesse secundário* | *0,00 a 0,30* | - |
| *2.2. Classificação dos interesses dos portadores de necessidades especiais* | *0,00 a 0,30* | - |
| *2.3. Legitimidade da Defensoria Pública para a defesa dos interesses dos portadores de necessidades especiais* | *0,00 a 0,30* | - |

| ***ASPECTOS MACROESTRUTURAIS***[13] | | | | | | | | | | | | |
|---|---|---|---|---|---|---|---|---|---|---|---|---|
| *Tipo de erro/ Linha à* | *0 1* | *0 2* | *0 3* | *0 4* | *0 5* | *0 6* | *0 7* | *0 8* | *0 9* | *1 0* | *1 1* | *1 2* |
| *Grafia/ acentuação* | . | . | . | . | . | . | . | . | . | . | . | . |
| *Morfossintaxe* | . | . | . | . | . | . | . | . | . | . | . | . |
| *Propriedade vocabular* | . | . | . | . | . | . | . | . | . | . | . | . |

| ***RESULTADO*** | |
|---|---|
| *Nota no conteúdo (NC = soma das notas obtidas em cada quesito)* | - |
| *Número total de linha efetivamente escritas (TL)* | *(total de 30 linhas)* |
| *Número de erros (NE)* | *(indicação do número de erros do candidato)* |

Demonstra-se acima que a banca examinadora exige rigorosamente o respeito aos aspectos gramaticais, apontando expressa e precisamente o erro do candidato, retirando-se significativos e relevantes pontos para aprovação ou classificação no concurso público, sobrelevando-se a atenção do concursando.

Já no concurso da Defensoria Pública da Bahia (DPE/BA – FCC/2016-7), a banca examinadora limitou-se a repetir no campo superior da pontuação a previsão do edital de abertura do concurso ("na avaliação das Provas Discursivas de Caráter Específico serão considerados o acerto das respostas dadas, o grau de conhecimento do tema demonstrado pelo (a) candidato (a), a fluência

13. A questão do concurso tinha 30 (trinta) linhas, mas este Autor preferiu indicar apenas 12 (doze) linhas a fim de não estender demasiadamente a planilha de exemplificação.

e a coerência da exposição e a correção (gramatical e jurídica) da linguagem”), não demonstrando campo específico de pontuação da correção gramatical, cuja pontuação fora retirada simultaneamente com o conteúdo jurídico (desenvolvimento do tema).

Após coordenar cursos[14] de 2.ª fase para Defensoria Pública dos Estados do Rio Grande do Norte (DPE/RN), do Mato Grosso (DPE/MT), da Bahia (DPE/BA), do Espírito Santo (DPE/ES), do Paraná (DPE/PR), de Santa Catarina (DPE/SC), de Pernambuco (DPE/PE), de Alagoas (DPE/AL), do Rio de Janeiro (DPE/RJ) e do Maranhão (DPE/MA) nos anos de 2016 a 2019, obtive um levantamento dos erros vocabulares, gramaticais e redacionais mais comuns dos candidatos nas questões dissertativas e peças processuais, os quais seguem abaixo em quadro esquemático para melhor visualização e compreensão:

| | |
|---|---|
| *Endereçamento de peça processual em maiúsculo (“caixa alta”)* | *“EXCELENTÍSSIMO SENHOR JUIZ DE DIREITO DA VARA CRIMINAL...” ou “AO JUÍZO DA VARA CÍVEL DA COMARCA...”* [15_16]. |

14. www.mege.com.br.

15. Após o CPC/2015 (Lei n. 13.105) existe discussão acerca do endereçamento correto (Juiz/Juízo) e de sua aplicabilidade à prática processual penal (arts. 17; 45; 59; 61; 64; 68; 319, inciso I, etc., todos do CPC/2015). O artigo 319, inc. I, do CPC, assevera que: “A petição inicial indicará: I – o juízo a que é dirigida” (“Ao Juízo”). Assim sendo, o candidato pode indicar o endereçamento clássico (“Excelentíssimo Senhor Juiz de Direito da ... Vara Criminal da Comarca de ... – Estado de ...”) ou utilizar novo modelo (“Ao Juízo da ... Vara Criminal da Comarca de ... – Estado de ...”). Ainda não há definição doutrinária quanto ao tema, e dificilmente haverá perda de pontuação com a escolha de uma das formas, cabendo ao candidato escolher uma delas.

16. No certame da DPE/BA a banca examinadora (FCC/2016-7) indicou como endereçamento do agravo de instrumento o “Excelentíssimo Senhor Doutor Desembargador Presidente do Egrégio Tribunal de Justiça do Estado da Bahia”, já que o artigo 1.016 do CPC/2015 assevera que “o agravo de instrumento será dirigido diretamente ao tribunal competente...”. No XXVI concurso da DPE/RJ a instituição divulgou o gabarito (28/11/2018) da 1.ª prova escrita da Banca I (Direito Civil, Processual Civil, Princípios

| | |
|---|---|
| *Indicação dos nomes das partes, da peça processual e tópicos de teses em maiúsculo ("caixa alta")* | *"GILMAR MENEZES VIEIRA, já qualificado nos autos de número em epígrafe, representado e assistido judicial, integral e gratuitamente pela DEFENSORIA PÚBLICA DO ESTADO DE ..., por intermédio do membro infra-assinado, vem, à presença de Vossa Excelência, interpor RECURSO EM SENTIDO ESTRITO, com fulcro no artigo 581, inc. ..., do CPP...".* |
| *Existência ou número dos autos* | *Preferir "Autos n. ..." ou "Processo autuado sob o n. ..." no lugar de "Processo n. ...", na medida em que processo não tem número, mas sim o caderno processual (autos), físico ou eletrônico.* |
| *Identificação de palavras em latim na prova de concurso público* | *Expressões em latim devem ser grafadas entre aspas, não sendo possível colocar em "negrito, itálico ou sublinho", pena de identificação do candidato e anulação do certame. Logo, as expressões "caput", "data venia", "mutatio libelli", "emendatio libelli", "a quo", "ad quem", "a contrario sensu", "ab initio", "venire contra factum proprium", "in albis", "labelling approach", "reformatio in pejus", devem ser escritas entre aspas, tratando-se de expressões em latim.* |

| | |
|---|---|
| *Erro na escrita ou legibilidade do vocábulo ou expressão* | *Não riscar palavras erradas, devendo substituir por "digo", "isto é", expressões que demonstram o erro anterior e que não retiram a apresentação e estética ("elegância") da peça. As expressões devem ser grafadas entre vírgulas.* |

Institucionais da Defensoria Pública e Direito Empresarial) prevendo como 3 (três) formas de endereçamento correto, quais sejam, (i) "Ao Douto Juízo de Direito da ___ª Vara Cível da Comarca de Volta Redonda (ou Comarca do Rio de Janeiro)", (ii) "Exmo. (Sr.) (Dr.) Juiz de Direito" ou (iii) "MM. (Sr.) (Dr.) Juiz de Direito". Disponível em: ***http://concursos.defensoria.rj.def.br/informe/XXVI_GABARITO_1_PROVA_ESPECIFICA_BANCA%20I.pdf***. Acesso em 14 mar. 2019.

| | |
|---|---|
| *Espaçamentos (entre endereçamento e preâmbulo; preâmbulo e sinopse fática etc.) e paragrafação* | *Não colocar "(5 linhas)" para a indicação de espaçamento, devendo o candidato efetivamente o fazer, pulando-se as cinco linhas. Obs.: "cinco linhas" serviu tão somente de exemplo, cabendo ao candidato (ou às diretrizes do concurso) escolher a quantidade esteticamente razoável para a peça.* |
| *"Independente" (adjetivo) e "independentemente" (advérbio)* | *Não escrever "independente" no sentido de advérbio ("independentemente"), diferenciando-se do sentido de "autônomo". Exemplos: artigo 997 do CPC/2015 ("Cada parte interporá recurso independentemente, no prazo e com observância das exigências legais"); Artigo 1.010, § 3.°, do CPC/2015: "Após as formalidades previstas nos §§ 1.° e 2.°, os autos serão remetidos ao tribunal pelo juiz, independentemente de juízo de admissibilidade".* |
| *"O mesmo" (sujeito)* | *Não existe "o mesmo" como sujeito. "O mesmo ingressou com demanda para investigação da origem genética...". Substituir a expressão por "este", "ele", "aquele" etc., a depender do contexto, do momento redacional e da colocação dos verbetes.* |
| *Parágrafo único e abreviação indevida* | *Não abreviar parágrafo único para "p. ú." ou "p. único" tampouco utilizar os símbolos dos parágrafos (§§ 1.° e 2.°), como "§ único".* |
| *Parágrafos (jurídicos) e símbolos* | *Quando houver citação a vários parágrafos de um mesmo artigo preferir colocar parágrafos no plural (ou respectivos símbolos: "§§"), evitando-se repetir o vocábulo parágrafo. Exemplo: art. 117, parágrafos (ou §§) 1.° e 2.°, do Código Penal. Evitar: art. 117, parágrafo 1.° e parágrafo 2.°, do Código Penal.* |
| *Correção das palavras com iniciais maiúsculas* | *Colocar as iniciais em maiúsculo nas palavras como "Defensoria Pública", "Defensor Público", "Ministério Público", "Juízo", "Apelação" etc. O mesmo deve ser aplicado aos ramos* |

| | |
|---|---|
| | *do ordenamento jurídico: Direito Civil (e não "direito civil"), Direito Penal, Direito Constituciona , Direito Sancionador*[17] *etc.*[18] |
| *"Outra alternativa"* | *"Outra alternativa" é expressão pleonástica/ redundante (pleonasmo vicioso) para os puristas da língua portuguesa (redação oficial e forense), bastando utilizar "alternativa" (a ideia de "outra" já está implícita no elemento inicial "alter").* |
| *"Dignar-se de" (regência)* | *O verbo "dignar-se" (verbo pronominal) exige a partícula "de", sendo incorreto escrever "dignar-se a". A preposição pode ser retirada, mas jamais substituída pela preposição "a". O antônimo de "dignar-se" é "dedignar-se", significando "não se dignar de".* |

| | |
|---|---|
| *Separação por vírgulas entre artigos, parágrafos, incisos, alíneas* | *Os artigos, incisos, alíneas e ramo do ordenamento jurídico devem ser separados entre vírgulas. Exemplo: "artigo 681, inciso IV, do CPP". Colocar, preferentemente, aspas nas alíneas quando da realização de provas de concurso público, à semelhança das palavras em latim.* |
| *"Eis que"* | *A expressão "eis que" não é sinônima de "já que", "na medida em que", "haja vista que", "visto que" etc., devendo ser evitada nessa acepção. Evite, também, no sentido informado, as expressões "vez que" e "de vez que". A locução será corretamente usada para abrir frases anunciativas e exprimir surpresa, imprevisto.* |

17. Expressão utilizada por ROCHA (2012) no livro ***Breves reflexões críticas sobre a Ação de Improbidade Administrativa***.

18. "Além disso, cumpre ressaltar que é correto usar letra maiúscula para ***autor*** e ***réu*** todas as vezes em que se estiver fazendo referência a uma pessoa determinada, já que o nome processual substitui um nome próprio. Por exemplo: em vez de reiteradamente usar o nome Tício na petição, o redator deve se utilizar do nome processual Autor ou Réu" (***Prática Jurídica Civil***, pág. 15).

| | |
|---|---|
| *"Posto que"* | *A locução "posto que" não é equivalente a "porque", "visto que", "na medida em que", não servindo para exprimir ideia de causa. Trata-se de locução equivalente de "ainda que", "se bem que", "embora". Exemplo: "a cooperação processual civil tem previsão legal expressa no CPC/2015, posto que não muito aplicada judicialmente". Exemplo incorreto: "Afora isso, o texto foi preservado basicamente como ela escreveu, posto que qualquer tentativa de alterá-lo e torná-lo claro seria inadequada em um documento histórico" (FRANK, 2017, prefácio, p. 15).* |
| *"Tratar-se de"* | *No sentido de "ter por objeto", "estar em causa", "versar sobre", o verbo "tratar" concorda obrigatoriamente na 3.ª pessoa do singular. Exemplo: "trata-se dos quatro status da Teoria de Jellinek, quais sejam, passivo, ativo, positivo e negativo" (errado: "tratam-se dos").* |
| *Verbo "implicar"* | *No sentido de "trazer como consequência" ou "acarretar", é verbo transitivo direto, não permitindo o uso da preposição "em" posteriormente. Exemplo: "a cooperação processual civil implica os deveres da prevenção, auxílio/colaboração, diálogo/consulta e esclarecimento". Não se confunde com o sentido de "envolver", "enredar", "comprometer", cujo verbo será transitivo direto de pessoa ou indireto de coisa (com emprego da preposição "em").* |
| *Verbo "proceder"* | *No sentido de "dar início", "levar a efeito", "realizar", é transitivo indireto, regendo com a preposição "a", por exemplo, "requer seja processado o presente RESE, bem como que esse Juízo proceda à reforma da decisão em razão do juízo de retratação previsto no 'caput' do art. 589 do CPP".* |
| *"Preocupar-se com/em"* | *Quando o verbo "preocupar" apresentar sentido de "ter preocupação", "incomodar-se", terá forma pronominal ("preocupar-se") e será transitivo indireto, regendo-se com "em" (complemento no infinitivo) ou "com". Exemplo:* |

| | |
|---|---|
| | *"o Direito Penal Mínimo ou Minimalismo Penal, como decorrência dos princípios da intervenção mínima do Direito Penal e da proporcionalidade, além dos subprincípios da subsidiariedade e fragmentariedade, preocupa-se com a concretização do garantismo penal, enquanto instrumento de contenção do sistema punitivo estatal".* |
| *Atuação defensorial no processo penal por determinação legal* | *Não utilizar a expressão "nomeado/nomear Defensor Público" (ou até mesmo a Defensoria Pública), na medida em que tal expressão indica ofensa à autonomia institucional da Defensoria Pública, não cabendo ao Judiciário nomear Defensor Público, agindo este por determinação legal, e não por nomeação judicial, esta precária e provisória.* |
| *Abreviação de vocábulos* | *As palavras jamais devem ser abreviadas como linguagem informal, inculta e virtual ("ñ" no sentido de "não"[19]).* |

| | |
|---|---|
| *Crase em pronome pessoal e de tratamento* | *Não se usa crase (acento linguístico) antes de pronome pessoal e de tratamento ("Vossa Excelência"), sobretudo em se tratando de palavra/expressão no plural ("Vossas Excelências"). Atenção: "não se deve confundir o fato linguístico crase com o acento grave que o assinala"[20].* |
| *Verbo "poder" no passado* | *O verbo poder no passado deve ser grafado como "pôde". Exemplo: "após recebimento da denúncia, não PÔDE realizar plenamente sua defesa".* |
| *Enunciados de Súmula* | *Não chamar Súmula de Tribunal de "Súmula n. ..." ou "Enunciado n. ...", mas sim de "Enunciado de Súmula n. ...".* |

19. Por mais absurdo que possa parecer, o referenciado símbolo foi encontrado quando da correção de peça processual simulada de um (a) candidato (a) à DPE/BA, denotando falta de atenção, releitura e uso de recursos virtuais em provas de concurso público.

20. *Dicionário de dificuldades da língua portuguesa*, pág. 104.

| | |
|---|---|
| *Verbo pronominal e regência* | *Atenção ao verbo pronominal ("utilizar-se") e sua regência verbal. Exemplo: "utilizar as prerrogativas" ou "utilizar-se das prerrogativas".* |
| *Representação processual da Defensoria Pública (princípio da indivisibilidade institucional – arts. 134, § 4.°, da CRFB, c/c 3.° da LONDP).* | *Na peça processual não deve o candidato colocar "a parte assistida por meio de Defensor Público", mas sim "por meio/intermédio da Defensoria Pública", já que aquele apenas presenta esta, a qual figura como legítima representante processual da parte patrocinada (assistido, réu, autor etc.).* |
| *Pronomes proclíticos, mesoclíticos e enclíticos* | *Atenção aos pronomes proclíticos, mesoclíticos e enclíticos. Exemplo: "não trata-se" (errado). É hipótese de pronome proclítico (ênclise), em que a palavra atrativa (pois) atrai a ênclise, devendo redigir "pois se trata". São palavras atrativas: as de sentido negativo ("não", "nunca", "nada", "ninguém" etc.); os pronomes relativos "que" e "quem"; conjunções subordinativas; certos advérbios e pronomes indefinidos.* |

| | |
|---|---|
| *Preposição "ante"* | *A preposição "ante" não admite preposição ("a") posteriormente, devendo ser grafada como "ante alguém" ou "ante alguma coisa", possível a colocação de artigo. Exemplo: "ante o exposto, requer o conhecimento e provimento do recurso" (errado: "ante ao exposto" ou "ante à situação").* |
| *"Porventura"* | *O vocábulo é oriundo da soma de "por" mais "ventura", significando "acaso" ou "por acaso", devendo ser grafado em uma única palavra, sendo incorreta sua separação ("por ventura").* |
| *"Junto a/de"* | *As expressões "junto a" e "junto de" são corretas quando exprimem a ideia de proximidade e contiguidade, não sendo correto o uso de outro modo. Portanto é errado afirmar, por exemplo, que "o autuado foi preso flagrante junto à CEF, quando tentava sacar fraudulentamente valores".* |

| | |
|---|---|
| *Procedência do pedido* | *Evitar a expressão "procedência da ação", pois o Juízo ao prolatar decisão julga o pedido, a pretensão, e não a ação, a qual é direito subjetivo de provocar a jurisdição.*[21] |
| *Ponto final ao término da frase/oração* | *Colocar ponto final ao término das orações e frases da linha, não deixando a oração solta, sem conclusão gramatical. Se houver divisão numérica de dados ou teses, colocar ponto e vírgula até a penúltima linha, já que a última linha será finalizada com ponto final.* |

| | |
|---|---|
| *Linguagem processual de peça prática* | *Evite expressões informais como "o Senhor Genildo (réu)", substituindo-se pela expressão jurídica adequada (recorrente, apelante, acusado, condenado etc.) nas peças processuais de concurso público*[22]*.* |
| *Caligrafia e legibilidade* | *Cautela com a forma de escrita e legibilidade, cuja estética da escrita poderá indicar muitas vezes erro gramatical, ainda que se trate de vocábulos básicos, não sendo propriamente o caso de desconhecimento da Língua Portuguesa. Atenção aos "garranchos" e às exigências dos editais.* |

21. "**Procedência da ação.** O correto é o uso da expressão *procedência do pedido*, já que o magistrado ao prolatar a sentença não julga a ação (que é direito subjetivo de provocar a jurisdição), mas, sim, o pedido formulado na ação. Tanto o art. 269, I, quanto o art. 459 do Código de Processo Civil (1973) adotaram tal terminologia" (*Prática Jurídica Civil*, pág. 07). Artigo 487, inc. I, do CPC/2015: "haverá resolução de mérito quando o juiz: I – acolher ou rejeitar o pedido formulado na ação ou na reconvenção".

22. "Em relação à nomenclatura das partes na petição, é importante destacar que deve ser evitada a identificação repetida das partes pela terminologia atribuída pelo direito material. Na petição inicial, resposta ou recursos, o advogado deve fazer, logo em seu início, a relação entre a nomenclatura processual e aquela dada pelo direito material (locador, locatário; comodatário, contratante, donatário etc.) para, depois, apenas referir-se às partes pelo nome processual" (*Prática Jurídica Civil*, pág. 15).

| | |
|---|---|
| *Assinatura da peça processual* | *Salvante recomendação diversa da banca examinadora, deve o (a) candidato (a), independentemente do gênero, assinar a peça processual apenas como "Defensor Público", não se identificando, mudando gênero do vocábulo.*[23] |
| *"Auferir" e "aferir"* | *Auferir significa obter como resposta, conseguir, colher (vantagem, empréstimo, rentabilidade, ganho etc.). Já o verbo aferir implica comparar as medidas com seus padrões específicos, assinalar com um sinal (marcar) ou, de modo figurativo, avaliar por meio de uma comparação. Logo, incorreto, por exemplo, afirmar que a "legalidade da não ocorrência da audiência de custódia será auferida pelo Tribunal de Justiça", devendo-se empregar o verbo aferir (avaliar) no caso.* |
| *"Há" e "a"* | *"Há" indica tempo verbal no passado de "haver" (ter ezxistência real ou imaginária). Calha ressaltar que quando empregado no sentido de fazer, existir, acontecer, o verbo será impessoal, sendo incorreto alegar que "haviam muitas nulidades no processo". "A" é artigo definido feminino de "o", podendo figurar como preposição, numeral, pronome pessoal. Assim, jamais diga que "a muito tempo ocorreu a prescrição da pretensão punitiva em abstrato").* |

23. O *IV concurso público da DPE/RS (FCC/2014-5)* informou ao final da narrativa relativa à peça processual cível que "o candidato, na peça processual, deverá apresentar identificação única e exclusiva como 'Defensor Público'. Qualquer outra indicação resultará na anulação da peça correspondente". Ademais, no espelho de resposta da *Prova Escrita Dissertativa I* a banca informou que a "ausência de assinatura acarretará perda de pontuação" e que "OBS.(2) A ausência de assinatura ('Defensor Público') na petição de interposição ou na petição de razões recursais acarreta o desconto de dois pontos ao final".

| | |
|---|---|
| *Verbo "visar"* | *1. Será transitivo direto na acepção de mirar, dirigir a pontaria, apontar arma de fogo contra ("o suspeito visou a arma contra a vítima na altura do peitoral"). Da mesma forma, no sentido de "pôr o visto em". 2. No sentido de ter em vista, ter como objetivo, pretender, constrói-se geralmente como objeto indireto (prep. a), por exemplo, o recurso visa à anulação da sentença ou a reformar o julgado ilegal. No entanto, admite-se também a regência direta nessa última acepção.* |

Demonstrada a relevância da redação forense e da correção da Língua Portuguesa, passarei a demonstrar a relevância dos treinos de peças processuais e dissertações, além de conhecer provas anteriores e espelhos de respostas de bancas examinadoras como método de estudo.

## 4.3. CONHECENDO OS ESPELHOS DE RESPOSTAS E TREINANDO PEÇAS PROCESSUAIS E DISSERTAÇÕES

As melhores técnicas de estudo para segunda fase estão no conhecimento da banca examinadora e de seus espelhos de resposta, bem como no treinamento com provas passadas e simulados de cursos, porquanto existe um padrão, uma linha de seguimento de raciocínio e abordagem, cujo conhecimento antecipado faz com que o candidato estude a partir das diretrizes da banca, direcionando o conteúdo, a redação forense, a abordagem, a diretriz intelectual.

Abaixo citarei e transcreverei provas e espelhos de concursos anteriores, indicando-se a banca examinadora e o ano de aplicação da prova, além de simulados de treinamento de candidatos-alunos à Defensoria Pública Estadual, estes elaborados pelo Autor em curso preparatório para concurso público[24] a

24. Curso *Mege*, no qual o autor leciona desde agosto de 2015 até o presente momento.

partir do conhecimento prático e acadêmico das bancas, muitas vezes antecipando o conteúdo exigido na questão ou em item da peça processual, conforme veremos abaixo.

Antecipo que este capítulo será mais denso no aspecto *conteúdo jurídico*, exigindo maior atenção, mediante leitura crítica e postura de estudo acadêmico, visualizando as exigências das bancas examinadoras e dos temas abordados nos concursos.

### 4.3.1. *VII concurso público da Defensoria Pública do Estado da Bahia (FCC/2016-7)*

A FCC indagou aos candidatos habilitados à segunda fase do VII concurso público da DPE/BA da seguinte forma (grupo de Penal, Processo Penal, Execução Penal e Direitos Humanos)[25]:

> *"No primeiro dia de trabalho como Defensor Público na comarca de Salvador, recebe-se para ciência, a seguinte decisão:*
>
> *'Vistos, etc.*
>
> *Trata-se de pedido de indulto e, subsidiariamente, de livramento condicional realizado em 20/06/2016 pelo Defensor Público do sentenciado João da Silva.*
>
> *João da Silva, primário, foi condenado por roubo majorado pelo concurso de pessoas a 6 anos de reclusão em regime inicial fechado e iniciou o cumprimento de pena em 02/12/2013, na Penitenciária X.*
>
> *Após o pedido defensivo, requisitei informações ao diretor da Penitenciária X, que informou que no dia 24/06/2016 foi encontrado um chip de telefone celular na posse do sentenciado, o que configura a primeira falta grave cometida por João da Silva no curso da execução da pena, sendo suficiente para tanto o ofício do diretor informando a prática da falta.*
>
> *Desta forma, a referida falta impede o reconhecimento do indulto com base no Decreto n.º 8.615/2015.*

25. Edital de abertura disponível em: http://www.concursosfcc.com.br/concursos/dpeba116/boletim_dpeba116.pdf. Acesso em 17 dez. 2016.

*Da mesma forma, o livramento condicional deve ser indeferido. A falta grave comunicada pelo diretor da Penitenciária X inviabiliza o pleito defensivo, pois interrompe o lapso temporal e enseja mau comportamento prisional. Ademais, o sentenciado encontra-se em regime fechado e não pode progredir por salto deste regime diretamente para o livramento condicional. Por fim, a defesa não trouxe a este juízo comprovante formal de emprego, necessário para o livramento condicional.*

*Diante de todo o exposto, indefiro os pedidos de indulto e livramento condicional.*

*Salvador, 11 de novembro de 2016.*

*Juiz de Direito'.*

*Diante da decisão acima, redija a peça processual adequada para a defesa do Sr. João da Silva.*

*(Elabore sua resposta definitiva em até 150 linhas)."*

O espelho de resposta divulgado segue abaixo para conhecimento:

| *Na avaliação das Provas Discursivas de Caráter Específico serão considerados o acerto das respostas dadas, o grau de conhecimento do tema demonstrado pelo (a) candidato (a), a fluência e a coerência da exposição e a correção (gramatical e jurídica) da linguagem.* | | |
|---|---|---|
| ***Abordagem esperada*** | ***Pontuação máxima*** | ***Pontuação atribuída*** |
| ***a.*** *Peça processual e seus aspectos formais: agravo em execução penal ou habeas corpus.*<br>*Organização da peça.*<br>*Mecanismo de celeridade (ex.: prioridade de análise prevista no Decreto de Indulto; habeas corpus concomitante ao agravo; liminar; etc.).*<br>*Requisitos legais.* | ***1,00*** | *–* |
| ***a.1.*** *Teses defensivas:*<br>*Falta disciplinar: LEP exige aparelho com capacidade de comunicação, o* | ***0,50*** | |

| | | |
|---|---|---|
| *que não se configura em mero chip. A despeito de jurisprudência contrária, referida tese de violação da legalidade deve ser apresentada pelo defensor público. Necessidade de perícia para verificar possibilidade de comunicação.* | | – |
| ***a.2.** Falta de procedimento administrativo e judicial para apuração da falta. Violação aos preceitos constitucionais e legais respectivos.* | **0,50** | |
| ***b.** Teses defensivas:* | | |
| ***b.1.** Indulto: falta posterior ao decreto não impede sua concessão.* | **0,50** | – |
| ***b.2.** Indulto: presença de todos os requisitos do Decreto n.º 8.615/2015. Mencionar o art. 1.°, I, do Decreto.* | **0,50** | |
| ***c.** Teses defensivas:* | | |
| ***c.1.** Livramento condicional: presença de todos os requisitos legais. Citar os dispositivos legais (art. 83, I e III, CP).* | **0,50** | – |
| ***c.2.** Livramento condicional: ainda que se considere a falta, ela não interrompe o lapso temporal para o livramento condicional (STJ).* | **0,50** | |
| ***c.3.** Livramento condicional: não se confunde com progressão de regime, portanto não é progressão por salto, não há impedimento legal nesse sentido.* | **0,50** | |
| ***c.4.** Livramento condicional: a lei não exige comprovante de emprego, mas aptidão para prover à própria subsistência mediante trabalho honesto.* | **0,50** | |
| ***TOTAL*** | **5,00** | – |

A partir do referido espelho, depreende-se que a FCC abordou uma peça processual de execução penal não tão comum em concurso público (agravo em execução penal) à época, o que vem aumentando gradativamente, cujo fundamento principal foi o Direito da Execução Penal, geralmente sendo cobrado Apelação, Recurso em Sentido Estrito (RESE) e suas razões, Habeas Corpus etc.

Paralelamente a banca examinadora permitiu a utilização de *Habeas Corpus* até como forma de evitar discussões judiciais e possível anulação da fase do certame, desde que o (a) candidato (a) respeitasse a "organização da peça", os "requisitos legais", mencionando-se o "mecanismo de celeridade".

Percebe-se a necessidade de conhecimento legal e infralegal (Decreto de Indulto), devendo o candidato indicar o dispositivo legal ou infralegal para obtenção de nota máxima (**b.2.** – "Mencionar o art. 1.°, I, do Decreto"; **c.1.** "Citar os dispositivos legais (art. 83, I e III, CP)").

O conhecimento jurisprudencial também foi fortemente exigido, cabendo ao candidato conhecer que "ainda que se considere a falta, ela não interrompe o lapso temporal para o livramento condicional (STJ)", pois, segundo o Enunciado n. 441 de Súmula do STJ, "a falta grave não interrompe o prazo para obtenção de livramento condicional".

De mais a mais, no caso da falta grave por posse de *chip* de telefone celular deveria o candidato confrontar precedentes jurisprudenciais com a tese da legalidade, mas desde que demonstrando o conhecimento da jurisprudência, jamais a ignorando na argumentação e articulação do raciocínio ("A despeito de jurisprudência contrária, referida tese de violação da legalidade deve ser apresentada pelo defensor público").

Ou seja, o Superior Tribunal de Justiça assevera que "após o advento da Lei n. 11.466/2007, a posse de aparelho celular, bem como de seus componentes essenciais, tais como chip, carregador ou bateria, constitui falta disciplinar de natureza grave, sendo, ainda, prescindível a realização de perícia no aparelho telefônico com a finalidade de se atestar sua funcionalidade" (HC n. 359.902/RS, T5, DJe 08/11/2016; HC n. 300.337/SP, T6, DJe 30/06/2015).

Ocorre que a partir da referida Lei n. 11.466/2007 o inciso VII do art. 50 da Lei de Execuções Penais (LEP – n. 7.210/84) passou a prever que "comete falta grave o condenado à pena privativa de liberdade que: (...) VII – tiver em sua posse, utilizar ou fornecer aparelho telefônico, de rádio ou similar, *que permita a comunicação com outros presos ou com o ambiente externo*".

Isto é, a "LEP exige aparelho com capacidade de comunicação, o que não se configura em mero chip", devendo o candidato ter a noção da pertinência institucional da Defensoria Pública, atuando esta na defesa dos necessitados e vulneráveis, no caso do preso que supostamente cometeu falta "grave" (arts. 49 e 50 da LEP), defendendo-se a interpretação mais defensiva e favorável ao preso, mas não olvidando e omitindo o entendimento jurisprudencial, confrontando-o com argumentos sólidos, legais, convencionais e constitucionais.

O conhecimento doutrinário ficou com a necessidade de compreensão do instituto do indulto, sua aplicação ao caso, compreensão e estruturação da peça processual.

Percebeu-se mais claramente a cobrança doutrinária nas questões sobre a seletividade do sistema penal (proteção ou violação aos direitos humanos?), devendo o candidato responder abordando-se sua incidência ao criminoso (criminalização), à vítima (vitimização) e aos agentes policiais (*policização*), bem como sobre a "Teoria da Anomia" e sua relação com o aumento dos índices de violência na sociedade atual.

A banca deixou registrar a observação no sentido de que "referências autorais pertinentes serão valoradas", ou seja, citar doutrinadores e seus entendimentos corresponderia à pontuação no desenvolvimento do tema.

Ademais, no aludido espelho padrão de resposta da questão sobre Criminologia e Direitos Humanos a banca informou que "respostas que não consideram e expliquem com profundidade o caráter estrutural (e como tal aspecto se desenvolve) não serão pontuadas", bem como "respostas meramente descritivas (e não explicativas) de que o sistema penal é seletivo não serão pontuadas, assim como respostas que apenas apresentem dados do senso comum, sem a devida explicação dos fenômenos".

A objetividade, como demonstrado acima, é essencial ao candidato ao concurso, não tendo tempo e espaço para desenvolver teses jurídicas ou divagar indefinidamente.

Entretanto assim como resposta completa não se confunde com prolixidade, a objetividade não é sinônimo de ser lacônico, vago, superficial. A banca exigia profundidade da resposta, sem respostas meramente descritivas, não podendo o candidato responder com "dados do senso comum", isto é, de maneira leiga, superficial, sendo óbvia a necessidade de argumentação desenvolta e fundamentada.

No grupo cível a peça processual cobrada foi um Agravo de Instrumento (arts. 1.016-7 do CPC), devendo o candidato colocar a "Defensoria Pública do Estado da Bahia" como Recorrente, discorrer sobre as prerrogativas processuais da parte, justificar cabimento e tempestividade, devendo interpor o recurso no último dia do prazo, sendo alertado de que "a interposição do recurso incabível prejudica a análise de todos os demais quesitos, acarretando a atribuição de nota 0 (zero) na peça".

Ademais, abordou-se preliminar de nulidade por falta de intimação da Defensoria Pública para atuar como curadora especial (art. 554, § 1.°, do CPC), isto é, na condição de *custos vulnerabilis*[26], além de discorrer sobre a proteção constitucional dos Quilombolas (art. 68 do ADCT)[27].

### *4.3.2. V concurso público da Defensoria Pública do Estado do Mato Grosso (UFMT/2015-6)*

O V concurso público de provas e títulos da DPE/MT fora organizado pela UFMT (Universidade Federal do Mato Grosso), certame que contou com prova objetiva, prático-subjetiva, oral, tribuna e títulos.

A *Questão 02 da Prova Dissertativa I* exigiu do candidato uma dissertação "sobre o princípio da boa-fé objetiva, abordando os seguintes tópicos: **I** – Suas funções; **II** – Os institutos: (a) proibição do *venire contra factum proprium*; (b) *supressio*; (c) *surrectio*; (d) *tu quoque*; **III** – As implicações processuais" (15 pontos).

A banca examinadora publicou as "considerações sobre a resposta esperada" em texto corrido. Cito abaixo em quadro esquemático a fim de melhor dividir a pontuação total e por números:

---

26. Para melhor compreensão da atuação defensorial como ***custos vulnerabilis*** recomendo leitura dos artigos do Defensor Público Maurílio Casas Maia. Disponível em: http://emporiododireito.com.br/defensoria-da-bahia-publica-enunciados-e-reconhece-a-intervencao-de-custos-vulnerabilis-por--maurilio-casas-maia/ e http://emporiododireito.com.br/custos-vulnerabilis/. Acesso em 10 jan. 2017.

27. A Portaria n. 005/2016 da Escola Superior da DPE/BA editou o Enunciado n. 13 no seguinte sentido: "a expressão 'pessoas em situação de hipossuficiência econômica' do art. 554, §1º, do Código de Processo Civil, deve ser interpretada considerando-se os diversos níveis de vulnerabilidade e necessidade das pessoas, atuando a Defensoria Pública na condição de *Custos Vunerabilis*".

| ***CONSIDERAÇÕES SOBRE A RESPOSTA ESPERADA*** | |
|---|---|
| ***I*** *– A doutrina majoritária aponta 3 funções da boa-fé objetiva: função interpretativa, função criativa e função limitadora, tais funções estão ligadas aos artigos 113, 422 e 187 do Código Civil, respectivamente.* | *5,00* |
| ***II*** *– A proibição do venire contra factum proprium, a ilegitimidade de comportamentos contraditórios e a consequente proteção ao princípio da confiança e das justas expectativas. A supressio e a surrectio revelam duas faces de um mesmo fenômeno, consubstanciado na possibilidade de perda ou aquisição de um direito como decorrência de práticas reiteradas de maneira contrária ao que fora inicialmente estipulado entre as partes (C.C., art. 330). Tu quoque está relacionado a um comportamento contraditório e em descompasso com a ética das relações jurídicas, a gerar desequilíbrio entre as partes, decorrente do não cumprimento de uma obrigação seguido pela exigência dos direitos que lhe são correlatos. O instituto dá suporte, por exemplo, para a exceção do contrato não cumprido (C.C., art. 476).* | *5,00* |
| ***III*** *– No âmbito processual, o princípio da boa-fé objetiva é amplamente aplicável. Destaca-se sua incidência no princípio da cooperação entre as partes e juiz, bem como a proibição da decisão surpresa (CPC, arts. 5.º, 6.º e 10). Pode ser verificado, ainda, como vetor de interpretação de pedidos e decisões (CPC, arts. 322, § 2.º, e 489, § 3.º). Pode-se, ainda, citar regras de comportamento processual (a exemplo do 80 do Código de Processo Civil) como expressões da boa-fé.* | *5,00* |

Quando preparei candidatos ao II concurso público da DPE/RN (CEBRASPE/2015-6), elaborei a seguinte questão: "no campo do Direito Contratual, e à luz da constitucionalização do Direito Civil, diferencie boa-fé objetiva da subjetiva, indicando a tríplice função da boa-fé objetiva".

Percebem a semelhança parcial de conteúdo? Muitas questões são feitas pensando-se numa linha de conteúdo, cuja abordagem passa a ser antecipada com experiência e conhecimento. Os alunos da DPE/RN que puderam prestar o concurso público da DPE/MT tiveram a questão parcialmente antecipada e treinada.

Abaixo cito a resposta utilizada na preparação dos candidatos, servindo para resposta a um dos itens da pergunta da questão 02 da DPE/MT:

*A boa-fé objetiva é a exigência de comportamentos objetivamente adequados aos parâmetros de lealdade, probidade, honestidade e colaboração no alcance dos fins perseguidos em cada relação obrigacional (arts. 4.°, III e 51, IV, do CDC e 422 do CC). Trata-se de regra ou mandamento de conduta, desvinculada das intenções íntimas do sujeito, servindo, por exemplo, como mecanismo de proteção à vulnerabilidade do consumidor no Código de Defesa do Consumidor – CDC.*

*Já a boa-fé subjetiva é sinônima de um estado psicológico do sujeito caracterizado pela ausência de malícia, pela sua crença ou suposição pessoal de estar agindo em conformidade com o Direito, isto é, significa estado anímico do sujeito. Esta acepção de boa-fé era dada pelo Código Civil de 1916 quando, por exemplo, no artigo 490 estatuía que "é de boa-fé a posse, se o possuidor ignora o vício, ou o obstáculo que lhe impede a aquisição da coisa, ou do direito possuído".*

*A Doutrina atribui à boa-fé objetiva três funções precípuas, quais sejam, (i) papel hermenêutico, de interpretação contratual (artigo 113 do CC); (ii) papel restritivo do exercício abusivo de direitos contratuais (artigo 187 do CC); (iii) criação de deveres anexos e acessórios à prestação principal, tais como, dever de informação, proteção, lealdade.*

| ***Quesitos Avaliados*** | ***Faixa de valor*** | ***Nota*** |
|---|---|---|
| *1. Apresentação e estrutura textual (legibilidade, respeito às margens e indicação de parágrafos)* | *0,00 a 0,30* | – |
| *2. Desenvolvimento do tema* | | |
| *2.1. Conceito de boa-fé objetiva, exemplificação e previsão legal* | *0,00 a 0,80* | – |
| *2.2. Conceito de boa-fé subjetiva, exemplificação e previsão legal* | *0,00 a 0,70* | – |
| *2.3. Funções/Papéis da boa-fé objetiva* | *0,00 a 0,70* | – |

Percebe-se a necessidade de conhecimento doutrinário para responder à questão acima, servindo a Lei e a Jurisprudência de base de sustentação e argumentação, mas a compreensão dos institutos exigidos na questão pressupunha o entendimento de Doutrina, mostrando-se a integralidade da abordagem nas segundas fases de concurso (Doutrina, Lei e Jurisprudência), devendo o candidato estudá-los concomitantemente.

Para conhecimento da peça processual cível exigida no V concurso público para membro da DPE/MT, utilizar-me-ei do agravo de instrumento cobrado no certame, da seguinte forma.

> *Em janeiro de 2007, Carlos da Silva é flagrado com 10 (dez) gramas de maconha. Após regular instrução processual, é prolatada sentença condenatória que fixou a pena de 2 (dois) anos de reclusão pelo cometimento de crime de tráfico de drogas (art. 33, § 4º, da Lei nº 11.343/2006). A sentença transitou em julgado em março de 2007. Em março de 2009, o executivo de pena foi extinto por sentença que reconheceu o integral cumprimento da sanção penal.*
>
> *Em janeiro de 2016, Carlos da Silva é contratado como estagiário do Município de Nortão/MT, exercendo suas funções na sede da Prefeitura. Em visita ao gabinete do Prefeito, o radialista Antônio visualiza e reconhece Carlos da Silva como autor de crime de tráfico ocorrido no ano de 2007.*
>
> *Surpreso ao ver Carlos da Silva como estagiário do Município, o radialista Antônio narra o fato em seu programa matinal, apresentado na Rádio Frequência. Após, passa a tecer comentários contra a administração municipal, afirmando haver um traficante a trabalhar na Prefeitura. Prossegue Antônio dizendo que o estagiário Carlos da Silva põe em risco a segurança de todos que trabalham na Prefeitura de Nortão-MT.*
>
> *De forma incisiva, sugere a imediata rescisão do contrato de estágio de Carlos da Silva, sob o argumento de que ali não é local de traficante. Argumenta que os policiais do Município são sabedores da veracidade das informações propaladas e que Carlos de Silva, de fato, já fora condenado por atos de traficância, tendo, inclusive, cumprido pena.*

*Carlos da Silva, envergonhado e com a estima claramente abalada, procura a Defensoria Pública do Estado de Mato Grosso. Não houve qualquer movimento do Município de Nortão/MT em rescindir o contrato de estágio, mas Carlos da Silva deseja fazer cessar as notícias e, se possível, obter indenização pertinente, já que a população de Nortão/MT voltou a comentar o antigo crime de tráfico de drogas que havia praticado no ano de 2007.*

*O Defensor Público responsável pelo caso, após obter gravação do programa noticiado, propõe ação de indenização por danos morais, cumulada com pedido de tutela inibitória (para impedir novas notícias acerca da condenação do autor), em face da Rádio Frequência e do radialista Antônio, alegando violação ao direito da personalidade.*

*O MM. Juiz concedeu a tutela inibitória e determinou a citação dos réus para que comparecessem à audiência de conciliação. Não houve acordo na audiência de conciliação. Os réus apresentaram a contestação patrocinados por um único advogado.*

*Os autos foram conclusos ao M.M. Juiz, que, em relação à Rádio Frequência, proferiu o julgamento antecipado parcial de mérito. O MM. Juiz afirmou que não há ato ilícito praticado pela Rádio Frequência, vez que os fatos veiculados são verdadeiros, vigorando o princípio constitucional da liberdade de imprensa. Argumentou que não há ato da Rádio a justificar a propositura da demanda em face da pessoa jurídica, vez que não havia como prever as palavras do radialista. Na parte dispositiva, afirmou "diante disso, julgo improcedente o pedido em relação à Rádio Frequência, seja em razão do princípio da liberdade de imprensa e da consequente ausência de ato ilícito na divulgação da notícia, seja em razão da impossibilidade de controlar as palavras do radialista em programa de rádio". Em relação ao radialista Antônio, o M.M. Juiz determinou o início da instrução processual, designando desde já audiência de instrução e julgamento, já que a questão fática efetivamente depende da produção de provas.*

*Como Defensor Público de Carlos da Silva, interponha o recurso ou adote a providência judicial cabível contra a referida decisão. O candidato deve partir da premissa de que os fatos alegados na petição inicial dependem de produção de provas e de que a Defensoria Pública foi intimada da decisão em 12 de julho de*

*2016. O processo é regido pelo rito comum do Código de Processo Civil de 2015. (40 pontos)*

A banca divulgou as considerações sobre a resposta esperada, cujo padrão é seguido pelos examinadores a fim de pontuar igualmente as provas corrigidas:

***CONSIDERAÇÕES SOBRE A RESPOSTA ESPERADA***

*Em resposta à questão 1, o candidato deveria elaborar agravo de instrumento, nos termos dos artigos 356, § 5º e 1.015, inciso II, ambos do Código de Processo Civil.*

*O candidato deveria endereçar o agravo de instrumento ao E. Tribunal de Justiça do Estado de Mato Grosso, instruindo-o com as peças obrigatórias constantes do artigo 1.017 do Código de Processo Civil. Ainda em relação aos aspectos formais, o candidato deveria indicar as partes agravante e agravado, bem como o nome e o endereço completo do advogado.*

*Esperava-se que o candidato indicasse a razão do não recolhimento das custas, bem como justificasse a tempestividade do recurso em razão da existência de prazo em dobro para a Defensoria Pública (CPC, art. 186 e Lei Complementar n.º 80), bem como da regra segundo a qual os prazos são computados apenas em dias úteis (CPC, art. 219).*

*No mérito, o candidato deveria abordar a necessária ponderação entre os direitos da personalidade e o direito à liberdade de imprensa. Para elaborar a referida ponderação de valores, o candidato deveria valer-se dos seguintes argumentos: (a) direito ao esquecimento, (b) precedentes dos Tribunais Superiores, com destaque para o Recurso Especial n.º 1.334.097-RJ, (c) o nenhum interesse social da notícia veiculada, (d) o sigilo das informações que digam respeito a executivos de pena encerrados – Lei das Execuções Penais, art. 202, (e) o direito à reinserção social, (f) o escoamento do prazo depurador e (g) o enunciado 531 das Jornadas de Direito Civil.*

*Ainda em relação ao mérito do recurso, o candidato deveria alegar que a responsabilidade da Rádio decorre (a) do artigo 932, inciso III, (b) do enunciado de súmulas 221 do Superior*

*Tribunal de Justiça e (c) do enunciado 451 das Jornadas de Direito Civil.*

*O candidato deveria formular pedido de tutela de urgência para determinar a imediata reinserção da rádio no polo passivo do processo, a fim de que participasse da audiência designada. Subsidiariamente, deveria pleitear a não realização do ato. Ainda a título de tutela de urgência, caberia pedido de restabelecimento da tutela inibitória anteriormente concedida pelo Juízo de primeiro grau.*

*O pedido final esperado era o conhecimento e provimento do recurso para reformar a decisão que julgou parcialmente o mérito e determinar a permanência da Rádio no polo passivo do processo originário, a fim de que, ao final, seja avaliada a possibilidade de condenação, pelo Juízo a quo.*

A questão acima exigiu do candidato conhecimento legal inovador em razão do atual ("novo") Código de Processo Civil (CPC/2015 – Lei n. 13.105), mais especificamente dos arts. 356, § 5.º, e 1.015, inc. II, pois deveria interpor agravo de instrumento contra decisão parcial de mérito, não havendo previsão legal anterior no mesmo sentido.

Calha registrar, para melhor entendimento, que o Fórum Permanente de Processualistas Civis editou o Enunciado n. 103 segundo o qual "a decisão parcial proferida no curso do processo com fundamento no art. 487, I, sujeita-se a recurso de agravo de instrumento".

O conhecimento legal seria sobremaneira útil para estruturação da peça recursal, mormente para adequação à realidade da Defensoria Pública (não recolhimento das custas, tempestividade com contagem dos prazos processuais em dobro e em dias úteis).

Ademais, houve exigência de ponderação de valores com conhecimento de normas constitucionais e convencionais, além dos precedentes jurisprudenciais para embasamento de direitos fundamentais fundantes do recurso, bem como de citação de entendimento sumulado do STJ (Enunciado n. 221 de Súmula[28]).

Assim, demonstro a abrangência do certame da DPE/MT, abordando-se Doutrina, Jurisprudência e texto de Lei, cujos instrumentos deveriam ser estudados com afinco pelo candidato para obtenção de pontuação máxima no certame, treinando com provas anteriores e espelhos de respostas das bancas examinadoras, sobretudo a mesma do certame perseguido.

### *4.3.3. II concurso público da Defensoria Pública do Estado do Rio Grande do Norte (CEBRASPE/2015-6)*

A prova da segunda fase relativa ao II concurso público de provas e títulos para membro da DPE/RN foi aplicada no dia 31 de janeiro de 2016.

Houve 2 (duas) peças processuais a serem trabalhadas, uma penal (apelação criminal no rito do Tribunal do Júri)[29] e uma cível (apelação cível de acordo com o CPC/1973)[30], para as quais remeto o leitor, cujo espelho de resposta pode ser encontrado no sítio eletrônico da banca examinadora, devendo sempre o candidato pesquisar e buscar provas e espelhos de respostas nos sítios diretos das bancas.

---

28. "São civilmente responsáveis pelo ressarcimento de dano, decorrente de publicação pela imprensa, tanto o autor do escrito quanto o proprietário do veículo de comunicação".

29. Disponível no site do CEBRASPE: http://www.cespe.unb.br/concursos/DPE_RN_15_DEFENSOR/arquivos/DPE_RN_15_DEFENSOR_PADRAO_DE_RESPOSTA_DEFINITIVO_209DPERN_1A03_P2PECA.PDF. Acesso em: 19 dez. 2016.

30. Disponível no site do CEBRASPE: http://www.cespe.unb.br/concursos/DPE_RN_15_DEFENSOR/arquivos/DPE_RN_15_DEFENSOR_PADRAO_DE_RESPOSTA_DEFINITIVO_209DPERN_2A03_P3PECA.PDF. Acesso em 19 dez. 2016.

A apelação criminal contra a sentença do juiz-presidente deveria abordar vários aspectos, tais como (i) tempestividade; (ii) contagem de prazos processuais (art. 798, CPP) e atenção ao término em dias não úteis, domingos e feriados (§ 3.°); (iii) prazo processual em dobro para a Defensoria Pública Estadual (art. 128, inc. I, LONDP – LC. n. 80/94); (iv) análise crítica da dosimetria penal, em todas as suas fases (art. 593, inc. III, "c", CPP); (v) Enunciado n. 444 de Súmula do STJ, maus antecedentes e precedentes do STF; (vi) princípio da vedação ao *bis in idem:* agravamento da pena-base em razão da circunstância judicial do motivo do crime (ciúme) e reavaliação na qualificadora do motivo fútil[31]; (vii) a personalidade do agente não pode ser considerada desfavorável em virtude da ausência de estudo técnico por profissionais capacitados, não podendo impressão pessoal do magistrado justificar a exasperação da pena (Enunciado n. 718 de Súmula[32] do STJ); (viii)

31. "Entende-se por conduta social o comportamento do agente junto à sociedade. Afere-se o relacionamento do acusado com seus pares, procura-se descobrir o seu temperamento, se calmo ou agressivo, se possui algum vício, a exemplo de jogos e bebidas, enfim, diz respeito ao comportamento social do autor do fato, que poderá ou não ter influenciado no momento do crime (Rogério Greco. **Curso de Direito Penal**. 5.ª ed. vol. I. Niterói: Impetus, 2005, p. 627). No caso analisado, na dosimetria da pena, o juiz presidente considerou que a conduta social do acusado seria questionável, pois ele não respeitaria a individualidade das pessoas que estão à sua volta, tendo admitido, durante seu interrogatório, que frequentemente bisbilhotava o celular da vítima à procura de eventuais provas de infidelidade. Esse comportamento invasivo do apelante, além de não representar seu comportamento perante a sociedade, pois restrito ao relacionamento amoroso entre acusado e vítima, se confunde com o próprio motivo do crime, isto é, os ciúmes que sentia da vítima. Tendo sido o ciúme utilizado para qualificar o crime pelo motivo fútil, não pode ser novamente usado para majorar a pena do recorrente, sob pena de violação do princípio da vedação ao *bis in idem.*" (*CEBRASPE/2015-6, DPE/RN-II*).

32. "A opinião do julgador sobre a gravidade em abstrato do crime não constitui motivação idônea para a imposição de regime mais severo do que o permitido segundo a pena aplicada".

usurpação da competência constitucional do tribunal do júri com a consideração judicial de circunstância que constituiria qualificadora ou agravante (STJ, HC 60.012/RS, Rel. Ministro Arnaldo Esteves Lima, quinta turma, julgado em 4/10/2007, DJe 7/4/2008)[33]; (ix) reincidência, critérios legais (art. 63, CP) e crítica constitucional ao fracasso do tratamento penal[34]; (x) não configuração da asfixia como agravante de penal (art. 61, inc. II, "d", CP)[35].

---

33. "A crueldade do crime não poderia ter sido considerada na dosimetria da pena imposta ao acusado, pois não havia sido explicitada na denúncia, ou, ao menos, na pronúncia, não podendo, assim, ser quesitada e submetida ao conselho de sentença. Da mesma forma, o fato de o acusado ter praticado o crime em sua própria residência, de forma a dificultar ou impossibilitar a defesa da vítima, não pode servir para exasperar a pena, pois já considerada como qualificadora, com base no disposto no inciso IV do § 2.º do art. 121 do CP. Com efeito, considerar tais circunstâncias como qualificadoras constitui usurpação da competência do tribunal do júri." (*CEBRASPE/2015-6, DPE/RN-II*).

34. "O réu não é reincidente. Nos termos do art. 63 do CP, a reincidência consiste na prática de novo crime, após o agente haver sido definitivamente condenado por crime anterior, no país ou no estrangeiro. Com efeito, cuida-se de instituto que deveria ser relegado ao abandono, na medida em que constitui "sintoma indicativo do fracasso do tratamento penal, a ser tributado ao Estado — ou com ele repartido —, e não exclusivamente ao infrator que infringiu novamente a lei penal" (Artur de Brito Gueiros Souza. **Curso de Direito Penal**. Rio de Janeiro: Elsevier, 2012, p. 401). A agravante da reincidência diz respeito aos fatos anteriores ao crime paradigma. No caso em discussão, a condenação criminal definitiva do acusado, além de se referir a fato posterior ao homicídio, transitou em julgado também posteriormente. Logo, o acusado não é reincidente." (*CEBRASPE/2015-6, DPE/RN-II*).

35. "Nos termos do art. 61, II, *d*, CP, é circunstância que sempre agrava a pena, quando não constitui ou qualificam o crime, o fato de ter o agente cometido o crime com o emprego de veneno, fogo, explosivo, tortura ou outro meio insidioso ou cruel, ou de que podia resultar perigo comum. A asfixia não está, portanto, incluída no rol previsto no dispositivo citado. Com a edição da Lei n. 7.209/1984, retirou-se a referência, que existia na alínea *d*, à asfixia (Celso Delmanto. **Código Penal Comentado**. 5.ª edição. Rio de Janeiro: Renovar, 2000, p. 113)." (*CEBRASPE/2015-6, DPE/RN-II*).

Na mesma apelação-crime foram abordadas as seguintes teses defensivas: (i) agravantes só podem ser reconhecidas pelo juiz-presidente se sustentadas durante os debates (art. 492, inc. II, "b", CPP); (ii) compensação entre atenuante da confissão espontânea e agravante da violência contra a mulher (arts. 61, II, "f", 65, III, "d", e 67, todos do Código Penal) com indicação de precedentes jurisprudenciais do STJ; (iii) aplicação da confissão espontânea, mesmo que qualificada (Enunciado n. 545 de Súmula do STJ; HC n. 362.774/SP, T5, DJe 25/11/2016; AgRg no HC n. 281.731/RJ, T6, DJe 25/11/2016[36]); (iv) impossibilidade de condenação judicial por danos morais e sem pedido expresso da vítima ou de familiares.

A apelação cível, ainda à época do CPC/1973, em razão da data de aplicação da prova ser anterior a 18/03/2016 (STJ), exigia a discussão[37] acerca de: (i) endereçamento e competência, com o padrão clássico de endereçamento ("Excelentíssimo (a) Senhor (a) Juiz (íza) de Direito da Comarca (X)")[38]; (ii) peça de interposição[39]; (iii) razões recursais com vocativos

---

36. "(...) 2. Em que pesem precedentes em sentido contrário, a recente jurisprudência do Superior Tribunal de Justiça se firmou no sentido de que mesmo a chamada confissão qualificada, na qual o agente agrega à confissão teses defensivas descriminantes ou exculpantes, pode ensejar o reconhecimento da atenuante prevista no art. 65, III, alínea d, do Código Penal (HC n. 306.785/MS, Ministro Felix Fisher, Quinta Turma, DJe 3/3/2015)...".

37. A banca examinadora trouxe a seguinte advertência no espelho: "Espera-se do (a) candidato (a) resposta compatível com o apresentado neste padrão de resposta, não se descartando possibilidades de respostas que se coadunem com a apresentada a seguir." (*CEBRASPE/2015-6, DPE/RN-II*).

38. Art. 319, inc. I, CPC/2015: "A petição inicial indicará: I – o juízo a que é dirigida".

39. "João, nos autos da ação ordinária em epígrafe, que move contra Lucas, vem, no prazo legal e de acordo com o previsto nos artigos 508, 513 e seguintes do Código de Processo Civil, interpor APELAÇÃO contra a referida sentença de fls., requerendo a sua juntada aos autos, o seu recebimento no duplo

("Tribunal de Justiça, Turma, Seção, Câmara ou Relator"); (iv) síntese dos fatos[40]; (v) *error in judicando* e a possibilidade de desconstituição de paternidade registral em razão de vício de consentimento[41] e ausência de voluntariedade[42] do pai,

efeito e posterior encaminhamento ao Tribunal de Justiça. Nesses termos, pede deferimento. Local, data. Defensor Público." (*CEBRASPE/2015-6, DPE/RN-II*).

40. "Na fluência de união estável estabelecida entre João e Paula, Paula deu à luz Lucas, em 3/4/2002. Acreditando ser o pai biológico da criança, João fez constar o seu nome como pai no registro de nascimento de Lucas. Em 2007, após ter descoberto que fora traído, João desconfiou não ser pai biológico de Lucas e solicitou a realização de exame de DNA para confirmar a paternidade. O resultado do exame foi negativo. João, então, separou-se de Paula no mesmo ano e não teve mais qualquer contato com Lucas a partir de então. Em 2015, João compareceu à Defensoria Pública e solicitou a adoção de medida judicial visando à desconstituição da paternidade. Na ocasião, ajuizou-se ação negatória de paternidade, visando ao reconhecimento judicial de que João não é o pai biológico de Lucas e à retificação no registro de nascimento. O pedido foi julgado improcedente em razão do reconhecimento da filiação socioafetiva. Inconformado, João apela da referida sentença, pugnando pela reforma do julgado." (*CEBRASPE/2015-6, DPE/RN-II*).

41. "Admitiu-se a desconstituição de paternidade registral no caso em questão, haja vista que: 1 – o pai registral, na fluência de união estável estabelecida com a genitora da criança, fez constar o seu nome como pai no registro de nascimento, por acreditar ser o pai biológico do infante; 2 – estabeleceu-se vínculo de afetividade entre o pai registral e a criança durante os primeiros cinco anos de vida dela; 3 – o pai registral solicitou, ao descobrir que fora traído, a realização de exame de DNA e, a partir do resultado negativo do exame, não mais teve qualquer contato com a criança, por mais de oito anos até a atualidade; e 4 – o pedido de desconstituição foi formulado pelo próprio pai registral" (*CEBRASPE/2015-6, DPE/RN-II*).

42. "(...) Ocorre que o estabelecimento da filiação socioafetiva perpassa, necessariamente, pela vontade e, mesmo, pela voluntariedade do apontado pai, ao despender afeto de ser reconhecido como tal. Em outras palavras, as manifestações de afeto e carinho por parte de pessoa próxima à criança somente terão o condão de convolarem-se numa relação de filiação se, além da caracterização do estado de posse de filho, houver, por parte do indivíduo que despende o afeto, a clara e inequívoca intenção de ser concebido juridicamente como pai ou mãe da criança. Portanto, a higidez

com indicação de precedente jurisprudencial do STJ (REsp n. 1.508.671/MG[43], T3, DJe 09/11/2016); (vi) pedido de recebimento do recurso de apelação para, no mérito, reformar a decisão apelada[44].

Ambas as peças processuais tiveram como tônica fundamental o conhecimento da Jurisprudência, o que sói acontecer nos concursos aplicados pela banca examinadora CEBRASPE/

---

da vontade e da voluntariedade de ser reconhecido juridicamente como pai consubstancia pressuposto à configuração de filiação socioafetiva no caso aqui analisado. Dessa forma, não se concebe a conformação dessa espécie de filiação quando o apontado pai incorre em qualquer dos vícios de consentimento. Ademais, sem proceder a qualquer consideração de ordem moral, não se pode obrigar o pai registral, induzido a erro substancial, a manter uma relação de afeto igualmente calcada no vício de consentimento originário, impondo-lhe os deveres daí advindos sem que voluntária e conscientemente o queira. Além disso, como a filiação sociafetiva pressupõe a vontade e a voluntariedade do apontado pai de ser assim reconhecido juridicamente, caberá somente a ele contestar a paternidade em apreço" (*CEBRASPE/2015-6, DPE/RN-II*).

43. "(...) 2. É possível a desconstituição do registro quando a paternidade registral, em desacordo com a verdade biológica, efetuada e declarada por indivíduo que, na fluência da união estável estabelecida com a genitora da criança, acredita, verdadeiramente, ser o pai biológico desta (incidindo, portanto, em erro), sem estabelecer vínculo de afetividade com a infante. Não se pode obrigar o pai registral, induzido a erro substancial, a manter uma relação de afeto, igualmente calcada no vício de consentimento originário, impondo-lhe os deveres daí advindos, sem que, voluntária e conscientemente, o queira. A filiação socioafetiva pressupõe a vontade e a voluntariedade do apontado pai de ser assim reconhecido juridicamente, circunstância, inequivocamente, ausente na hipótese dos autos. A socioafetividade se consolidaria caso o demandante, mesmo após ter obtido ciência da verdade dos fatos, ou seja, de que não é pai biológico da requerida, mantivesse com esta, voluntariamente, o vínculo de afetividade, sem o vício que o inquinava."

44. Percebe-se que a banca examinadora adotou o formato sucinto do item "pedido", não especificando o pedido de reforma da decisão para desconstituição da paternidade registral, bastando a "reforma da decisão", diferentemente de outras bancas examinadoras, as quais exigem os pedidos em minúcias, sem, no entanto, exigir a repetição de fundamentos jurídicos.

CESPE, devendo o candidato conhecê-la e concatená-la precisamente ao conteúdo legal.

Aconselhável o candidato baixar a prova e simulá-la como estudo real para, empós, analisar o espelho de resposta da banca examinadora e compará-lo com a resposta simulada, verificando a desenvoltura, a capacidade técnico-jurídica e de argumentação, articulação do raciocínio, isto é, os fatores exigidos nessa fase dos concursos. Coloque-se, na correção pessoal, como *autoexaminador*, imparcial, técnico e metódico.

Os cursos preparatórios para concurso público de Defensoria Pública estadual oferecem preparação personalizada, com correções de provas e apontamentos de virtudes e erros individuais do candidato, sendo uma ótima escolha na preparação por fases de um dado concurso.

### *4.3.4. IV concurso público da Defensoria Pública do Estado do Rio Grande do Sul (FCC/2014-5)*

O IV concurso público de provas e títulos da DPE/RS foi organizado pela FCC, certame que contou com prova objetiva, prático-subjetiva, oral, tribuna e títulos.

A *Questão 02 da Prova Escrita Dissertativa I* fez o seguinte questionamento: "discorra fundamentadamente sobre a antecipação dos efeitos da tutela e a antecipação do julgamento da lide, diferenciando-as e indicando os requisitos e o (s) momento (s) em que podem ocorrer. (Elabore sua resposta definitiva em até 30 linhas)".

Como a aludida fase foi aplicada antes da vigência do atual CPC/2015 (Lei n. 13.105), a resposta exigia conhecimento do CPC/1973, nos seguintes termos do espelho de resposta:

| **Abordagem esperada**<br>*Na avaliação das Provas Dissertativas será considerado o conhecimento técnico-jurídico, a capacidade teórica e prática de fundamentação jurídica, bem como a fluência e a coerência da exposição, a correção gramatical e a precisão da linguagem jurídica.* | ***Pontuação máxima*** | ***Pontuação atribuída*** |
|---|---|---|
| ***a.*** *Fundamentos legais – artigos 273 e 330.* | ***1,0*** | – |
| ***b.*** *Antecipação é dos efeitos da tutela que se pretende e não da própria tutela (não se obtém a condenação, mas só a obrigação provisória que resultaria de futura condenação).* | ***1,5*** | – |
| ***c.*** *A antecipação do julgamento da lide é a antecipação da própria decisão final, da tutela pretendida, quando desnecessária a instrução.* | ***1,5*** | – |
| ***d.*** *Os requisitos são diversos (perigo na demora e verossimilhança / questões de direito etc.* | ***2,0*** | – |
| ***e.*** *A antecipação dos efeitos da tutela pode ser em liminar ou qualquer outro momento processual, inclusive sentença, pois o recurso pode ser recebido só no efeito devolutivo.* | ***1,5*** | – |
| ***f.*** *A antecipação do julgamento da lide possui fase própria (julgamento conforme o estado do processo)* | ***1,5*** | – |
| ***g.*** *Poderá haver antecipação do julgamento da lide e na mesma decisão antecipação dos efeitos da tutela para eventual recurso.* | ***1,0*** | – |
| ***Total*** | ***10,0*** | – |

A peça processual cível da *Prova Escrita Dissertativa I* exigiu conhecimento em Direito de Família, além do recurso de Agravo de Instrumento[45] à luz do CPC/1973, no qual o candidato deveria elaborar:

45. "A elaboração de peça diversa acarreta pontuação zero", conforme informado pela banca examinadora no espelho de resposta.

(*01*) petição de interposição, contendo-se (a) endereçamento[46] e qualificação, (b) fundamentação quanto ao cabimento de agravo na forma de instrumento, mesmo tendo sido a decisão proferida em audiência (art. 522, CPC), (c) postulação do efeito ativo (antecipação da tutela recursal - art. 527, III, CPC/1973), apontando as situações concretas para a urgência (direito material), (d) pedido de tramitação preferencial (arts. 1.211-A e 1.211-B do CPC/1973 c/c 71 do Estatuto do Idoso), (e) observância às demais formalidades recursais atinentes ao agravo (art. 525, CPC/1973);

(*02*) petição de razões recursais, em que deveria conter (a) endereçamento e indicação das partes, (b) exposição do fato e do direito (art. 524, I, CPC), (c) razões do pedido de reforma da decisão (art. 524, II, CPC), (d) indicação do nome e endereço dos advogados das partes (art. 524, III, CPC), (e) pedidos finais e data;

(*03*) os aspectos do mérito recursal, tais como (a) alegação de que a obrigação avoenga é subsidiária e complementar (arts. 1.696 e 1.698, CC), verificando-se os elementos do caso concreto[47], (b) alegação do excesso do valor fixado a título de alimentos (75% do salário mínimo, restando apenas 25% para a sobrevivência dos agravantes), invocando-se o trinômio necessidade, possibilidade e proporcionalidade, segundo o § 1.° do art. 1.694 do Código Civil, apontando-se as informações proporcionadas pelo caso concreto, (c) alegação de irretroatividade

---

46. "O endereçamento para grau de jurisdição inadequado acarreta desconto de três pontos ao final", consoante informado no espelho de resposta da banca examinadora.

47. O candidato não deve responder na peça processual com base apenas em elementos abstratos dos dispositivos legais, devendo-se fazer a subsunção do fato à norma, abordando-se elementos fáticos indicados na própria questão, justificando-se o entendimento adotado (articulação do raciocínio, capacidade de argumentação, domínio do conhecimento jurídico).

dos alimentos provisórios, devendo-se a verba a partir da fixação em audiência ou, no máximo, da citação (art. 13, § 2.°, da Lei n. 5.478/68), mas não a contar do ajuizamento da demanda, (d) alegações relacionadas à determinação de constrição eletrônica de ativos diante das parcelas consideradas vencidas pelo juiz: (d.1.) impossibilidade de determinação da medida de ofício (art. 655-A, CPC/1973); (d.2.) descabimento da medida extrema nos autos da ação de alimentos, por ser ato executório, desafiando procedimento próprio (art. 732 e 733, CPC/1973), em que se oportuniza ao devedor a defesa incidental (embargos) ou endoprocessual (exceção de pré-executividade).

O concurso teve 4 (quatro) turnos de prova, mas o Autor preferiu não abordar todas as questões e peças processuais, cabendo indicar os espelhos de respostas e as abordagens das indagações da banca como forma de direcionar os estudos, consoante anteriormente apresentado.

Para finalizar o IV concurso da DPE/RS, registro abaixo a *Questão 03 de Direito Constitucional*, abordando-se a tutela coletiva pela Defensoria Pública e o controle de constitucionalidade:

> *Em ação civil pública ajuizada pela Defensoria Pública do Estado do Rio Grande do Sul, foi arguida a inconstitucionalidade de artigo de lei em face da Constituição Federal para fundamentar o pedido principal. A matéria foi devidamente prequestionada e comprovada sua repercussão geral. Após regular trâmite processual, por meio do recurso extraordinário, tal arguição chegou ao STF para decisão, que declarou inconstitucional o referido dispositivo legal.*
>
> *Considerando-se essa situação hipotética, responda fundamentadamente:*
>
> ***a.** Qual o sistema e a via de controle de constitucionalidade utilizada no caso?*
>
> ***b.** Como se classifica essa modalidade de controle de constitucionalidade quanto ao momento em que foi exercido?*
>
> ***c.** Quais os efeitos da decisão proferida na referida ação civil pública e a quem se aplicam?*

***d.*** *Esta decisão poderá ter os mesmos efeitos da Ação Direta de Inconstitucionalidade?*

*Fundamente suas respostas indicando, inclusive, os dispositivos constitucionais pertinentes*[48].

| ***Abordagem esperada*** *Na avaliação das Provas Dissertativas será considerado o conhecimento técnico-jurídico, a capacidade teórica e prática de fundamentação jurídica, bem como a fluência e a coerência da exposição, a correção gramatical e a precisão da linguagem jurídica.* | ***Pontuação máxima*** | ***Pontuação atribuída*** |
|---|---|---|
| ***a.*** *O sistema de controle de constitucionalidade utilizado no caso posto é o difuso, que permite a qualquer juiz ou tribunal apreciar a constitucionalidade das leis ou atos normativos, e a via é a incidental, ou seja, de exceção, no caso concreto, de acordo com a qual, qualquer das partes, no curso de um processo, pode suscitar o problema da inconstitucionalidade.* | ***2,5*** | – |
| ***b.*** *No que se refere ao momento de ser exercício, trata-se de controle exercido posteriormente, isto é, de maneira repressiva, pelo Judiciário.* | ***2,5*** | – |
| ***c.*** *Os efeitos da decisão proferida pelo STF acerca da inconstitucionalidade serão inter partes e ex tunc. No entanto, em havendo a comunicação da decisão ao Senado Federal, para os efeitos do art. 52, X, da CF, este, por meio de resolução pode suspender a execução, no todo ou em parte, de lei declarada inconstitucional por decisão definitiva do STF. Ao suspender a execução, no todo ou em parte, a referida suspensão atingirá a todos, porém* | ***2,5*** | – |

48. Perceba que a própria banca examinadora exigiu, expressamente, a indicação dos dispositivos do texto constitucional, cuja obrigatoriedade é natural em toda e qualquer segunda fase de concurso público, ainda mais quando a banca indica expressamente na *folha de perguntas*.

| ***Abordagem esperada*** *Na avaliação das Provas Dissertativas será considerado o conhecimento técnico-jurídico, a capacidade teórica e prática de fundamentação jurídica, bem como a fluência e a coerência da exposição, a correção gramatical e a precisão da linguagem jurídica.* | ***Pontuação máxima*** | ***Pontuação atribuída*** |
|---|---|---|
| *valerá a partir do momento em que a Resolução do Senado Federal for publicada na Imprensa Oficial, sem retroagir, portanto, ex nunc, de acordo com posição majoritária (LENZA, 2009, p. 184).* | | |
| ***d.*** *No que toca ao controle difuso em sede de ação civil pública, porém, mesmo sendo ele realizado no caso concreto, produzindo, em regra, somente efeito entre as partes, salvo a hipótese de Resolução do Senado Federal – art. 52, X, CF, somente poderá ser exercido se a controvérsia constitucional não for o objeto único da demanda, mas qualificar-se como questão prejudicial indispensável à resolução do litígio principal (Ministro Celso de Mello, Rcl 1.733-SP, DJ 1.° 12.2000 – Inf. 212/STF). Isso porque a jurisprudência do STF "exclui a possibilidade do exercício da ação civil pública, quando, nela, o autor deduzir pretensão efetivamente destinada a viabilizar o controle abstrato de constitucionalidade de determinada lei ou ato normativo (RDA 206/267, rel. Min. Carlos Velloso – Ag. 189.601-GO (AgRg), rel. Min. Moreira Alves). Se, contudo, o ajuizamento da ação civil pública visar, não à apreciação da validade constitucional de lei em tese, mas objetivar o julgamento de uma lei específica e concreta relação jurídica, aí, então, tornar-se-á lícito promover, incidenter tantum, o controle difuso de constitucionalidade de qualquer ato emanado do Poder Público" (LENZA, 2009, p. 189-190). Vale destacar, ainda, que o STF não admite ação civil pública em defesa de interesse coletivos ou difusos ajuizada como sucedâneo de ação direta* | ***2,5*** | ***–*** |

| ***Abordagem esperada*** *Na avaliação das Provas Dissertativas será considerado o conhecimento técnico-jurídico, a capacidade teórica e prática de fundamentação jurídica, bem como a fluência e a coerência da exposição, a correção gramatical e a precisão da linguagem jurídica.* | ***Pontuação máxima*** | ***Pontuação atribuída*** |
|---|---|---|
| *de inconstitucionalidade (STF, Recl. 663-6/SP, Rel. Min. Nelson Jobim, DJ, 1, de 13-10-1997, p. 51467), mas aceita-a para a tutela de interesses individuais homogêneos, pois, nesse caso, a decisão somente alcança grupo determinado de pessoas, não usurpando o controle concentrado das normas. A ação civil pública não pode, portanto, ser sucedâneo da ação direta de inconstitucionalidade, pois, em caso de produção de efeitos erga omnes, estaria provocando verdadeiro controle concentrado de constitucionalidade, usurpando competência do STF (UADI, 2009, p. 130) e abrindo a possibilidade de novos legitimados para o controle de constitucionalidade. Ela pode ser utilizada no caso concreto para surtir efeitos entre as partes para fins de defender direitos subjetivos dos interessados no curso de uma questão prejudicial supostamente contrária à CF. Há, portanto, controvérsia, quanto à possibilidade de os efeitos dessa decisão serem os mesmos da ADI.* | ***2,5*** | **–** |
| ***Total*** | ***10,0*** | |

## 4.3.5. *XXVI concurso público da Defensoria Pública do Estado do Rio de Janeiro (Banca própria[49]/2018-9)*

O XXVI concurso público de provas e títulos da DPE/RJ fora organizado pela própria instituição, mediante bancas

49. Regulamento disponível em: ***http://concursos.defensoria.rj.def.br/informe/regulamentoXXVI.pdf***. Acesso em 24 mar. 2019.

próprias integradas por membros locais e com participação da OAB, como de costume na Defensoria carioca, certame que contou com *prova escrita preliminar* (de caráter dissertativo, e não de múltipla escolha), *provas escritas específicas* (prático-subjetiva), *sustentação oral* e *títulos*.

Reiterando: o certame não conta com prova de múltipla escolha, seja indicando "certo" ou "errado", seja assinalando alternativa de "a" a "e", tratando-se de fases argumentativas e dissertativas desde a primeira etapa, cujos estudos assemelham-se à segunda fase.

No sítio eletrônico da DPE/RJ[50] há disponibilidade para baixar a prova integral mediante arquivos em *pdf.* (prova escrita preliminar e provas escritas específicas), com questões, casos práticos e seu respectivo gabarito, cabendo ao leitor estudar na íntegra o conteúdo de prova, especialmente pelo seguinte motivo: as provas da Defensoria Pública do Rio de Janeiro mantêm um perfil muito institucional (defensorial), cujas temáticas são bastante próprias da atuação diária e funcional dos membros da Defensoria Pública, demonstrando a importância de conhecer a realidade da instituição, sua vocação constitucional, suas atribuições e funções institucionais, sua história e o público destinatário da norma fundamental da assistência jurídica integral e gratuita (*necessitados*).

Diversos institutos jurídicos importantes do Direito foram trabalhados nas *provas escritas específicas*[51], tais como desconsideração da personalidade jurídica (direta, inversa, indireta, expansiva); medidas executivas atípicas (art. 139, inc. IV, do CPC); reconhecimento de paternidade, direito sucessório e herança

50. DPE/RJ: *http://concursos.defensoria.rj.def.br/concurso-interna.php?id=MQ==*.

51. Até o fechamento desta 2.ª edição ainda não havia acontecido a Terceira Prova Escrita Específica, cujo concurso é bastante longo, exaustivo e espaçado no tempo.

digital; populismo penal; Direito Penal do Inimigo; ilicitude de prova emprestada; sistema de apreciação das provas (íntima convicção, tarifação, livre convencimento motivado ou persuasão racional), impossibilidade de *mutatio libelli* em 2.º grau de jurisdição (enunciado n. 453 de súmula do STF), dentre outros variados.

Para o leitor que ainda está em fase inicial ou fantasia certames com provas de segunda fase muito rebuscadas, com conteúdo de conhecimento inatingível, demonstro uma questão de fácil identificação mediante estudo ou um mínimo de atuação prática forense (mormente na Instituição Defensorial).

Na 2.ª questão da Banca I (cível), com valor de 25 pontos, da *Prova Escrita Preliminar*, foi apresentado o seguinte caso prático com a respectiva indagação:

> Em uma Ação de Despejo em que a parte assistida pela Defensoria Pública efetivou o tempestivo depósito para emenda da mora, o locador impugnou o valor alegando ser insuficiente e apresentou a planilha com o cálculo da diferença que entenda devida. Concluso o processo, o Juiz de Direito despachou facultando complementar o depósito no prazo de 10 (dez) dias. No despacho, foi determinada a intimação da parte ré, locatária, na pessoa do (a) Defensor (a) Público (a) para fins de exercício de faculdade de complementação do depósito da purga da mora. O (A) Defensor (a) Público (a) foi intimado (a) da decisão, mas não conseguiu contato com a parte assistida, apesar de reiteradas tentativas. Está correta a ordem para intimação da parte na pessoa do (a) Defensor (a) Público (a)? Fundamente. O que deve requerer o (a) Defensor (a)?

Antes de apresentar o gabarito (resumido) da banca examinadora, atenção ao conteúdo do § 2.º do art. 186 do Código de Processo Civil (CPC/2015): "a requerimento da Defensoria Pública, o juiz determinará a intimação pessoal da parte patrocinada quando o ato processual depender de providência ou informação que somente por ela possa ser realizada ou prestada".

O leitor consegue extrair a aplicação prática desse dispositivo legal no caso simulado acima? Percebeu como o mero conhecimento de texto legal e da atuação defensorial seriam bastantes para resposta integral da questão?

Nítido que a complementação de depósito para purga da mora exige providência pessoal da parte locatária (ato pessoal da parte), não podendo haver intimação da Defensoria Pública ("na pessoa do Defensor Público"), conforme disposição legal acima, inovação do CPC/2015.

Vejamos, pois, o gabarito da banca examinadora institucional:

> - Conduta incorreta;
> - O pagamento é ato de natureza pessoal da parte e a assistência jurídica prestada pelo Defensor não decorre de relação contratual, não podendo ser tido como mandatário do assistido;
> - Indicar que o vínculo para a Defensoria é público-institucional;
> - Peticionar requerendo a intimação pessoal da parte assistida para a providência que somente por ela pode ser realizada.

A respeito de antecipação de conteúdo de prova em cursos preparatórios, correlacione a 3.ª questão da Banca II (penal) da *Prova Escrita Preliminar* com o material do Curso *Mege* para a própria DPE/RJ.

A 3.ª QUESTÃO (VALOR: 25 PONTOS) fez a seguinte exigência discursiva:

> De acordo com os dados do *Infopen*/2017, em junho de 2016 existiam 726.712 pessoas privadas de liberdade no Brasil. O levantamento mostra que os delitos de tráfico de drogas representam 28% da população prisional, indicando ainda que 64% desta população é composta por pessoas negras e que 75% não chegou ao ensino médio. Refletindo sobre os dados apresentados, discorra sobre a noção de seletividade do sistema penal e sua relação com os conceitos de criminalização primária e secundária.

A DPE/RJ publicou o gabarito da indigitada questão da seguinte forma:

- Seletividade do sistema penal. Contextualização/origem: Paradigma da Reação Social/Teoria do Etiquetamento/Criminologia Crítica;
- Conceito: criminalização de um número reduzido de pessoas vulneráveis;
- Criminalização primária (processo legislativo); secundária (atuação concreta das agências de controle penal).

Agora analise, respectivamente, a questão elaborada no concurso com o seu respectivo gabarito proposto aos alunos-candidatos:

> *Para a Doutrina penal e criminológica, que significa teoria da reação social? Responda fundamentadamente, abordando sinônimos do instituto jurídico em debate e a atividade estatal de criminalização com suas características – 7,0.*

Trata-se de instituto sinônimo de etiquetamento social, rotulação social ou ***labeling approach***. A atividade de criminalização, desempenhada pelo Estado, desenvolve-se em duas etapas, denominadas respectivamente de criminalização primária e criminalização secundária. Criminalização primária é o ato e o efeito de sancionar de uma lei primária material, que incrimina ou permite a punição de determinadas pessoas. Trata-se de ato formal, fundamentalmente programático, pois, quando se estabelece que uma conduta deve ser punida, enuncia-se um programa, o qual deve ser cumprido pelos entes estatais (Polícias, Ministério Público, Poder Judiciário etc.). De seu turno, criminalização secundária é a ação punitiva exercida sobre pessoas concretas. Verifica-se quando os órgãos estatais detectam um indivíduo, a quem se atribui a prática de um ato primariamente criminalizado, sobre ele recaindo a persecução penal. Para ***Zaffaroni***, a criminalização secundária possui duas características: seletividade e vulnerabilidade, pois há forte tendência de ser o poder punitivo exercido precipuamente sobre pessoas previamente escolhidas em face de suas fraquezas, a exemplo dos moradores de rua e de comunidades pobres, usuários de drogas, egressos do sistema prisional etc. O fenômeno guarda íntima relação com o movimento criminológico conhecido como ***labeling approach*** (teoria da rotulação/do etiquetamento social): aqueles que integram a população criminosa são estigmatizados, rotulados ou etiquetados como sujeitos contra quem normalmente se dirige o poder punitivo estatal.

Temas e conteúdos que sempre se mostram presentes nas provas, variando as fases e alternando as bancas examinadoras. Por isso o estudo de todas as provas de Defensoria Pública e de outras carreiras jurídicas é importante, antecipando-se sua futura cobrança.

### 4.3.6. III concurso público da Defensoria Pública do Estado de Alagoas (CEBRASPE/2017-8)

O edital n. 1 de 03 de agosto de 2017 inaugurou o concurso da DPE/AL com as fases objetiva, discursivas, oral, inscrição definitiva e avaliação de títulos, tendo encerrado em 19 de dezembro de 2018 com o edital n. 14.

A *1.ª questão da Prova Discursiva P2* envolveu os temas da investigação criminal (Lei n. 12.830/2013), do devido processo legal (art. 5.°, inc. LIV, da CRFB), da deflagração de investigação criminal e de ação penal com base em *denúncia anônima*, quebra de sigilo de correspondência (art. 5.°, inc. XII, da CRFB) e a cláusula de reserva de jurisdição, inadmissibilidade das provas ilícitas (art. 5.°. inc. LVI, da CRFB), prerrogativa do Defensor técnico do investigado ao acesso aos elementos de prova e informativos documentados nos autos da investigação criminal (Enunciado n. 14 de Súmula Vinculante do STF[52]), atentando-se aos precedentes da Suprema Corte (STF).

Em relação à deflagração de investigação criminal e de ação penal com base em *denúncia anônima*, o espelho de resposta do CEBRASPE[53] registrou que:

---

52. Atenção também ao disposto na Lei n. 13.245/2016 em relação aos Advogados (arts. 7.°, incs. XIV e XXI, §§ 10 a 12, do EAOAB – Lei n. 8.906/94).
53. Disponível em: *http://www.cespe.unb.br/concursos/DPE_AL_17_DEFENSOR/arquivos/PadraoRespostaDefinitivo_345_DPE_AL_001A02_E2251_P2Q1.pdf*. Acesso em 15 mar. 2019.

> Embora o sigilo epistolar não seja absoluto, apenas o juiz pode ordenar a sua quebra (Uadi Lammego Bulos, **Curso de direito constitucional**. 2012, p. 569; Bernardo Gonçalves Fernandes. **Curso de direito constitucional**. 2011, p. 476). No âmbito do STF, há apenas um precedente que autoriza a quebra administrativa no âmbito das penitenciárias, pelo diretor, em casos excepcionais (STF, HC 70.814-5/SP, 1994). Portanto, a conduta dos policiais foi inconstitucional, pois a polícia não pode, de forma unilateral, determinar a quebra do sigilo de correspondência, mas apenas com autorização judicial. Portanto, a prova é ilícita.

Nos autos do HC 133.148/ES, T2, julg. em 21.2.17, o STF assentou que (*Info. 855*):

> A Segunda Turma denegou a ordem em "habeas corpus" em que se pretendia o reconhecimento da ilegalidade de ação penal e de interceptações telefônicas iniciadas a partir de denúncias anônimas. No caso, o Ministério Público estadual, após receber diversas denúncias anônimas de prática de crimes e seus possíveis autores, procedeu a investigações preliminares, com a oitiva informal de testemunhas. Diante da verossimilhança das alegações, instaurou procedimento de investigação no qual foi requerida quebra do sigilo telefônico dos envolvidos. Por essa razão, o paciente foi denunciado pela suposta prática dos crimes de associação criminosa e corrupção ativa (duas vezes), previstos nos arts. 288 e 333 do CP, e de fraude à licitação (cinco vezes), previsto no art. 90 da Lei 8.666/1993. Os impetrantes sustentavam que, por terem sido iniciadas a partir de denúncias anônimas — sem a comprovação da realização de diligências preliminares nos autos —, as investigações preliminares (portaria e procedimento investigativo criminal) e o procedimento relativo às interceptações telefônicas deveriam ser declarados nulos. Alegavam, ainda, que as interceptações telefônicas não teriam atendido às regras e condições estabelecidas pela Lei 9.296/1996. **A Turma rememorou entendimento do STF no sentido de que a denúncia anônima é válida, quando as investigações se valem de outras diligências para apu-**

> **rar a "delatio criminis". Asseverou que a necessidade das interceptações telefônicas foi devidamente demonstrada pelo juiz natural da causa, bem como que havia indícios suficientes de autoria de crimes punidos com reclusão, conforme exigido pelo art. 2º da Lei 9.296/1996.** (...)

Esse já era o entendimento do STF desde 2010, conforme decisão nos autos do HC 95.244/PE, julg. em 23.3.10 (*Info. 580*) no sentido de que "a denúncia anônima, por si só, não serviria para fundamentar a instauração de inquérito policial, mas que, a partir dela, poderia a polícia realizar diligências preliminares para apurar a veracidade das informações obtidas anonimamente e, então, instaurar o procedimento investigatório propriamente dito".

Para além da compreensão jurisprudencial, importante registrar entendimento doutrinário esclarecedor da temática debatida na questão, cujo livro fora publicado antes mesmo dos dois precedentes do STF acima transcritos (GRECO, 2009, p. 151):

> Assim, não entendemos como possível a instauração de um inquérito policial baseada, tão somente, nas informações trazidas por aquele que as levou a efeito através do disque-denúncia. Poderá, sim, a autoridade policial, iniciar uma investigação preliminar, sem o formalismo exigido pelo inquérito policial para, somente após, verificada a procedência das informações, determinar sua abertura.
>
> Devemos ter em conta que o indiciamento, que não praticou qualquer infração penal, simplesmente pelo fato de ter sido denunciado anonimamente, ofende, frontalmente, sua dignidade. Um inquérito policial, ou mesmo uma ação penal proposta em face de um *homem de bem* (grifo nosso), causa sequelas terríveis.
>
> Por isso, não podemos brincar com a Justiça Penal. Não se inicia investigações por puro capricho, por curiosidade, por leviandade, mas sim quando se tem um mínimo necessário de

> provas que possa conduzir a investigação à descoberta de um fato criminoso e de seu provável autor.

Logo, a questão exigia conhecimentos jurisprudencial (sobretudo de informativo do STF), de texto constitucional e legal e doutrinário, demonstrando-se uma questão com amplitude de conhecimentos para sua resposta oportuna e compatível com o espelho de resposta da banca examinadora.

A *2.ª questão da Prova Discursiva P2* questionou a possibilidade (legitimidade) de corte de fornecimento de energia elétrica em desfavor de consumidor inadimplente em duas situações: (i) tratamento hospitalar domiciliar; e (ii) dívida pretérita. De antemão, em ambas as situações é descabida a interrupção do serviço público.

Acerca do corte de energia envolvendo *tratamento hospitalar domiciliar* o espelho de resposta do CEBRASPE, seguindo precedentes do STJ (REsp 1.101.937/RS, S1, DJe 26/9/11), asseverou que

> *(...) a autorização legislativa de interrupção do serviço público, a fim de preservar o equilíbrio econômico-financeiro do contrato de concessão, deverá ceder lugar frente aos princípios da dignidade da pessoa humana e da continuidade do serviço público, uma vez que estão em jogo direitos fundamentais à vida, ao bem-estar e à saúde.*

No que diz respeito às *dívidas pretéritas*, importante registrar que o caso prático da questão não envolvia fraude no aparelho medidor de consumo de energia elétrica atribuível ao consumidor, não se aplicando a Tese Repetitiva do STJ n. 15, segundo a qual:

> Para fins dos arts. 1.036 e seguintes do CPC/2015, fica assim resolvida a controvérsia repetitiva:
>
> Na hipótese de débito estrito de recuperação de consumo efetivo por fraude no aparelho medidor atribuída ao consumidor, desde

> que apurado em observância aos princípios do contraditório e da ampla defesa, é possível o corte administrativo do fornecimento do serviço de energia elétrica, mediante prévio aviso ao consumidor, pelo inadimplemento do consumo recuperado correspondente ao período de 90 (noventa) dias anterior à constatação da fraude, contanto que executado o corte em até 90 (noventa) dias após o vencimento do débito, sem prejuízo do direito de a concessionária utilizar os meios judiciais ordinários de cobrança da dívida, inclusive antecedente aos mencionados 90 (noventa) dias de retroação.

Desta feita o entendimento pacificado do STJ (REsp 1.412.433/RS, S1, DJe 28/9/18) é da ilegitimidade/ilegalidade do corte no fornecimento de energia elétrica, havendo meios legais, processuais e judiciais para devida cobrança, senão vejamos:

> 1. A concessionária sustenta que qualquer débito, atual ou antigo, dá ensejo ao corte administrativo do fornecimento de energia elétrica, o que inclui, além das hipóteses de mora do consumidor, débitos pretéritos relativos à recuperação de consumo por fraude do medidor. *In casu,* pretende cobrar débito oriundo de fraude em medidor, fazendo-o retroagir aos cinco anos antecedentes. TESE CONTROVERTIDA ADMITIDA. (...)
>
> PANORAMA GERAL DA JURISPRUDÊNCIA DO STJ SOBRE CORTE DE ENERGIA POR FALTA DE PAGAMENTO 3. São três os principais cenários de corte administrativo do serviço em decorrência de débitos de consumo de energia elétrica por inadimplemento: a) consumo regular (simples mora do consumidor); b) recuperação de consumo por responsabilidade atribuível à concessionária; e c) recuperação de consumo por responsabilidade atribuível ao consumidor (normalmente, fraude do medidor). (...)
>
> 5. Não obstante a delimitação supra, é indispensável à resolução da controvérsia fazer um apanhado da jurisprudência do STJ sobre a possibilidade de corte administrativo do serviço de energia elétrica. 6. Com relação a débitos de consumo regular de energia elétrica, em que ocorre simples mora do consumidor,

> a jurisprudência do STJ está sedimentada no sentido de que é lícito o corte administrativo do serviço, se houver aviso prévio da suspensão. (...)
>
> 7. Quanto a débitos pretéritos, sem discussão específica ou vinculação exclusiva à responsabilidade atribuível ao consumidor pela recuperação de consumo (fraude no medidor), há diversos precedentes no STJ que estipulam a tese genérica de impossibilidade de corte do serviço: EREsp 1.069.215/RS, Rel. Ministro Herman Benjamin, Primeira Seção, DJe 1º.2.2011; (...)

A aludida 2.ª questão da P2 da DPE/AL exigiu conhecimento eminentemente jurisprudencial, para além do debate legal e constitucional (direitos fundamentais; proteção do consumidor, sobretudo o hipervulnerável e miserável; mínimo existencial e dignidade da pessoa humana – estatuto jurídico do patrimônio mínimo; responsabilidade patrimonial, e não pessoal, por dívidas), cujo conhecimento doutrinário[54] serviria para lançar brilho, clareza e objetividade na argumentação e respectiva dissertação.

Na *Peça Processual da P2* foi exigido um procedimento de jurisdição voluntária (sem indicação de *requerido*) mediante *Ação de Retificação de Registro Civil*, tratando-se de fato inovador em concurso público defensorial (*Direito Registral*).

A fundamentação envolvia argumentos jurídicos da seguinte espécie: (i) competência da Justiça Comum Estadual (endereçamento ao "juiz de direito" – art. 319, inc. I, do CPC); (ii) direito à personalidade e ao nome civil (*conjunto de elementos que definem a sua individualidade no plano social*), formado pelo

---

54. Sobre o tema escrevi o artigo "corte administrativo de serviço público essencial em face de inadimplemento do usuário-consumidor" no qual apresentei diversos entendimentos doutrinários divergentes, para além do posicionamento jurisprudencial da época (2012). Disponível em: ***http://www.ambitojuridico.com.br/site/index.php/id=6301?n_link=revista_artigos_leitura&artigo_id=10846&revista_caderno=4***. Acesso em 15 mar. 2019.

nome individual (prenome) e patronímico (*apelido de família*); (iii) ausência de prejuízos a terceiros com a alteração/supressão de preposição ("DA") do nome da pessoa interessada (conforme caso prático apresentado); (iv) estabilização social do nome, cuja pretensão já constava na vida social, tratando-se de pedido judicial para regularização de verdadeiro *fato social*; (v) pedido de acolhimento da pretensão (art. 487, inc. I, do CPC) e determinação de retificação do registro civil da interessada (MARIA JOSÉ SILVA, retirando-se o "DA SILVA"); (vi) pedido de gratuidade da justiça em razão de ser pessoa juridicamente pobre, conforme assistência jurídica gratuita pela Defensoria Pública e trabalho como *camelô de feira popular*; (vii) atribuição de um valor à causa, haja vista que *o pedido não tem conteúdo econômico*.

Para conhecimento da *Prova Discursiva P3*, na qual houve 2 (duas) questões e 1 (uma) peça processual de contrarrazões ao recurso de apelação em Vara de Infância e de Juventude (com o tema da assistência à acusação em segunda instância – legitimidade recursal), remeto o leitor ao sítio eletrônico do *CEBRASPE*, devendo estudá-la com afinco.

Para mais um registro de antecipação de conteúdo em curso personalizado, na preparação dos candidatos ao III concurso da DPE/AL (2018), elaborei um caso prático para elaboração de recurso de apelação envolvendo, além de outras teses jurídicas defensivas, 2 (duas) nulidades, uma de "devassa de dados telefônicos e de conversas (mensagens de texto) do aplicativo *wWhatsaApp* obtidos diretamente pela Polícia em celular apreendido no flagrante, sem prévia autorização judicial. Cláusula de reserva de jurisdição (art. 5.°, inc. XII, CRFB)", e outra de violação de domicílio sem justa causa (art. 5.°, inc. XI, da CRFB).

Ocorre que no espelho de resposta do curso M*ege* constou um número de julgado do STF que foi utilizado expressamente[55],

55. **RE 603.616/RO,** Rel. Ministro Gilmar Mendes, julgado em 5/11/2015 (MS-22.934). Houve transcrição do julgado no bojo do padrão de resposta definitiva.

de modo textual transcrito no padrão de resposta definitiva do *CEBRASPE* na *Prova Discursiva P3*, antecipando conteúdo relevante, senão vejamos:

> 3. NULIDADES – 10,0 (5,00 para cada tese)
>
> **3.1. Violação de domicílio sem justa causa (STF, RE n. 603.616/RO)**. Prejuízo ao direito fundamental à inviolabilidade domiciliar com status constitucional e convencional (arts. 5.°, inc. XI, CRFB, c/c 11.2 da CADH). "A inviolabilidade de sua morada é uma das expressões do direito à intimidade do indivíduo, o qual, na companhia de seu grupo familiar espera ter o seu espaço de intimidade preservado contra devassas indiscriminadas e arbitrárias, perpetradas sem os cuidados e os limites que a excepcionalidade da ressalva a tal franquia constitucional exigem"; "A mera intuição acerca de eventual traficância praticada pelo recorrido, embora pudesse autorizar abordagem policial, em via pública, para averiguação, não configura, por si só, justa causa a autorizar o ingresso em seu domicílio, sem o consentimento do morador – que deve ser mínima e seguramente comprovado – e sem determinação judicial" (REsp 1.574.681-RS, T6, DJe 30/5/17). Desentranhamento das provas ilícitas obtidas na invasão domiciliar (apreensão das drogas) como decorrência da Doutrina dos Frutos da Árvore Envenenada ou Venenosa (***fruits of the poisonous tree doctrine***) – art. 157, § 1.°, do CPP.
>
> 3.2. Devassa de dados telefônicos e de conversas (mensagens de texto) do aplicativo ***whatsapp*** obtidos diretamente pela Polícia em celular apreendido no flagrante, sem prévia autorização judicial. Cláusula de reserva de jurisdição (art. 5.°, inc. XII, CRFB). Direito de acesso à internet como essencial ao exercício da cidadania e proteção aos usuários cibernéticos (art. 7.° da Lei n. 12.965/2014 – Marco Civil da Internet). CPP, art. 157, caput e parágrafo 1.°. Precedentes jurisprudenciais: STJ, RHC 79.452/RR, T5, DJe 1.°/09/2017; RHC 76.510/RR, T6, DJe 17/04/2017; RHC n. 75.055/DF, T5, DJe 27/03/2017. Desentranhamento das provas ilícitas obtidas na invasão domiciliar (apreensão das drogas) como decorrência da Doutrina dos Frutos da Árvore Envenenada ou Venenosa (***fruits of the poisonous tree doctrine***) – art. 157, § 1.°, do CPP.

Por fim, recomendo o estudo das provas de segunda fase do III certame da DPE/PE (2017-8)[56] e do V concurso da DPE/AC[57], com a mesma banca examinadora (*CEBRASPE*) e formato

56. Disponível em: <*http://www.cespe.unb.br/concursos/DPE_PE_17_DEFENSOR/*>. Acesso em 15 mar. 2019.

57. Disponível em: ***http://www.cespe.unb.br/concursos/DPE_AC_17_DEFENSOR/arquivos/ED_1_2017_DPE_AC_17_DEFENSOR.PDF***. Acesso em 15 mar. 2019.

de prova muito similar, aconselhando-se ao leitor praticar a prova seguindo as diretrizes de estudo e de preparação apontadas durante todo o livro.

### *4.3.7. Casos simulados de peças processuais*

#### *4.3.7.1. Recurso em Sentido Estrito (RESE) no procedimento especial do Júri*

Segue abaixo caso simulado elaborado pelo Autor na preparação de candidatos ao VII concurso público da DPE/BA (FCC/2016-7):

> *Gildo Dantas foi convidado por um casal de amigos, Marisa Serrano e Beto Ferreira, a passar uma noite de sábado na granja do casal em Feira de Santana-BA. No dia da festa, Gildo D. foi até a granja dos amigos, onde se encontravam outras pessoas e parentes do casal.*
>
> *No decorrer da festividade, Gildo percebeu que seu vizinho de loteamento, Caio Santos, estava comentando que o imóvel de que aquele era proprietário tinha como origem uma usucapião por invasão de terra, ocasião em que iniciaram uma discussão. Gildo foi atingido por um soco de Caio S. no rosto, reagindo com um chute no abdômen do seu oponente, ocasião em que este caiu ao chão, desmaiou após a queda, vindo apresentar intenso sangramento.*
>
> *A vítima foi levada até o hospital regional de traumas por parentes de Marisa Serrano e Beto Ferreira, ocasião em que a equipe médica de plantão preparou a sala de cirurgia. No ato cirúrgico, o hospital ficou sem energia em razão de fogos de artifício soltados por pessoas que comemoravam o resultado das eleições-2016 e que atingiram a caixa de energia do nosocômio, cuja vítima foi a óbito.*
>
> *O Ministério Público ofereceu Denúncia em desfavor de Gildo Dantas imputando-lhe o crime de Homicídio Qualificado tipificado no art. 121, § 2.°, inc. I, do Código Penal, haja vista que Gildo teria assassinado a vítima em razão de motivo torpe, de discussão banal, de somenos importância social, requerendo decretação da prisão preventiva de Gildo.*

*Após recebimento da Peça Acusatória pelo Juízo da 1.ª Vara Criminal da Comarca de Feira de Santana-BA, com adoção do rito especial do Tribunal do Júri e citação pessoal de Gildo, este não apresentou resposta à acusação no prazo de 10 (dez) dias por Advogado constituído, razão pela qual o Juízo enviou os autos à Defensoria Pública para apresentação da defesa escrita, na forma dos arts. 396 e 396-A (e 406, "caput", e § 3.°) do CPP. O pedido de prisão preventiva do MP foi negado pelo Juízo.*

*A Defesa Prévia fora apresentada pela Defensoria Pública, não aduzindo pedido de nulidade ou extinção de punibilidade, adstringindo-se a indicar que a contra-argumentação à acusação seria feita após a fase processual probatória, requerendo ao Judiciário a apresentação postergada de rol de testemunhas em virtude da ausência de contato do Defensor Público com o Réu, ora assistido pela Defensoria. A Defesa Técnica pontuou, também, a primariedade e os bons antecedentes do réu, além da ausência de circunstâncias judiciais desfavoráveis a ele.*

*O Juiz indeferiu o pedido defensorial de apresentação de rol de testemunhas, alegando preclusão temporal, marcando-se audiência de instrução criminal, expedindo-se mandado de intimação para intimação das testemunhas, do réu solto, do Ministério Público e da Defensoria Pública.*

*No dia da audiência o membro da Defensoria Pública registrou em ata seu pedido de adiamento com as razões: (i) ausência de sala apropriada para entrevista prévia e reservada com o Defensor, não sendo o corredor e a copa do Fórum ambientes adequados; (ii) violação à prerrogativa da Defensoria de intimação pessoal com vista dos autos com carga; (iii) ausência de intimação das testemunhas de defesa, cujo rol fora juntado aos autos dois (02) dias após o despacho de indeferimento e dez (10) dias antes da audiência de instrução criminal.*

*A audiência foi realizada na mesma data. Foram ouvidas cinco (05) testemunhas de acusação, as quais confirmaram a morte da vítima, o chute do acusado, os comentários daquela acerca da invasão de terra pelo acusado, além de sua agressão física inicial, mediante perguntas do órgão de acusação e do juiz, silente o Defensor.*

*No interrogatório judicial o réu reservou-se ao direito ao silêncio, não lhe sendo feita qualquer pergunta, malgrado tenha esclarecido o fato em sede policial.*

*Após as alegações finais do MP e da DPE, houve decisão judicial no dia 10/08/2016, mesma data da publicação no Diário, reconhecendo a materialidade delitiva, os indícios suficientes de autoria e a confissão do réu, apontando o Juízo ser clara e inconteste a autoria com a aludida confissão em sede policial, figurando o silêncio em juízo indicação clara de autoria, acolhendo integralmente a pretensão acusatória da Denúncia, pronunciando o Réu a julgamento popular pelo Tribunal do Júri.*

*Sabendo que na situação hipotética acima narrada, os autos foram entregues em carga à Defensoria Pública no dia 21.10.2016 (sexta-feira), interponha o recurso cabível ao Tribunal de Justiça/BA, fundamentando-o juridicamente e datando-o no último dia do prazo para a interposição, justificando-o.*

Seguindo o procedimento das bancas examinadoras, o Autor disponibilizou espelho de resposta aos candidatos-alunos como forma de entender a visão do examinador e o formato de resposta para observância na elaboração da peça prática:

| ASPECTOS MACROESTRUTURAIS (NOTA MÁXIMA: 5,00) | | |
|---|---|---|
| **Quesitos Avaliados** | **Faixa de valor** | **Nota** |
| *1. Apresentação e estrutura textual (legibilidade, respeito às margens e indicação de parágrafos)* | *0,00 a 0,10* | |
| *2. Desenvolvimento do tema: acerto das respostas (50%) e grau de conhecimento do tema demonstrado (50%)* | | |
| *2.1. Interposição do Recurso em Sentido Estrito (RESE), com fundamento no art. 581, inciso IV, do Código de Processo Penal, endereçado ao Juízo da 1.ª Vara Criminal de Feira de Santana-BA* | *0,00 a 0,20* | |

| ***ASPECTOS MACROESTRUTURAIS (NOTA MÁXIMA: 5,00)*** | | |
|---|---|---|
| ***Quesitos Avaliados*** | ***Faixa de valor*** | ***Nota*** |
| *2.2. Pedido de efeito retratativo/regressivo (retratação) ao Juízo "a quo" (art. 589, "caput", do CPP)* | *0,00 a 0,20* | |
| *2.3. Preliminar de nulidade da audiência de instrução criminal por:*<br>*A) Ausência de intimação prévia e pessoal do membro da Defensoria Pública: cerceamento de defesa; desconhecimento do processo, ampla defesa e tempo e meios necessários à preparação da defesa (CADH, art. 8.°, 2, "c"); mandado de intimação não intima a Defensoria Pública (art. 128, inc. I, da LC n.º 80/94 – LONDP);*<br>*B) Cerceamento de defesa com o indeferimento judicial de oitiva das testemunhas de defesa arroladas posteriormente (REsp 1.443.533/RS, T6, DJe 03/08/2015): ausência de preclusão temporal e de desídia da defesa (requerimento de apresentação posterior feita tempestiva e oportunamente);*<br>*C) Ausência de sala apropriada para entrevista prévia e reservada com o Defensor (CADH, art. 8.°, 2, "d"): ampla defesa e contraditório; autodefesa após orientação jurídica da defesa técnica;*<br>*D) Eloquência acusatória (excesso de linguagem) na decisão de pronúncia: (i) utilização da confissão policial como argumentação e excesso no uso pelo julgador, passível de influência no ânimo (imparcial) dos jurados, além da (ii) utilização ilegal do silêncio (direito fundamental) como argumento de autoridade (CPP, art. 186, "caput" e parágrafo único; CRFB, art. 5.°, inc. LXIII; CADH, art. 8.°. 2, "g").* | *0,00 a 1,20 (0,30 para cada item)* | |

| ASPECTOS MACROESTRUTURAIS (NOTA MÁXIMA: 5,00) | | |
|---|---|---|
| **Quesitos Avaliados** | **Faixa de valor** | **Nota** |
| *2.4. Rompimento do nexo de causalidade e exclusão do fato típico do homicídio qualificado: concausa superveniente relativamente independente que por si só produziu o resultado (queda de energia no hospital durante o ato cirúrgico em razão de conduta alheia à do pronunciado), tratando-se de concausa superveniente fora da linha de desdobramento causal normal. Aplicabilidade da Teoria da Causalidade Adequada (art. 13, parágrafo 1.°, do CP), à exceção da regra geral do "caput" da Teoria da Equivalência dos Antecedentes (ou "conditio sine qua non"), afastando-se a responsabilidade do acusado pelo resultado. Menção à responsabilidade pelos atos anteriores praticados (lesão corporal simples – art. 129, "caput", do Código Penal). Desclassificação (art. 419 do CPP) com remessa dos autos ao Juízo competente.* | *0,00 a 1,20* | |
| *2.5. Tese subsidiária de legítima defesa: repulsa à agressão humana atual e injusta a direito próprio, utilizando-se moderadamente (chute no abdômen) dos meios necessários à defesa. Arts. 23, II, e 25, do CP. Absolvição sumária: art. 415, inc. IV, do CPP. Afastar a responsabilidade penal do pronunciado quanto ao delito de homicídio, já que se houver desclassificação não será o mesmo Juízo a apreciar esta tese defensiva.* | *0,00 a 0,60* | |
| *2.6. Pedidos – deverá ser formulado pedido de conhecimento e provimento do recurso, utilizando os seguintes parâmetros: 1) nulidade do processo desde a fase instrutória com nova realização de* | *0,00 a 0,40 (0,10 para cada item)* | |

| ***ASPECTOS MACROESTRUTURAIS (NOTA MÁXIMA: 5,00)*** | | |
|---|---|---|
| ***Quesitos Avaliados*** | ***Faixa de valor*** | ***Nota*** |
| *audiência e atos processuais seguintes (art. 564, inc. IV, do CPP); 2) nulidade da decisão de pronúncia com prolação de nova decisão interlocutória mista não terminativa (art. 564, inc. IV, do CPP); 3) desclassificação do homicídio para o delito de lesão corporal simples com remessa dos autos ao Juízo competente (art. 419 do CPP); 4) absolvição sumária pela legítima defesa na prática da conduta lesiva (art. 415, inc. IV, do CPP).* | | |
| *2.7. Prazo com justificativa: RESE em 03/11/2016, com contagem em dobro, a partir do primeiro dia útil (arts. 586 e 798, "caput" e §§ 1.° e 3.º, CPP c/c art. 128, inc. I, da LC n.º 80/94 – LONDP), sendo o dia 02/11/2016 um feriado nacional (Finados), prorrogando-se para o primeiro dia útil imediato.* | *0,00 a 0,30* | |
| *2.8. Correção (gramatical e jurídica) da linguagem* | *0,00 a 0,40* | |
| *2.9. Fluência e coerência da exposição* | *0,00 a 0,40* | |

### *4.3.7.2. Razões de Apelação Criminal no procedimento comum ordinário*

Segue abaixo caso simulado elaborado pelo Autor na preparação de candidatos ao V concurso público da DPE/MT (UFMT/2016):

> *Diana Rocha, casada, nascida em 12/08/1974, natural do João Pessoa/PB, e Márcio Mantra, solteiro, nascido em 04/03/1985, natural de Bezerros/PE, foram presos em flagrante na tarde do dia 05/04/2005 em virtude da suposta prática dos delitos de furto*

*qualificado pelo rompimento de obstáculo e porte ilegal de drogas ("cannabis sativa") para consumo pessoal.*

*No Inquérito Policial houve depoimento dos policiais condutores, os quais realizaram a prisão em fragrante dos presos; o reconhecimento destes pela vítima, na forma do art. 226 do CPP; o interrogatório dos investigados, os quais manifestaram interesse em se defender em Juízo, na presença de membro da Defensoria Pública, preferindo ao silêncio no ato.*

*Cinco dias depois do APF, o Ministério Público Estadual ingressou com Denúncia, com base nos autos do Inquérito Policial (IPol), em desfavor de ambos os presos asseverando que, em concurso de pessoas, praticaram os crimes dos artigos 155, § 4.°, inc. I, do Código Penal – CP, e 28 da Lei Antidrogas (n. 11.343/2006), requerendo o recebimento da peça acusatória, a citação dos acusados, a produção de provas em audiência e o acolhimento integral da pretensão ministerial, condenando-os nas penas cominadas em lei.*

*A Denúncia narrou que no dia 05/04/2005 Diana Rocha e Márcio Mantra entraram na casa de Tiago Veloso Dantas, cuja casa fica ao lado do Corpo de Bombeiros da cidade, arrombando a porta de trás, levando consigo um aparelho de som e de celular, este da marca Samsung, cujos bens não foram encontrados em poder dos denunciados tampouco na casa deles.*

*A Denúncia foi recebida em 12/05/2009, determinando o Juízo da 1.ª Vara Criminal da Comarca de Cuiabá a citação dos Denunciados. Diana foi citada pessoalmente, requerendo assistência jurídica integral e gratuita da Defensoria Pública; Márcio não foi encontrado no endereço indicado nos autos do IPol, razão pela qual o Juízo determinou sua citação fictícia, por edital.*

*Os autos foram remetidos à Defensoria Pública para apresentação de Resposta à Acusação (artigos 396 e 396-A do CPP). A Defesa Prévia de Diana fora apresentada, adstringindo-se a indicar que a contra-argumentação à acusação seria feita após a fase processual probatória, juntando Declaração de Hipossuficiência Econômica e Solicitação de Assistência Jurídica da Defensoria Pública assinada pelos pais da acusada, além de cópias de documentos pessoais, laborais e comprovante de residência.*

*Não havendo hipótese de absolvição sumária (art. 397, CPP), o Juízo marcou audiência de instrução criminal, nela sendo ouvidos a vítima, as testemunhas (dois policiais condutores da prisão em flagrante) e os acusados, os quais novamente se reservaram ao direito ao silêncio.*

*Ao final da instrução, o MP requereu, com base no art. 402 do CPP, a requisição judicial à Delegacia de Polícia (DEPOL) do exame pericial de arrombamento da porta de trás da casa da vítima, bem como o Auto de Apreensão dos Objetos Materiais.*

*Passados trinta (30) dias da data da audiência, o Ministério Público apresentou Memoriais, requerendo o acolhimento integral da pretensão acusatória, sendo os autos enviados à Defensoria para apresentação de alegações finais. O órgão defensorial requereu diligências no sentido de intimar a acusada Diana para informar se estava sendo assistida pela Defensoria ou por Advogado constituído, haja vista a juntada aos autos de Procuração de Advogado, sem respectiva petição de juntada.*

*Houve prolação de Sentença Condenatória em 17/08/2015. O Juízo condenou os acusados à pena de 02 (dois) anos de reclusão pelo delito do art. 155, § 4.°, inc. I, do CP, em regime inicial aberto, substituindo-a por duas penas restritivas de direito. Não foram reconhecidas causas atenuantes/agravantes de pena, bem como minorantes e majorantes.*

*Os réus foram absolvidos pelo delito do art. 28 da Lei Antidrogas (n. 11.343/2006), na medida em que o Juízo entendeu inconstitucional o dispositivo, violando os direitos fundamentais à privacidade, intimidade, vida privada, não havendo lesão a bem jurídico de terceiro, tratando-se de autolesão impunível (fato atípico penal).*

*Sabendo que na situação hipotética acima narrada os autos foram entregues em carga à Defensoria Pública no dia 11.10.2015 (terça-feira), apresente as razões do recurso já interposto tempestivamente, fundamentando-o juridicamente, datando-o no primeiro dia do prazo para a interposição, justificando-o.*

Da mesma forma, o Autor disponibilizou espelho de resposta aos candidatos-alunos como forma de entender a visão do examinador e o formato de resposta para observância na elaboração da peça prática:

| ASPECTOS MACROESTRUTURAIS (NOTA MÁXIMA: 40,00) | | |
|---|---|---|
| **Quesitos Avaliados** | **Faixa de valor** | **Nota** |
| 1. Apresentação e estrutura textual (legibilidade, respeito às margens e indicação de parágrafos) | 0,00 a 1,00 | |
| 2. Desenvolvimento do tema | | |
| 2.1. Apresentação das Razões do recurso de Apelação, com fundamento no art. 600, "caput", do Código de Processo Penal, endereçado ao Juízo da 1.ª Vara Criminal da Comarca de Cuiabá-MT. | 0,00 a 1,00 | |
| 2.2. Pedidos de nulidade processual:<br>A) Desde a fase das alegações finais, por ausência de defesa técnica nos Memoriais em favor de Diana Rocha (Enunciado n.º 523 de Súmula do STF); os memoriais da defesa técnica são imprescindíveis ao processo penal; é direito de todo acusado nomear defensor de sua confiança (art. 263, CPP), cuja diligência e cautela foram observadas pelo órgão defensorial, não podendo o Juízo sentenciar sem defesa técnica;<br>B) Nulidade pelo trâmite processual em desfavor do réu Márcio Mantra (art. 366, CPP); não houve decisão judicial, concretamente fundamentada, de antecipação de provas (Súm. 455, STJ) tampouco citação pessoal válida (arts. 363, "caput", c/c 564, III, "e", e IV, do CPP);<br>C) Ausência de proposta de suspensão condicional do processo em relação à Diana Rocha (art. 89, "caput", da Lei n.º 9.099/95);<br>D) Ausência de justa causa e de exame de corpo de delito (arts. 158, 167, 171, 395, incs. II e III, e 564, III, "b", todos do CPP). | 0,00 a 10,50 | |
| 2.3. Absolvição pelo delito de furto por falta de conjunto probatório suficiente (art. 386, incs. V e VII, do CPP): reconhecimento isolado pela vítima dos réus; ausência de testemunhas presenciais do fato delituoso; ausência de apreensão do objeto material do delito (não juntada aos autos do | 0,00 a 4,00 | |

| ***ASPECTOS MACROESTRUTURAIS (NOTA MÁXIMA: 40,00)*** | | |
|---|---|---|
| ***Quesitos Avaliados*** | ***Faixa de valor*** | ***Nota*** |
| *Auto de Apreensão requerido pelo MP em diligência); sem provas periciais e vídeos/imagens (não juntada aos autos de Laudo Pericial do rompimento de obstáculo à subtração da coisa).* | | |
| *2.4. Desqualificação do delito de furto qualificado pelo rompimento de obstáculo para furto simples: ausência de laudo pericial (arts. 158, 167, 171, e 564, III, "b", todos do CPP).* | *0,00 a 3,00* | |
| *2.5. Prescrição da pretensão punitiva em abstrato e retroativa do furto qualificado em relação ao acusado Márcio Mantra (menor de 21 anos à época dos fatos): nascimento em 04/03/1985; fato em 05/04/2005 (antes da Lei n.º 12.234/2010: art. 110, 1.°, do CP); recebimento da Denúncia em 12/05/2009 (mais de 04 anos depois do fato: arts. 109, inc. IV, c/c 117, inc. I, CP); prolação de sentença penal em 17/08/2015 (mais de 06 anos depois do recebimento da Denúncia: arts. 109, inc. IV, c/c 117, inc. IV, CP).* | *0,00 a 4,00* | |
| *2.6. Atenuante da menoridade em relação a Márcio Mantra: art. 65, I, CP;* | *0,00 a 2,50* | |
| *2.7. Pedidos – deverá ser formulado pedido de conhecimento e provimento do recurso, seguindo os seguintes parâmetros: 1) nulidade do processo em favor de Márcio Mantra (arts. 363, "caput", c/c 564, III, "e", e IV, do CPP) e de Diana Rocha, esta por ausência de proposta de suspensão condicional do processo (art. 564, inc. IV, CPP c/c art. 89, "caput", da Lei n.º 9.099/95) e, desde a fase das alegações finais, também em favor de Diana Rocha por falta de defesa técnica nas alegações finais (Enunciado n.º 523 de Súmula do STF e art. 263, CPP), além da ausência de justa causa e de exame de corpo de delito (arts. 158, 167, 171, 395, incs. II e III, e 564, III, "b",* | *0,00 a 5,00 (1,00 para cada item)* | |

| ASPECTOS MACROESTRUTURAIS (NOTA MÁXIMA: 40,00) | | |
|---|---|---|
| **Quesitos Avaliados** | **Faixa de valor** | **Nota** |
| *todos do CPP); 2) absolvição pelo delito de furto por falta de conjunto probatório suficiente (art. 386, incs. V e VII, do CPP); 3) desqualificação do furto qualificado pelo rompimento de obstáculo para a modalidade simples (arts. 155, 4.°, II, 158, 167, 171, e 564, III, "b", CPP); 4) prescrição da pretensão punitiva em abstrato e retroativa do furto qualificado em relação ao acusado Márcio Mantra (arts. 109, inc. IV, c/c 117, incs. I e IV, CP – 05/04/2005 e 12/05/2009); 5) atenuante da menoridade em relação a Márcio Mantra (art. 65, I, CP).* | | |
| *2.8. Prazo com justificativa: Razões de Apelação assinada no dia 13/10/2015 (quinta-feira), sendo o dia 12/10 um feriado nacional, prorrogando-se para o primeiro dia útil imediato (arts. 600, "caput", e 798, "caput" e §§ 1.° e 3.º, CPP c/c art. 128, inc. I, da LC n.º 80/94 – LONDP).* | *0,00 a 1,00* | |
| *3. Correção (gramatical e jurídica) da linguagem* | *0,00 a 4,0* | |
| *4. Fluência e coerência da exposição* | *0,00 a 4,0* | |

## 4.3.7.3. *Ação Civil Pública*

Segue abaixo caso simulado elaborado pelo Autor na preparação de candidatos ao II concurso público da DPE/RN (CEBRASPE/2015-6) pelo Curso *Mege*:

> *No dia 12 de maio de 2015 diversas pessoas buscaram o Núcleo de Defesa das Tutelas Coletivas (NUDETUCO) da Defensoria Pública do Estado do Rio Grande do Norte (DPE/RN) informando que, para visitar seus parentes no sistema prisional do Estado (penitenciárias Frei Caneca, Edmundo Campos e Juiz Euláquio Sóbrio), passavam por um procedimento de revista íntima, consistindo no desnudamento dos visitantes adultos e adolescentes, na*

*presença de terceiros, com exposição das partes íntimas, impondo a realização de movimentos de agachamento para identificação de objetos, produtos ou substâncias proibidas.*

*Os assistidos informaram que muitos parentes eram idosos, mulheres, crianças e adolescentes, pessoas com deficiência, gestantes e lactantes, dentre outros, sofrendo abusos no momento da revista, inviabilizando a visitação dos parentes presos.*

*Em 22 de julho de 2015 o NUDETUCO da DPE/RN instaurou PADAC (procedimento de apuração de dano coletivo) para apurar eventual ilegalidade no procedimento de revista íntima em parentes de presos.*

*Foram expedidos ofícios à Secretaria de Justiça e Cidadania (SEJUC) – Coordenação de Administração Penitenciária, bem como à direção das penitenciárias Frei Caneca, Edmundo Campos e Juiz Euláquio Sóbrio e ao DEPEN (Departamento Penitenciário Nacional), requisitando, no prazo de 10 (dez) dias úteis, a contar do efetivo recebimento pelo órgão, informações dos procedimentos de revista, utilização de máquinas eletrônicas ou manuais, entrega de "declaração escrita sobre os motivos e fatos objetivos em que será baseado o referido procedimento", consoante artigo 6.°, § 3.°, Lei Estadual/RN n.° 8.370/2003, segundo a qual "a revista dos visitantes, necessária à segurança interna dos presídios do Estado do Rio Grande do Norte, será realizada com respeito à dignidade humana e segundo disposto nesta Lei" (art. 1.°).*

*Não houve respostas no prazo assinalado aos ofícios requisitórios do Núcleo Especializado da Defensoria Pública.*

*Foi realizada uma audiência pública na sede da capital da DPE/RN, no dia 18 de setembro de 2015, com utilização de sistema audiovisual para registro do ato, comparecendo o Secretário Estadual da SEJUC, acompanhado do Secretário Municipal de Administração do município de Natal, assim como os diretores das penitenciárias oficiadas.*

*Relataram não haver proibição legal expressa na Lei de Execução Penal (LEP) quanto ao procedimento de revista íntima manual, bem como a estatística de apreensão de drogas e produtos ilícitos e de origem criminosa ser alta, sendo necessária sua utilização para combate à criminalidade intramuros do sistema carcerário, além do que iniciaram tratativas com o DEPEN para aquisição de equipamentos de "scanner corporal" e detectores de metais.*

*Na audiência, dentre outras abordagens, o Defensor Público do NUDETUCO solicitou, com base no art. 4.°, "caput" e parágrafo único, da Lei Estadual n.º 8.370/2003, a regulamentação administrativo-executiva desta Lei estadual, com a consequente publicização e afixação de espécies legais na entrada de todos os estabelecimentos penais.*

*Passados dois meses da audiência pública, os assistidos regressaram à Defensoria Pública relatando a manutenção das revistas íntimas no mesmo formato anterior, bem como a redução do número de visitantes aos internos.*

*Como Defensor Público responsável pelo NUDECOTU e pela instauração do PADAC, proponha a medida judicial cabível a fim de tutelar a situação acima narrada, justificando a legitimidade da Instituição Defensorial para ingresso da medida.*

Abaixo o espelho de resposta para consulta, estudo e treino da questão simulada envolvendo tutela coletiva e execução penal:

| ***ASPECTOS MACROESTRUTURAIS (NOTA MÁXIMA: 5,00)*** | | |
|---|---|---|
| ***Quesitos Avaliados*** | ***Faixa de valor*** | ***Nota*** |
| *1. Apresentação e estrutura textual (legibilidade, respeito às margens e indicação de parágrafos)* | *0,00 a 0,30* | |
| *2. Desenvolvimento do tema* | | |
| *2.1. Ajuizamento de Ação Civil Pública pela Defensoria Pública, por meio do NUDETUCO, presentada pelo Defensor Público subscritor, em desfavor do Estado do Rio Grande do Norte (RN), pessoa jurídica de Direito Público Interno; endereçamento à Vara de Fazenda Pública;* | *0,00 a 0,40* | |

| ***ASPECTOS MACROESTRUTURAIS (NOTA MÁXIMA: 5,00)*** | | |
|---|---|---|
| ***Quesitos Avaliados*** | ***Faixa de valor*** | ***Nota*** |
| *2.2. Demonstração de legitimidade da Defensoria Pública para tutela de interesses difusos, coletivos e individuais homogêneos, bem como do universo carcerário: artigos 134, "caput", da CRFB (EC n.º 80/2014); arts. 1.°, 4.°, incisos VII, X, XI, XVII, XVIII e § 2.º, da LC n.º 80/94 e 132/2009 (LONDP – Lei Orgânica Nacional da Defensoria Pública); art. 5.°, inc. II, da Lei n.º 7.347/85 (LACP – Lei da Ação Civil Pública) c/c ADI n.º 3.943/DF; arts. 61, inc. VIII, e 81-A da Lei n.º 7.210/84 (LEP – Lei de Execução Penal) c/c Lei n.º 12.313/2010.* | *0,00 a 0,70* | |
| *2.3. Vedação à revista íntima, vexatória – Violação ao direito à intimidade, privacidade, dignidade da pessoa humana, inviolabilidade corporal e convivência familiar entre familiar/visitante e preso/interno – Princípio da presunção de inocência; intransmissibilidade e individualidade da pena (a pena não pode passar da pessoa do condenado): arts. 3.°, inc. III, 5.°, incs. II, III, X, XLV, XLIX, CRFB; art. 5.°, "1", "2" e "3", da CADH (Decreto n.º 678/1992); arts. 41, inc. X, 103, "in fine", da LEP; Lei Estadual n.º 8.370/2003 c/c art. 24, inc. I, da CRFB;* | *0,00 a 0,80* | |
| *2.4. Da antecipação dos efeitos da tutela definitiva inibitória (arts. 11 e 12 da LACP). Cessação liminar da realização de revista íntima com "astreintes" (multa cominatória periódica)* | *0,00 a 0,60* | |
| *2.5. Da indenização/compensação por dano moral coletivo e pelos danos individuais homogêneos: arts. 13 e 19 da LACP c/c 90 e 95 do CDC.* | *0,00 a 0,70* | |
| *3. Dos pedidos:*<br>*A) antecipação dos efeitos da tutela para obrigação de não fazer (tutela inibitória), pena de fixação de "astreintes" (multa cominatória do art 11, "in fine", da LACP); B) indenização por danos.* | *0,00 a 1,50* | |

| ***ASPECTOS MACROESTRUTURAIS (NOTA MÁXIMA: 5,00)*** | | |
|---|---|---|
| ***Quesitos Avaliados*** | ***Faixa de valor*** | ***Nota*** |
| *morais coletivos e danos individuais homogêneos para futura liquidação (arts. 13 da LACP c/c 95 do CDC); C) reconhecimento, no mérito, da tutela provisória de urgência (antecipada), impedindo o Estado de realizar revista íntima, determinando que a fiscalização no sistema prisional dê-se de forma menos onerosa e invasiva nos parentes dos presos (substituição da revista íntima pela revista eletrônica); D) determinação ao Estado para normatizar, "por ato administrativo próprio, o procedimento único e padronizado de revista prevista no caput do art. 3.°" (art. 4.°, parágrafo único, da Lei Estadual n.º 8.370/2003); e) determinação ao Estado para publicização do disposto na Lei Estadual n.º 8.370/2003 e no ato administrativo regulamentador, afixando-se espécies legais na entrada de todos os estabelecimentos penais (art. 4.°, parágrafo único, da Lei Estadual n.º 8.370/2003); f) intimação pessoal do MP para intervenção obrigatória (art. 5.°, § 1.°, da LACP); g) observância das prerrogativas da Defensoria Pública do Estado com base na LC n.º 80/94, alterada pela LC n.º 132/2009, bem como na LCE n.º 251/2003[58]; h) condenação do Estado réu nas custas e despesas processuais, bem como em verbas sucumbenciais em favor do Fundo de Reaparelhamento da Defensoria Pública, afastando-se o enunciado n.º 421 de Súmula do STJ em razão de sua autonomia financeira e da promulgação da EC n.º 80/2014 (art. 4.°, inc. XXI, da LONDP); i) dispensa do pagamento de custas, emolumentos e outros encargos (art. 18 da Lei n.º 7.347/85 – LACP).* | *0,00 a 1,50* | |

58. Tecnicamente o correto não é requerer a observância das prerrogativas dos membros da Defensoria Pública, mas apenas informar que serão utilizadas por seus membros. Porém algumas bancas examinadoras indicam no espelho do examinador, item "pedidos", como requisito de resposta, sendo preferível indicar na peça prática.

### *4.3.7.4. Alegações finais por memoriais*

Auxiliando candidatos ao VI concurso público da DPE/MA (FCC/2019), elaborei na *Rodada 03 (R3)* o seguinte caso penal:

> *A Polícia Civil do Maranhão apreendeu na agência dos Correios de São Luís, bairro Cohama, 2 (duas) malas contendo 100kg (cem quilogramas) de crack ao todo, as quais foram enviadas pelo remetente Fernando Brotas Salvador, o qual assinou o postal já recebido de Barinas-Venezuela na cidade de Parintins-AM, enviando ao destino final: a cidade ludovicense.*
>
> *O Inquérito Policial (IPOL) da Delegacia de Entorpecentes da Polícia Civil do Maranhão apurou que Fernando B. S. foi contratado por Messias Silva Araújo, agenciador de festas juninas e de carnaval do Tocantins, para subsidiar o Festival Folclórico de Parintins-AM e a Festa Junina de São Luís-MA (bumba-meu-boi), cuja contratação ilegal custou R$ 50.000,00 (cinquenta mil reais), a ser paga em dinheiro no destino final, cuja droga deveria ter origem venezuelana.*
>
> *Por falta de perito oficial na Delegacia de Entorpecentes da Polícia Civil do Maranhão, foram nomeados 2 policiais civis, diplomados em Bioquímica, para realização do Laudo de Constatação Preliminar da alta quantidade de drogas apreendida, o qual fora juntado aos autos do Inquérito Policial e da Ação Penal do MPE/MA. O laudo verificou que a droga apreendida assemelha-se em odor e coloração ao crack, subproduto da cocaína, capaz de causar dependência ao usuário.*
>
> *O Ministério Público do Maranhão (MP-MA) denunciou Fernando Brotas Salvador e Messias Silva Araújo pela prática do delito do art. 33, caput, na forma do art. 40, incs. V e VII, da Lei n. 11.343/2006 (Lei Antidrogas), arrolando como testemunhas os policiais civis da operação da apreensão da droga, bem como juntando o Laudo de Constatação Preliminar das drogas, requerendo processamento, comunicações de estilo, audiência e acolhimento da pretensão acusatória.*
>
> *Notificado por carta precatória na cidade de Parintins, Fernando Brotas Salvador deixou escoar seu prazo de 10 (dez) dias*

*para apresentação de defesa preliminar, na forma do art. 55, § 1.°, da Lei n. 11.343/2006, tendo sido os autos remetidos para a Defensoria Pública do Maranhão patrocinar sua defesa técnica, o que fora feito.*

*O denunciado Messias Silva Araújo constituiu Advogado particular e apresentou sua defesa tempestivamente, arrolando testemunhas e provas documentais.*

*O Advogado e a DPE/MA foram intimados, via Diário da Justiça, para comparecimento à audiência.*

*Na audiência de instrução, realizada na 5.ª Vara Criminal da Comarca de São Luís-MA, o Juízo de Direito nomeou o Advogado do Réu Messias Silva Araújo para fazer, também, a defesa de Fernando Brotas Salvador, dada a ausência de colidência de defesas técnicas e a ausência injustificada da Instituição Defensorial, devidamente intimada.*

*No ato, foram ouvidos os 3 (três) policiais civis que participaram da diligência da apreensão da droga ilícita, os quais confirmaram a operação policial, a quantidade e a natureza da droga, além do interrogatório dos réus ao final da audiência, os quais se reservaram ao silêncio após entrevista com seu defensor.*

*Os autos do processo criminal entraram na Defensoria Pública do Maranhão, em São Luís, no dia 14/11/2018, uma quarta-feira forense, para prestação de defesa em favor do réu assistido pela DPE/MA.*

*Considerando as informações fático-jurídicas acima, elabore e fundamente, tempestiva e adequadamente, a peça processual defensiva, sem debate dosimétrico.*

*A impetração de HC não será avaliada pela banca examinadora e o erro de cabimento da peça zerará a pontuação.*

O padrão de resposta do curso indicava o seguinte formato de peça processual:

<table>
<tr><th colspan="3">NA ATRIBUIÇÃO DAS NOTAS, ALÉM DOS CONHECIMENTOS TÉCNICOS, LEVAR-SE-Á EM CONTA A CORREÇÃO DA LINGUAGEM E A CLAREZA DA EXPOSIÇÃO.</th></tr>
<tr><th>Abordagem Esperada</th><th>Pontuação Máxima</th><th>Pontuação Atribuída</th></tr>
<tr><td>1. PEÇA: ALEGAÇÕES FINAIS POR MEMORIAIS<br>Apresentação da peça processual das alegações finais por memoriais (escritas), com endereçamento ao juízo de 1.ª instância (5.ª Vara Criminal da Comarca de São Luís-MA), após remessa dos autos à Defensoria Pública, à luz do art. 403, § 3.°, do Código de Processo Penal (CPP), constando neste caso os dados processuais em epígrafe (número dos autos do processo e dados das partes).</td><td>3,0</td><td></td></tr>
<tr><td>2. TEMPESTIVIDADE<br>Como a questão não indicou dados acerca da tempestividade (prazo inicial, prazo final etc.), basta informar nas alegações finais que a peça está sendo apresentada tempestivamente, dentro do prazo legal de dez (10) dias corridos, após contagem em dobro, na inteligência dos arts. 403, § 3.°, e 798 do CPP, c/c 128, inc. I, da LC n. 80/94 (LONDP).<br>Logo, na parte final da peça processual deve constar “SÃO LUÍS-MA, DATA” e “ASSINATURA, DEFENSOR PÚBLICO” (ou apenas “DEFENSOR PÚBLICO”).</td><td>2,0</td><td></td></tr>
<tr><td>3. DA FUNDAMENTAÇÃO JURÍDICA<br>3.1. DAS PRELIMINARES DE NULIDADE<br>A) INCOMPETÊNCIA ABSOLUTA DA JUSTIÇA ESTADUAL<br>A droga é oriunda de Barinas-Venezuela e destinada às cidades de Parintins-AM e São Luís-MA, tendo sido apreendida na</td><td>12,0 (6,0 para cada tese)</td><td></td></tr>
</table>

| NA ATRIBUIÇÃO DAS NOTAS, ALÉM DOS CONHECIMENTOS TÉCNICOS, LEVAR-SE-Á EM CONTA A CORREÇÃO DA LINGUAGEM E A CLAREZA DA EXPOSIÇÃO. | | |
|---|---|---|
| **Abordagem Esperada** | **Pontuação Máxima** | **Pontuação Atribuída** |
| cidade ludovicense. Como foi enviada pelo meio postal (Correios) e apreendida em São Luís-MA, a competência para julgamento do delito de tráfico internacional de drogas é da Justiça Federal de São Luís/MA (e não do Amazonas), consoante arts. 70 do CPP e 109 da CRFB c/c Enunciado n. 528 de Súmula do STJ, segundo o "compete ao juiz federal do local da apreensão da droga remetida do exterior pela via postal processar e julgar o crime de tráfico internacional".<br>**B) Ausência de intimação prévia e pessoal do membro da Defensoria Pública e VIOLAÇÃO À AMPLA DEFESA**<br>Violação de prerrogativa dos membros da Defensoria Pública de receber, mediante entrega dos autos com vista, intimação pessoal, já que Diário da Justiça não intima (formalmente) órgão da Defensoria Pública para audiência de instrução probatória, não se tratando de meio hábil e devido para comunicação processual à instituição defensorial (art. 128, inc. I, da LC n. 80/94 – LONDP, c/c HC n. 332.772/SP, T6, DJe 02/12/2015, do STJ).<br>Cerceamento de defesa; desconhecimento do processo (pelo defensor), ampla defesa e tempo e meios necessários à preparação da defesa (arts. 5.°, incisos LIV e LV, da Constituição da República, 8.°, 2, "b" e "c", da Convenção Americana de Direitos Humanos ou Pacto de São José da Costa Rica, e 564, inc. IV, do CPP). | | |

| NA ATRIBUIÇÃO DAS NOTAS, ALÉM DOS CONHECIMENTOS TÉCNICOS, LEVAR-SE-Á EM CONTA A CORREÇÃO DA LINGUAGEM E A CLAREZA DA EXPOSIÇÃO. | | |
|---|---|---|
| **Abordagem Esperada** | **Pontuação Máxima** | **Pontuação Atribuída** |
| Violação ao princípio do Defensor Público Natural (art. 4.°-A, inc. IV, da LC n. 80/94 – LONDP) com a nomeação de Advogado após ausência, justificada pelo descumprimento de prerrogativa, da DPE/MA. Precedentes do STJ: HC n. 332.895/SC, T5, DJe 03/11/2016; RHC n. 61.848/PA, T5, DJe 17/08/2016. | | |
| **3.2. DO MÉRITO ABSOLUTÓRIO – ABSOLVIÇÃO PELO DELITO DE TRÁFICO DE DROGAS POR FALTA DE PROVA DA MATERIALIDADE DELITIVA**<br>Em razão da ausência do *Laudo Toxicológico Definitivo*, imprescindível à comprovação da materialidade delitiva de drogas, imperiosa a absolvição do defendido (réu), assistido pela Defensoria Pública do Estado do Maranhão (DPE/MA), consoante arts. 386, incs. II e VII, do Código de Processo Penal (CPP), e 48 e 56 da Lei n. 11.343/2006 (Lei Antidrogas).<br>Segundo o STJ (HC n. 394.346/RJ, T5, DJe 29/08/2018; AgRg no AREsp n. 547.888/BA, T6, DJe 12/12/2017; EREsp n. 1.544.057/RJ, S3, Julg. em 26/10/2016), o *Laudo de Constatação Provisório* só é aceito excepcionalmente para comprovação da materialidade delitiva, quando ele aferir grau de certeza idêntico ao do laudo definitivo, além de ter sido elaborado por perito oficial e ter correspondência com outras provas (testemunhas, confissão etc.), o que não ocorreu no presente caso, não podendo o laudo provisório servir para condenação, por isso imperiosa a absolvição do réu. | 8,0 | |

| NA ATRIBUIÇÃO DAS NOTAS, ALÉM DOS CONHECIMENTOS TÉCNICOS, LEVAR-SE-Á EM CONTA A CORREÇÃO DA LINGUAGEM E A CLAREZA DA EXPOSIÇÃO. | | |
|---|---|---|
| **Abordagem Esperada** | **Pontuação Máxima** | **Pontuação Atribuída** |
| O laudo (provisório) de constatação da natureza e quantidade da droga, firmado por perito oficial ou, na falta deste, por pessoas idôneas, só será suficiente para efeito da lavratura do auto de prisão em flagrante (APF) e do estabelecimento da materialidade do delito (art. 50, § 1.°, da Lei n. 11.343/2006) como indicativo de justa causa para instauração da Ação Penal (art. 395, inc. III, do CPP), mas não para fins de decreto condenatório com reconhecimento da materialidade do fato criminoso.<br>*Obs.*: a questão expressamente afastou o debate sobre o mérito acessório ou dosimétrico ("sem debate dosimétrico"), não podendo o (a) candidato (a) abordar temas como atenuantes e agravantes, tráfico privilegiado, causas de aumento e diminuição de pena (Enunciados n. 607 e 587 de Súmula do STJ), substituição de *PPL* por *PR*D etc., pena de incorrer em falha de conteúdo e perda de pontuação (falta de atenção ao caso proposto). | | |
| **4. PEDIDOS**<br>Diante de todo o exposto, requer a Defesa Técnica:<br>A) O reconhecimento da incompetência judicial absoluta, com remessa dos autos ao Juízo Federal de São Luís-MA para processamento e julgamento do delito internacional de drogas, com fulcro nos arts. 70 do CPP e 109 da CRFB c/c Enunciado n. 528 de Súmula do STJ;<br>B) A nulidade da audiência de instrução e julgamento por falta de intimação pessoal | 5,0 | |

| NA ATRIBUIÇÃO DAS NOTAS, ALÉM DOS CONHECIMENTOS TÉCNICOS, LEVAR-SE-Á EM CONTA A CORREÇÃO DA LINGUAGEM E A CLAREZA DA EXPOSIÇÃO. | | |
|---|---|---|
| **Abordagem Esperada** | **Pontuação Máxima** | **Pontuação Atribuída** |
| da Defensoria Pública, por violação à ampla defesa e ao princípio do Defensor Público Natural, consoante art. 564, inc. IV, do CPP;<br>C) No mérito, a prolação de sentença judicial absolutória em favor do Réu Fernando Brotas Salvador, dada a falta de prova da materialidade delitiva em razão da ausência de laudo de constatação definitiva da droga, na inteligência dos arts. 386, incs. II e VII, do CPP, e dos precedentes do STJ;<br>D) Conceder a gratuidade judiciária e isenção de custas e despesas processuais em favor do Réu, na forma dos arts. 98 do CPC e 806, § 1.°, do CPP. | | |
| **TOTAL** | **30,0** | |

# 5

# APROVADO PARA A PROVA ORAL

A fase da prova oral é conhecida como a mais temida do concurso público, na medida em que será a primeira vez que o candidato terá contato direto com examinador (es), cara a cara *(face-to-face)*, não se tratando mais de resposta objetiva e de múltipla escolha tampouco de dissertação com tempo próprio para raciocínio e resposta escrita.

Trata-se de uma verdadeira mescla de prova de múltipla escolha (falada e objetiva) com prova dissertativa (argumentativa, articulada e dialética), cujo treinamento será verdadeiramente aproveitado pelo candidato quando da primeira e da segunda fases.

É comum o candidato sentir um vácuo após aprovação na segunda fase, como se devesse começar tudo de novo, do zero, não sabendo mais de nada. Por onde estudar? Material aprofundado ou mais sucinto? Que matérias focar? Quanto tempo de preparação?

A insegurança é muito comum nessa etapa em razão do formato de prova oral, da solenidade, da *teatralização* e da necessidade de argumentação do conhecimento técnico-jurídico com oratória e linguagem corporal.

Na minha primeira aprovação em Defensoria Pública Estadual (DPE/MA – CESPE/2011-2) fui prestar o concurso sem qualquer bagagem de cursos jurídicos, com pouco tempo de estudo entre a fase prático-subjetiva e a oral, além de nenhuma experiência e contato com fase oral em certames.

Lembro-me que desejava que não caíssem apenas 2 (duas) matérias dentre várias previstas no edital, já que todas as matérias do edital estavam no conteúdo programático da fase oral. Eram elas: Direitos Humanos e Direito do Trabalho. Não estava tão preparado quanto às demais, tais como Direito Penal, Processual Penal, Civil, Processual Civil, Constitucional, Administrativo, Difusos e Coletivos, Consumidor, Criança e Adolescente, Institucional etc.

Fui sorteado, no dia e no horário da prova, com Direitos Humanos!

Tive um susto, uma sensação de perda de tudo aquilo conquistado até então, porque não conseguiria ultrapassar aquela fase, pois meu único estudo da matéria àquela época resumia-se a uma sinopse de "Direitos Humanos" da Editora própria *JusPodivm*[1] de autoria do Prof. Rafael Barreto, livro sucinto, mas não menos completo.

Resultado: consegui obter a nota "9,50". As pontuações dos candidatos foram altas e se mantiveram neste patamar (8,00 em diante), não havendo reprovação dos candidatos *presentes*.

As questões mais se aproximaram ao Direito Constitucional do que propriamente Direitos Humanos e Direito Internacional, cuja circunstância me facilitou sobremaneira.

Passei por 1 (uma) só sala de examinadores, na qual havia 3 (três) deles, arguindo-me cada qual com sua pasta, à distância, já que ficavam em um solo elevado, com altura acima dos candidatos.

1. *Coleção Sinopses para concursos: Direitos Humanos.*

Fui pouco redarguido, salvo quando defendi que a Defensoria Pública não tinha legitimidade para provocar sistemas internacionais de proteção dos direitos humanos (?!), cujo nervosismo era intenso, mas corporalmente controlado.

Após perceber a intensidade da repergunta do examinador e da grave falha cometida, reformulei a resposta e indiquei os incisos do artigo 4.° da LC n. 80/94, Lei Orgânica Nacional da Defensoria Pública (LONDP), mais precisamente o inciso VI, segundo o qual é função institucional da Defensoria "representar aos sistemas internacionais de proteção dos direitos humanos, postulando perante seus órgãos", cujo inciso não me recordava de cor àquele momento, reservando-me a citar "incisos do artigo 4.° da LC n. 80/94".

Em conteúdo jurídico perdi "0,50" de "2,00", por isso a nota "9,50", conforme espelho individual de prova oral abaixo, o qual guardo até hoje desde janeiro de 2012:

| ***PROVA ORAL*** | | | |
|---|---|---|---|
| ***CRITÉRIOS*** | | ***FAIXA DE VALOR*** | ***NOTA MÉDIA OBTIDA*** |
| *1* | ***Domínio do conhecimento*** | *0,00 a 2,00* | *1,50* |
| *2* | ***Emprego adequado da linguagem*** | *0,00 a 2,00* | *2,00* |
| *3* | ***Articulação do raciocínio*** | *0,00 a 2,00* | *2,00* |
| *4* | ***Capacidade de argumentação*** | *0,00 a 2,00* | *2,00* |
| *5* | ***Uso correto do vernáculo*** | *0,00 a 2,00* | *2,00* |
| *Nota na área de conhecimento* | | | *9,50* |
| *Nota final na prova oral* | | | *9,50* |

Depois de muito tempo no exercício do cargo de Defensor Público no Estado do Maranhão (onde fiquei por mais de três anos e cinco meses: abril/2012 a setembro/2015), prestei os concursos públicos da DPE/PB e DPE/PE como forma de morar mais próximo de meu Estado natal (PB).

A prova oral da DPE/PB (FCC/2014-5) foi um marco em minha vida de concurseiro.

Já me sentia muito seguro em prova oral, com conhecimento jurídico teórico e prático, além do exercício diário da atividade defensorial (alegações finais orais, sessões plenárias de tribunal do júri, entrevistas ao vivo na mídia televisiva, palestras, embates nas audiências em geral etc.), como acima especificado, circunstâncias que me permitiram convidar amigos, familiares e o público em geral por meio das redes sociais (*Facebook* à época) para assistir às arguições no *Hotel Tambaú* na cidade de João Pessoa-PB, cujo convite público não recomendo aos leitores-candidatos a fim de não agravar a ansiedade e desequilibrar os preparados, salvo aqueles que se sentirem deveras seguros e confiantes na fase.

Obtive no certame a 1.ª melhor nota (8,20), em cuja fase houve 1/3 (um terço) de reprovação, a qual considero injusta em razão dos conteúdos solicitados (alguns não previstos no edital ou no ponto individual sorteado no dia) e da necessidade de pontuação mínima por banca examinadora (10 minutos em cada banca examinadora, sendo 5 ao total).

Eram 5 (cinco) examinadores, cada qual responsável por um, ou mais, conteúdo programático, havendo o tempo máximo de 10 (dez) minutos de arguição em cada. O candidato sentava-se frente a frente com o examinador, tendo apenas uma mesa de separação entre o arguidor e o avaliando, situação diferente da prova de tribuna, cuja arguição fora feita em pé, à distância dos examinadores, os quais ficavam sentados (3) e analisando os candidatos, fase essa também eliminatória e classificatória.

Na fase oral da DPE/PE (CEBRASPE/2014-5), a qual aconteceu apenas dois (2) meses após a prova oral da DPE/PB, obtive a nota "9,76".

Tratava-se de três (3) bancas examinadoras (Civil/Processo Civil; Penal/Processo Penal; Constitucional/Administrativo), nas quais havia 2 (dois) examinadores, todos membros de Defensoria Pública, passando o candidato por todas elas.

O formato de arguição foi parecido com provas de tribuna, uma vez que o candidato ficava em pé, a certa distância dos examinadores e com auxílio de púlpito para leitura das questões, cuja folha de perguntas ficava virada até sinalização do início da contagem de tempo por funcionários dispostos ao lado dos examinadores.

O candidato deveria ler as questões da banca examinadora, selecionadas no turno da prova em malote próprio, em voz alta ou apenas para si, dirigir-se aos examinadores e iniciar as respostas, após sinalizar aos funcionários responsáveis pela contagem de tempo.

Lembro-me de não ter estudado *quase nada* na semana anterior à prova em razão de importante audiência pública[2], entrevistas na imprensa e audiências criminais no exercício da função de defensor das mulheres vítimas de violência pela DPE/MA.

Recomendo intensa revisão na semana que antecede a prova oral, até mesmo no dia anterior, desde que não haja exaustão, já que o descanso deve ser o melhor de todos (com sono reparador) para não haver cansaço físico-mental, um grande inimigo de qualquer candidato, mormente em provas orais,

2. Na audiência pública ocorrida em 05/03/2015 na Câmara Municipal de Imperatriz o Autor criou a frase "em briga de marido e mulher, ninguém mete a colher; só a Defensoria Pública, o Ministério Público, o Órgão Judiciário, a Polícia, o Estado, a Sociedade. Violência doméstica e familiar contra a mulher é de interesse e responsabilidade de todos", a qual foi posteriormente mencionada em artigo jurídico. Disponível em: https://jus.com.br/artigos/41180/em-briga-de-marido-e-mulher-a-defensoria-publica-tambem-mete-a-colher. Acesso em: 21 dez. 2016.

cujos aspectos externos ao conhecimento jurídico serão aferidos pelos arguidores.

A despeito de não estudar na semana antecedente, percebi que o conteúdo foi desenvolvido suficientemente.

As questões exigiam memória de longo prazo e respostas moderadamente curtas, tendo pecado apenas em Direito Civil quanto ao tema dos negócios jurídicos (Parte Geral do Código Civil), cujo examinador conseguiu me embaralhar com os conceitos dos vícios de consentimento após leitura apressada e desatenta da questão.

Nesta mesma sala apresentei muito bem o tópico da legitimidade da Defensoria Pública na tutela coletiva e transindividual (questão de Direito Processual Civil), tema que sempre me interessou durante os estudos para concurso e foi objeto de trabalho de conclusão de curso na Pós-Graduação em Direito Público, cujo artigo de conversão da monografia já fora mencionado acima, por ter sido citado em acórdão da Quinta Turma (T5) do STJ, além de continuar ativo nos estudos do indigitado instituto jurídico (tutela coletiva defensorial), mediante palestras e artigos.

Todavia, após entusiasmo com a reação do primeiro examinador (falha cometida e que faço questão de registrar, como exemplo), quase esqueço que havia outro examinador (de Direito Civil) na mesma sala, apressando-me na leitura da questão, desenvolvendo a resposta de modo aquém do necessário, pois o raciocínio não se afigurou correto e suficiente, notadamente pelo prazo restante estar se esvaindo.

Após as 3 (três) experiências de aprovação nos concursos de DPE, passei a preparar candidatos às Carreiras Jurídicas nas fases orais, cuja experiência me deu outros nortes de conhecimento sobre a específica fase do concurso público, podendo antever e repassar dinâmicas de estudo e técnicas de elaboração da prova.

Preparei candidatos para quase todas as Carreiras Jurídicas, como Defensor Público, Delegado de Polícia e Juiz de Direito, com curso presencial e *on-line*, adquirindo muito conhecimento e experiência prática nessa fase dos certames. Atualmente meu foco é direcionado aos candidatos da Defensoria Pública dos Estados e do DF, sem afastar a DPU.

No dia 28 de julho de 2018 (sábado à tarde) acompanhei um turno (de quatro ao total) das *arguições orais do III concurso da DPE/PE (CEBRASPE/2017-8)*, na cidade de Recife, onde atualmente sou lotado como Defensor Público Estadual, tendo preparado aproximadamente três dezenas de candidatos para essa fase. Pretendo relatar um pouco da minha visão da prova, agora não mais como candidato, mas como público-ouvinte e professor-orientador.

A prova foi aplicada na *Faculdade Nova Roma* (Recife) em 4 turnos, divididos em sábado e domingo (28 e 29/7/2018), havendo 56 candidatos por turno, os quais esperavam em 2 salas (28 em cada) o momento da arguição.

Havia 5 salas com 2 examinadores cada, sendo 5 integrantes da banca *CEBRASPE* e 5 membros da própria DPE/PE[3]. Basicamente foram 11 candidatos por sala de arguição no turno.

Na mesma sala estavam ambas as bancas da prova (Civil e Processo Civil; Penal e Processo Penal). Logo, eram 20 minutos corridos de tempo, sem limitação de 10 minutos para cada banca, podendo o candidato controlar melhor seu tempo de exposição.

3. Registro que tive a satisfação de ser convidado pelo Defensor Público-Geral (biênio 2018-2020) para compor a banca examinadora das arguições orais, como um dos cinco integrantes da casa, no entanto como já tinha preparado mais de mil candidatos ao III concurso (na primeira e na segunda fase) não pude aceitar a proposta, dado meu impedimento funcional e ético, cuja função foi exercida com maestria por outros colegas de missão.

Um (a) fiscal de sala administrava o cronômetro, logo após o candidato virar as folhas (4) de perguntas, e levantava placas de tempo (15, 10, 5, 1 min., *término da prova*).

As questões podiam ser lidas em voz alta ou baixa (com orientação de algum avaliador nesse sentido) e a arguição ocorria com candidatos sentados, com possibilidade de audiência do público previamente cadastrado (arguições filmadas).

As questões tiveram níveis variados, com abordagens legal, doutrinária e jurisprudencial, em especial com casos práticos, além de abranger fundo constitucional e institucional, embora não estivessem expressamente no conteúdo de prova oral.

Importante conhecer previamente os fatores extrajurídicos de arguição oral para melhor se situar na exposição e saber argumentar e articular o raciocínio na prova

Se o candidato seguir as diretrizes de estudo e de realização da prova (oral ou de tribuna), treinando-se em arguições, em simulações individuais (gravações de fala em vídeos), estudando-se em voz alta e avaliando a desenvoltura da oratória e da linguagem do corpo, não haverá deslize nessa fase, mormente porque não costuma ser uma etapa de reprovações (eliminatória só no edital), já que o candidato que chegou até a fase oral mostrou intenso conhecimento jurídico, devendo meramente revisar com conteúdo sistemático, de fácil memorização e conceituação, além de controlar ansiedades e estímulos estressantes, exteriorizando o conhecimento jurídico no dia da prova.

## 5.1. QUESITOS DE AVALIAÇÃO DO CANDIDATO

Os editais preveem aspectos semelhantes quanto à de avaliação do conteúdo do candidato, não apenas jurídico.

Elenco abaixo os quesitos comuns de avaliação pela banca examinadora em quadro esquemático para melhor visualização e conhecimento:

| PROVA ORAL |
|---|
| **QUESITOS DE AVALIAÇÃO** |
| **1.** Domínio do conhecimento jurídico/Conhecimento do tema proposto; |
| **2.** Uso correto do vernáculo e da dicção; |
| **3.** Adequação e correção da linguagem (técnico-jurídica) e da postura; |
| **4.** Articulação do raciocínio e clareza da exposição; |
| **5.** Capacidade de argumentação e poder de síntese. |

Na **DPE/PE (CEBRASPE/2014-5)** o item "10.3" trouxe a seguinte previsão: "na avaliação da prova oral, serão considerados o domínio do conhecimento jurídico, a articulação do raciocínio, a capacidade de argumentação e o uso correto do vernáculo"[4].

Na **DPE/PB (FCC/2014-5)** o item "VII.1.5" trouxe previsão igualmente semelhante, acrescendo-se a "postura do candidato" da seguinte forma: "Durante a realização da Prova Oral serão avaliados os seguintes quesitos: domínio do conhecimento jurídico, a adequação da linguagem, a articulação do raciocínio, a capacidade de argumentação, o uso correto do vernáculo e a postura do candidato"[5].

Na **DPE/CE (FCC/2014-5)** o item "14.1" indicou os mesmos quesitos de avaliação da DPE/PB, tratando-se da mesma banca examinadora e de concursos realizados em datas próximas[6].

---

4. Disponível em: http://www.cespe.unb.br/concursos/DPE_PE_14_DEFENSOR/arquivos/DPE_PE_2014_ED_ABERTURA.PDF. Acesso em 24 dez. 2016.
5. Disponível em: http://www.concursosfcc.com.br/concursos/dpepb114/boletim_dpepb114.pdf. Acesso em 24 dez. 2016.
6. Disponível em: http://www.concursosfcc.com.br/concursos/dpece113/boletim_dpece114.pdf. Acesso em 24 dez. 2016.

Na **DPE/RN (CEBRASPE/2015-6)** o item "10.4" trouxe a mesma previsão da DPE/PE, apenas acrescentando o quesito "emprego adequado da linguagem"[7].

Na **DPE/MT (UFMT/2015-6)** o edital especificou no item "XIII. 3" que "na atribuição das notas, além dos conhecimentos técnicos, levar-se-á em conta a correção da linguagem, a clareza da exposição, bem como a postura e a eloquência do candidato"[8].

Na **DPE/BA (FCC/2016-7)** o edital trouxe linguagem diversa para avaliação dos aspectos, malgrado sejam relativamente os mesmos, indicando-se "conhecimento do tema proposto; poder de síntese; emprego da linguagem técnico-jurídica; uso correto do vernáculo"[9].

Na **DPE/ES (FCC/2016-7)** a banca examinadora, mais uma vez, decidiu inovar nos vocábulos dos quesitos de avaliação, citando-se "conhecimento jurídico do tema proposto; articulação do raciocínio; convencimento da argumentação; poder de síntese; emprego da linguagem técnico-jurídica; uso correto do vernáculo; postura e dicção do candidato"[10].

Na **DPU (CEBRASPE/2017-8)**, em cujo concurso ocorreram as provas objetiva, dissertativas escritas, orais (no plural), de avaliação de títulos e sindicância de vida pregressa e apuração dos demais requisitos pessoais, o edital especificou no item "10.2.2" que "Nas provas orais, serão considerados o domínio do conhecimento jurídico, o emprego adequado da linguagem, a articulação do raciocínio, a capacidade de argumentação e o

7. Disponível em: http://www.cespe.unb.br/concursos/DPE_RN_15_DEFENSOR/arquivos/DPE_RN_2015_ED_ABERTURA.PDF. Acesso em 24 dez. 2016.

8. Disponível em: http://www.cev.ufmt.br/Portal/Concursos/DEFENSORIA2016/EDITAL%20COMPLETO.pdf. Acesso em 24 dez. 2016.

9. Disponível em: http://www.concursosfcc.com.br/concursos/dpeba116/boletim_dpeba116.pdf. Acesso em 24 dez. 2016.

10. Disponível em: http://www.concursosfcc.com.br/concursos/dpees115/boletim_dpees115.pdf. Acesso em 24 dez. 2016.

uso correto do vernáculo, a postura e a dicção do candidato". Calha pontuar que foi vedada a consulta a material de qualquer natureza (item "10.2.3").

A **DPE/MG (auxílio operacional da FUNDEP[11]/2019)** não ficou de fora na regulamentação dos critérios de avaliação das arguições orais, indicando no item "16.6" que "A arguição do candidato versará sobre conhecimento técnico acerca dos *temas relacionados ao ponto sorteado*, cumprindo à Banca Examinadora avaliar-lhe o domínio do conhecimento jurídico, a adequação da linguagem, a articulação do raciocínio, a capacidade de argumentação e o uso correto do vernáculo".

Por fim, a **DPE/SP (FCC/2019)** registrou que a prova seria aplicada pelos membros da Banca Examinadora (órgão auxiliar da DPE/SP) sobre quaisquer dos temas do programa (conteúdo programático), com acesso à legislação oferecida pela Comissão do Concurso, no entanto não expôs critérios específicos de avaliação da prova oral, registrando "acerto das respostas dadas", "grau de conhecimento do tema", "fluência e coerência da exposição", "correção gramatical" e "precisão da linguagem jurídica" como critérios de avaliação das provas escritas (*de segunda fase*).

Depreende-se dos vários editais suprarreferidos que não basta o candidato demonstrar conhecimento técnico-jurídico na fase oral dos concursos públicos da Carreira Jurídica e Defensorial. Deve demonstrar, também, outros vieses de conhecimento e de exposição do raciocínio, cujo autocontrole e domínio do conhecimento jurídico facilitarão a arguição.

Xavier Guix defende que "nem tudo é questão de informação, mas também de transmissão". O Autor continua do seguinte modo[12]:

---

11. Item "3.1.1" do edital, disponível em: *https://www.defensoria.mg.def.br/wp-content/uploads/2019/01/dpmg_edital-VIII-concurso_1.pdf* Acesso em 16 mar. 2019.

12. "Comunique-se melhor: fale em público sem perder a calma" (2008, pág. 98).

> Em nossa forma de nos apresentar e apresentar o discurso; na maneira de falar e deixar de falar; no estilo expressivo, na voz, no olhar e no gesto, na convicção, na atenção sobre uns aspectos determinados e não em outros; na ilusão e na empatia.

À semelhança do prévio conhecimento dos espelhos de respostas e de provas anteriores no estudo para segunda fase, deve o candidato estudar todos os critérios de avaliação na fase oral como forma de a preparação não ser *míope*, unidirecional, voltada tão só ao conhecimento jurídico, notadamente porque o *lidador* do Direito que só estuda Direito vive um mundo ilhado, com saberes limitados, além do que lidar com a vida em sociedade e com as infinidades de situações sociais, políticas, econômicas, culturais, estruturais etc. exige conhecer outras fontes de conhecimento e do saber humano, científico ou não.

No livro *O Diário de Anne Frank* (2017, p. 181), a finada adolescente alemã e judia Anne (1929-1945) descreve seu temperamento e afirma que "tenho minhas próprias ideias, meus planos e ideais, mas ainda não consigo verbalizá-los".

Na realidade dos concursos públicos de nada adianta ter domínio do conhecimento jurídico se não souber verbalizá-lo adequada e oportunamente, com técnica e propriedade. Treinamento personalizado e preparação com terceiros é essencial, porém neste caso não imprescindível.

No mesmo trilhar, os concursos públicos exigem na fase oral demonstração de linguagem corporal (movimentos do corpo, jogo fisionômico, olhar, gestos) e postura solene, poder de síntese e clareza do raciocínio, objetivação e sistematização do conhecimento e adequação da linguagem (gramatical e técnico-jurídica), cujos critérios são, de fato, essenciais ao exercício da atividade defensorial, seja para lidar com a Justiça em seu sentido amplíssimo, formal, técnica e solene por natureza, seja para lidar com os Assistidos, necessitados, vulneráveis, carentes de cultura e de informação adequada, cuja clareza do raciocínio e da abordagem serão úteis ao lidar com os problemas alheios.

Atenção à cortesia e à urbanidade com o (s) examinador (es) no momento da prova. O candidato deve ser cortês, mas não subserviente, sem demonstração de postura submissa ("nem simpático demais, nem antipático"), mantendo-se o olhar em direção aos olhos do examinador, ainda que durante o pensamento da resposta, evitando-se vagar o olhar, direcionando-o para cima, para baixo ou para os lados, pena de interpretar-se como desconhecimento, insegurança, medo, ansiedade descontrolada.

Ao mesmo tempo, não se deve exagerar na formalidade, agindo-se de modo robótico, pois *a naturalidade com formalidade é chave de ouro na prova oral*, devendo o candidato empregar no dia da arguição sua "personalidade comunicativa"[13]. Isto é, trata-se de orientação dada para um bom caminho a seguir, mas ela não pode escravizar o candidato a ponto de limitar seu desempenho ou prejudicar sua naturalidade.

O examinador deve ser avocado como "Excelência" ou "Vossa Excelência", mas o uso do pronome de tratamento deve ser comedido a fim de não ficar repetitivo, subserviente. Isto é, para além da solenidade na abordagem, evite iniciar toda frase de resposta com o indicado tratamento formal.

No caso de o examinador fazer *piada* com o avaliando, seja com ironia, seja com demonstração de abertura protocolar, não se deve cair numa possível *armadilha* e seguir o humor momentâneo, apenas sorrindo, demonstrando educação e simpatia, mas mantendo uma postura solene, sobretudo porque "o sorriso é uma das armas mais poderosas da comunicação"[14].

Nada de retrucar com outra piada, pois o ambiente não é oportuno para tanto, devendo-se sempre manter a formalidade inata à prova oral.

---

13. *Comunique-se melhor: fale em público sem perder a calma*, págs. 56-7.
14. *Oratória para advogados e estudantes de Direito*, pág. 110.

Muitas vezes o examinador utiliza-se de abordagem prévia (*informação em off*) à arguição de prova oral propriamente dita para aferir a postura e a personalidade do candidato ("antes que comecemos propriamente o exame, gostaria de saber..."). Você já está sendo avaliado!

A prova oral inicia-se desde a caminhada em direção ao avaliador ou sala de avaliação e na conversa inicial (*conversa de relaxamento*), antes mesmo de iniciar a contagem do tempo previsto no edital. Entrou no campo de visão e de audição do examinador, comporte-se como candidato apto à aprovação, com naturalidade e segurança.

Prova oral é um teatro. Portanto deve-se dar *sentido cênico à fala* (interpretar um personagem). Na verdade, o próprio mundo é um palco (social) e, mais do que nunca, a prova oral também o será, devendo o candidato agir de maneira natural, mas com o emprego de técnicas com o desiderato de não se sentir tão à vontade como gostaria.

No caso de crítica direta do examinador, atribuindo ao candidato desempenho regular ou ruim, não deve este sucumbir às críticas, continuando as respostas e a arguição como se nada tivesse ouvido, deixando para lamentar ou não após o término de toda a arguição. Trata-se de verdadeiro exercício de equilíbrio emocional, essencial à prova oral.

Esteja alheio às avaliações do momento, sob pena de as próximas arguições do dia ficarem prejudicadas pelo desalento do candidato, diminuindo autoestima, simpatia e qualidade comportamental.

A ideia é: fazer a prova de caráter eliminatório como se fosse meramente classificatória, retirando-se o peso e a responsabilidade do bom desempenho, porque este é perseguido por qualquer um que deseja ser aprovado em concurso público.

No critério *postura*, deve-se manter a coluna ereta, mas não robótica, mantendo-se as duas pernas firmes no chão e as mãos sobre a mesa, gesticulando-se de maneira comedida, não atuando como *boneco de posto* (ironia), com braços soltos e sem controle, já que a linguagem corporal é reflexo da personalidade e do comportamento humano.

Simplicidade na linguagem! Esta deve ser simples, mas com solenidade, propriedade e correção. Simplicidade não é sinônimo de informalidade. Remeto o leitor ao capítulo "redação forense e vocabulário jurídico, gramatical e defensorial: erros comuns dos candidatos", cuja técnica de bom emprego do vocabulário e da língua portuguesa aplica-se indistintamente às fases prático-dissertativa e oral/tribuna.

Discorrendo sobre a importância do vocabulário e da cadência da fala/oratória, evitando-se perfeccionismo, Reinaldo Polito descreve que[15]:

> O ritmo, a cadência, a pausa, a estrutura melódica da comunicação oral são aspectos muito diferentes da comunicação escrita. Uma palavra, uma vírgula, uma entonação distinta da planejada são detalhes que modificam a sequência e a maneira de transmitir a mensagem.
>
> Tome cuidado também para não ser perfeccionista com o vocabulário na comunicação oral e se atrapalhar mais ainda para falar. Quando fala, conta com uma pequena fração de segundo para encontrar a palavra que possa transmitir suas ideias. Se não conseguir encontrá-la, ficará dando voltas com o pensamento até que ela apareça. Por causa disso, correrá o risco de perder a objetividade e tornar-se prolixo e confuso.
>
> Lembre-se de que a palavra perfeita é única; nem sempre, entretanto, é possível resgatá-la rapidamente da memória. Para não quebrar o ritmo se sua apresentação, quando a palavra que seria considerada exata para o raciocínio fugir da lembrança, a solução é recorrer a um outro termo analógico ou afim, que, embora não seja o mais perfeito, poderá dar o mesmo sentido à frase.

15. *Oratória para advogados e estudantes de Direito*, pág. 89.

No aspecto *conteúdo jurídico*, quando o candidato não souber a resposta à indagação do examinador, deve-se iniciar a abordagem por meio de conteúdo amplo, apresentando-se conceito do instituto jurídico envolvido para, depois, *chutar* uma resposta.

No caso de desconhecimento completo da questão, pode o candidato solicitar do examinador uma diretriz para tentativa de identificação da resposta. O pedido de diretriz depende um pouco da banca examinadora e do específico examinador, já que em alguns casos a solicitação de *diretriz* soa negativamente para o arguidor, além de criar uma expectativa de correção na próxima resposta.

Por via de regra, recomenda-se a solicitação de um direcionamento de resposta ao arguidor, não deixando um vácuo imediato de conteúdo.

Apenas no caso de desconhecimento pleno e de resistência do examinador, o candidato responderá "não me recordo, Excelência", evitando-se expressões como "sei não", "não lembro", "esqueci", "não faço ideia" ou outras informais.

Quanto à roupa e à estética do examinando, dependerá do sexo. Não sou profissional da estética, tampouco conhecedor profundo da moda, mas após leituras de livros e materiais de linguagem corporal, oratória, apresentações formais, chego à conclusão abaixo, mera recomendação para prova oral de concurso público.

| ***ROUPAS e ACESSÓRIOS*** | |
|---|---|
| ***HOMENS*** | ***MULHERES*** |
| *1. Terno escuro (opção por trajes discretos). A roupa não pode se destacar, sobressaindo ao candidato.* | *1. Terno e blusa; saia, blusa e blazer; vestido e blazer*[16]*.* |

16. Cuidado com roupas justas, pois "pessoas que usam roupas justas têm dificuldade para executar certos movimentos, o que pode afetar a sua linguagem corporal". *Desvendando os segredos da linguagem corporal*, pág. 28.

| *ROUPAS e ACESSÓRIOS* | |
|---|---|
| ***HOMENS*** | ***MULHERES*** |
| *2. Blusa lisa clara.* | *2. Cores não chamativas; evitar decotes. Não distrair o examinador.* |
| *3. Gravata discreta, escura ou clara, mas não chamativa/forte.* | *3. Cabelos devem estar dispostos de maneira que não fiquem dispersos, evitando-se contato direto e frequente com ele na arguição.* |
| *4. Meias pretas, não curtas, combinando-se com a calça.* | *4. Evitar acessórios: brincos grandes, anéis brilhosos, pulseiras ecoantes, colares e relógios.* |
| *5. Sapato social preto.* | *5. Maquiagem comedida.* |
| *6. Evitar uso de relógio e adereços/acessórios.* | *6. Perfume suave, que não provoque atenção ou alergia.* |

Deduz-se que moderação é a regra! Quase nada é proibido em absoluto como etiqueta de prova oral. Portanto comedimento dá a tônica ao uso de roupas e acessórios durante a realização de prova oral.

Um aspecto relevante na prova oral é a entonação da voz, seja por meio do aumento dela, seja pelo sussurro, pelo silêncio.

Nesse sentido, X. Guix discorre sobre a relevância da entonação na comunicação eficaz e oratória[17]:

> Como o público vai distinguir o que é mais relevante? Saber enfatizar ajuda a compreensão, pelo menos daquilo que você deseja destacar. Entretanto, enfatizar não significa necessariamente elevar a voz. Muitas vezes, um sussurro, um silêncio antes ou depois da palavra-chave tem mais força.

Ademais, a manutenção da altura da voz é muito importante, não se alterando abruptamente o padrão de voz e de altura.

17. *Comunique-se melhor: fale em público sem perder a calma*, pág. 89.

Deve haver homogeneidade na fala: nem baixo demais, nem alto demais. Sinta a ambiência e a abordagem dos examinadores.

Prova oral não se compatibiliza com sussurros ou gritos durante toda a arguição.

Cadência nas respostas é outro aspecto que merece consideração. Sem pressa tampouco sem lentidão/apatia. Um exercício para apreciar a cadência da fala e da oratória é declamar poesia em voz alta, na medida em que ela contém cadência, melodia, pausa e ritmo.

Quanto ao tempo para resposta à indagação do examinador, o critério é não responder imediatamente após a referida indagação, devendo o candidato se utilizar do seu tempo de raciocínio.

Significa pensar na resposta por alguns segundos, dando-se cadência no pensar, responder e articular. O tempo inicial para raciocínio evita a interrupção no meio da resposta ou até mesmo necessidade de nova abordagem, iniciando-se novamente todo o conteúdo apresentado ("reformulando...").

Vícios de linguagem devem ser evitados, assim como excesso de sotaque ("ééé"; "ããã"; "né"; "huumm"; "visse"; "uai"; "bah"; "tô ligado"), palavrões e gírias.

Quanto ao sotaque não se trata de podar a fala do examinando e constranger sua expressão, mas de evitar excessos. O vocábulo "tio" pode ser pronunciado (prosódia/ortoépia) como "tíu" ou "tchiu". Não há importância quanto à pronúncia regional, mas com sotaques regionais em forma de vício de linguagem e de fala ("ê trem bão"; "num é"; "ó só"; "oush").

## 5.2. OBJETIVIDADE, COMPLETUDE E PODER DE SÍNTESE

Segundo X. Guix "o comunicador eficaz não conta tudo o que sabe, mas aquilo que realmente é importante"[18]. Ou seja, o

18. *Comunique-se melhor: fale em público sem perder a calma*, pág. 70.

comunicador eficaz não diz tudo o que sabe, mas apenas aquilo que interessa.

O mesmo autor assevera que "há pessoas que falam muito e não dizem nada e há pessoas que não falam nada e dizem tudo".[19] Do mesmo modo "não se deve confundir falar durante muito tempo com falar bem" (FERNANDES; LIPP, 2017, p. 160).

Trazendo-se o conceito de oratória e programação neurolinguística (PNL) para a ambiência das provas orais de concurso público, o bom candidato é aquele que diz tudo (completude) em poucas palavras (objetividade e poder de síntese).

Costumo afirmar nos cursos de prova oral em que ministro a aula inaugural que o candidato deve "ser objetivo sem ser lacônico; ser completo, mas não prolixo".

**PROVA ORAL** = **OBJETIVIDADE** + **COMPLETUDE**

Ser objetivo não pode significar incompletude, hiato conceitual, mas sim demonstração de poder de síntese, capacidade de entendimento e de comunicação eficaz, sobretudo porque, como vimos no item anterior, o "poder de síntese" e a "capacidade de argumentação" são critérios de avaliação dos examinadores no momento da atribuição da nota final.

Não deve o candidato, igualmente, cometer o equívoco paralelo da prolixidade, falar bastante em círculo (*tautologia*), dizendo-se a mesma coisa a todo momento, demonstrando-se falta de domínio do conhecimento apresentado e falta de segurança, clareza e síntese na exposição, além de pobreza vocabular e gramatical.

A título de exemplo, se o examinador indagar qual o conceito de princípio da insignificância, como deveria ser a resposta?

---

19. ______________________, pág. 23.

Como sugestão, proponho a seguinte resposta oral: "trata-se de instrumento de política criminal, sem expressa previsão legal no Código Penal brasileiro, segundo o qual conduta que não cause lesão ou perigo de lesão grave, transcendental, relevante e intolerável ao bem jurídico tutelado pela norma penal incriminadora não merece reprimenda penal, tratando-se de um indiferente penal em virtude da atipicidade penal material, isto é, atipia material".

Foi apresentado, de maneira suficiente e objetiva, um conceito do aludido princípio, abordando-se os aspectos político-criminal e doutrinário.

Como forma de acrescentar abordagem legal e jurisprudencial, poderia o avaliando complementar da seguinte forma: "embora o princípio da insignificância não tenha previsão legal expressa no CP, o Supremo Tribunal Federal (STF) o reconhece e aplica no caso concreto, quando houver preenchimento dos 4 (quatro) requisitos cumulativos, quais sejam, (i) mínima ofensividade na conduta, (ii) nenhuma periculosidade social da ação, (iii) reduzidíssimo grau de reprovabilidade do comportamento, (iv) inexistência de lesão ao bem jurídico tutelado".

Trata-se de uma resposta modelo para a fase oral, em que o candidato fora indagado pelo conceito (!) de princípio da insignificância, não devendo se estender em classificações, exemplificações etc., salvo quando o examinador fizer uma pergunta aberta (*pergunta branca*) ou continuar arguindo em continuidade, o que é muito comum, tratando-se a pergunta conceitual de uma abertura do ponto a ser arguido.

## 5.3. PROVA ORAL É CONCEITUAÇÃO (PROVA CONCEITUAL) E CASOS PRÁTICOS JURISPRUDENCIAIS

Prova oral costuma abordar conceitos de institutos jurídicos, classificação, natureza jurídica, previsão legal e normativa, exemplificação, abordagem jurisprudencial e doutrinária com suas divergências, além de concatenar as informações com casos práticos ou a partir destes.

Vejamos alguns enunciados de arguição oral aplicados no *III certame da DPE/AL (CEBRASPE/2017-8)* para efetiva demonstração do mencionado na abertura deste tópico:

**1. GRUPO I – DIREITO ADMINISTRATIVO**

MALOTE 01 – Com relação à concessão de serviços públicos, defina o instituto da reversão e discorra sobre a possibilidade de sua aplicação ensejar pagamento de indenização ao concessionário.

(...)

MALOTE 04 – Discorra sobre a diferença entre tredestinação lícita e ilícita e esclareça em qual delas é possível a incidência do instituto da retrocessão.

**2. GRUPO I – DIREITO CIVIL**

MALOTE 01 – Conceitue repristinação de acordo com a doutrina e discorra sobre como o ordenamento jurídico pátrio trata esse instituto.

(...)

MALOTE 04 – Discorra, fundamentadamente, sobre o abuso de direito nos termos em que é positivado no Código Civil, indicando ao menos uma modalidade específica deste instituto.

**3. GRUPO I – DIREITO PROCESSUAL CIVIL**

MALOTE 01 – Tendo em vista que curador especial é o representante judicial ad hoc nomeado pelo magistrado em determinados casos para regularizar o processo, garantir a paridade de armas e equilibrar o contraditório, e considerando as disposições do Código de Processo Civil vigente, discorra sobre a curatela especial e aponte as hipóteses legais nas quais a Defensoria Pública irá exercê-la.

(...)

MALOTE 04 –.Considere a seguinte situação hipotética:

O vigente Código de Processo Civil prevê que cabe agravo interno contra decisões monocráticas proferidas no âmbito dos tribunais e que, quando o agravo interno for declarado manifestamente inadmissível ou improcedente, o agravante será condenado em multa a ser revertida em favor do agravado.

Considerando as disposições do Código de Processo Civil vigente e a jurisprudência dos tribunais superiores, esclareça se o beneficiário da gratuidade de justiça estará isento do pagamento dessa multa. Justifique sua resposta.

**4. GRUPO II – ESTATUTO DA CRIANÇA E DO ADOLESCENTE**

MALOTE 01 – Considere a seguinte situação hipotética:

Determinado jornal impresso noticiou que um adolescente com dezessete anos de idade foi flagrado praticando ato infracional e, em seguida, morto em confronto com policiais militares. Na reportagem, sem a devida autorização, foram divulgados o nome completo e a fotografia do adolescente.

Com relação a essa situação hipotética, mencione, à luz do Estatuto da Criança e do Adolescente, pelo menos

1 um princípio que foi violado;

2 uma norma legal que foi descumprida; e

3 uma consequência jurídica para o jornal impresso.

(...)

MALOTE 06 – O ECA prevê que, estando o adolescente internado provisoriamente, o prazo máximo para a conclusão do procedimento na primeira instância do Poder Judiciário é de quarenta e cinco dias.

À luz da doutrina e da jurisprudência, esclareça quais são as consequências de se exceder esse prazo.

**5. GRUPO II – DIREITO DO CONSUMIDOR**

MALOTE 01 – Considere a seguinte situação hipotética:

Márcia foi submetida a procedimento cirúrgico com o objetivo de retirar pedras na vesícula. Após a cirurgia, Márcia passou a sentir fortes dores. A paciente foi submetida a uma radiografia, na qual se constatou que o médico não realizou adequadamente o procedimento cirúrgico. Em razão do erro médico, a paciente foi forçada a realizar novo procedimento cirúrgico, o que lhe causou danos materiais e extramateriais.

A propósito dessa situação hipotética, responda, fundamentadamente, aos seguintes questionamentos.

1 A responsabilidade do médico é objetiva ou subjetiva?

2 Se o médico fosse funcionário de hospital, a eventual responsabilidade do estabelecimento de saúde pelo erro médico seria objetiva ou subjetiva?

(...)

MALOTE 06 – Considere a seguinte situação hipotética:

Paulo contratou um pacote de viagem de determinada empresa via telefone. Após cinco dias, ele resolveu desistir do negócio e entrou em contato com a empresa fornecedora. Porém, a agência decidiu cobrar de Paulo uma multa pela resilição contratual, no percentual de 10% sobre o valor do negócio.

A respeito dessa situação hipotética, esclareça, fundamentadamente, se Paulo tem direito à resilição da relação contratual. Em caso afirmativo, esclareça sob que fundamentos ocorrerá esse ato. Adicionalmente, indique se a multa cobrada é lícita ou ilícita.

**6. GRUPO II – DIREITO PENAL**

MALOTE 01 – Considere a seguinte situação hipotética:

Antônio e Geraldo, de forma livre, consciente e em comunhão de esforços, entraram em uma loja de conveniência de um posto de gasolina com um revólver municiado e ameaçaram o frentista e um cliente que estava no estabelecimento. Enquanto Antônio os manteve sob a mira da arma, Geraldo tomou do freguês uma carteira com documentos e dinheiro, além de R$ 190 do bolso do frentista. Repentinamente, o frentista investiu contra Antônio e o derrubou no chão, mas o assaltante se levantou e disparou o revólver, matando o frentista. Assustados, os dois assaltantes fugiram a pé, sem levar nada, porque os bens subtraídos caíram no chão durante a confusão.

Acerca da situação hipotética apresentada, responda, de forma justificada, à luz da doutrina e da jurisprudência, aos seguintes questionamentos.

1 Na situação descrita, houve homicídio qualificado por motivo torpe ou latrocínio?

2 A subtração de bens do cliente e do frentista configurou concurso material de crimes, concurso formal de crimes ou continuidade delitiva?

(...)

MALOTE 03 – Considere a seguinte situação hipotética:

Daniel foi abordado por policiais após ter sido visto entregando, em diversas ocasiões, pequenos pacotes a pessoas diferentes, as quais, após terem sido abordadas, declararam ter comprado cocaína de Daniel. Na abordagem de Daniel, os policiais confirmaram a prática de tráfico de drogas, tendo sido com ele apreendidas diversas porções de cocaína acondicionadas isoladamente em tubos plásticos com tampa. O peso total das porções era de setenta e nove gramas. Durante a instrução do processo criminal de Daniel, apurou-se que ele era réu primário, estudava e tinha bons antecedentes e residência fixa, não ficando provado que se dedicasse exclusivamente ao crime nem que integrasse qualquer organização criminosa.

Tendo em vista que o crime de tráfico de entorpecentes equipara-se aos crimes hediondos, responda, à luz da jurisprudência dos tribunais superiores e de forma justificada, aos seguintes questionamentos acerca da situação hipotética apresentada.

1 Daniel cumprirá necessariamente a pena em regime fechado ou o juiz poderá determinar que ele a cumpra em regime aberto ou semiaberto?

2 Nesse caso, a pena privativa de liberdade poderá ser substituída por penas restritivas de direito?

**7. GRUPO II – DIREITO PROCESSUAL PENAL E EXECUÇÃO PENAL**

MALOTE 01 – Considere a seguinte situação hipotética:

Processado e condenado pela justiça federal por crime de tráfico internacional de drogas praticado em 20/11/2006, João, réu primário, recebeu pena de reclusão de seis anos, a ser cumprida em regime inicialmente fechado. Após o trânsito em julgado da sentença penal condenatória, João foi recolhido em penitenciária estadual.

Com relação a essa situação hipotética, responda, de forma justificada, aos questionamentos a seguir, à luz do entendimento dos tribunais superiores.

1 A quem compete a execução da pena privativa de liberdade imposta a João?

2 Quais são os requisitos legais para a progressão do regime de pena privativa de liberdade no caso de João?

3 É possível ao juiz da execução penal utilizar exame criminológico para efeitos de progressão de regime?

4 Sendo o apenado solvente, o inadimplemento de pena de multa impede a progressão de regime?

(...)

MALOTE 04 – Considere a seguinte situação hipotética:

Marcos, apesar de alegar inocência, foi condenado pelo tribunal do júri, em sentença penal transitada em julgado, a pena de vinte e dois anos de reclusão, por crime de homicídio qualificado. Após ter cumprido três anos da pena privativa de liberdade em regime fechado, surgiram quatro testemunhas com provas cabais da inocência de Marcos.

Discorra sobre o instrumento processual cabível para reexaminar a matéria fática no caso em questão, indicando a natureza jurídica desse instrumento, o prazo para a sua apresentação e o modo de empregá-lo, haja vista a necessidade de oitiva das testemunhas.

**8. GRUPO II – DIREITO CONSTITUCIONAL**

MALOTE 04 – Tendo em vista que o controle de constitucionalidade é um dos mais importantes mecanismos de proteção da força normativa de uma Constituição, explique quais normas podem servir como parâmetro para fins de controle judicial de constitucionalidade concentrado no sistema constitucional brasileiro, no âmbito do STF e dos tribunais de justiça.

(...)

MALOTE 05 – No que toca ao controle difuso de constitucionalidade exercido pelos tribunais de justiça, discorra, fundamentadamente, a respeito:

1 do procedimento e dos requisitos para o controle difuso de constitucionalidade exercido pelos tribunais de justiça;

2 do entendimento jurisprudencial do STF quanto à obrigatoriedade de se observar a cláusula de reserva de plenário no caso de normas anteriores à CF e no caso de utilização da técnica interpretação conforme à Constituição.

Não há necessidade de profundidade no conhecimento jurídico, pois esta abordagem fora feita na segunda fase. Deve o candidato estudar de maneira geral, buscando-se uma grande extensão de conhecimento, mas pouca profundidade, o que não significa ser superficial na abordagem.

À semelhança de discussão anterior acerca do estudo do edital para primeira fase, o candidato deve buscá-lo a fim de conceituar todos os institutos jurídicos nele previstos, antevendo-se a abordagem da banca examinadora.

Apresentando-se, mais uma vez, um exemplo para clarear a abordagem de prova oral, que significa *papel iluminista do STF*? O tema voltou ao debate em razão da omissão na criminalização do *homotransfobia* (ADO 26 e MI 4.733).

Resposta: "é a função da Corte Constitucional de, em nome de valores racionais e com autocontenção e parcimônia, promover certos avanços sociais e civilizatórios e impulsionar o desenvolvimento da história, superando-se discriminações e preconceitos, prejudiciais ao Estado Democrático de Direito, e protegendo direitos fundamentais de pessoas socialmente estigmatizadas e excluídas, por exemplo, reconhecimento das uniões homoafetivas como entidade familiar equiparada às uniões estáveis convencionais (Brasil), violações massivas aos direitos dos presos (STF, ADPF 347 – *Estado de Coisas Inconstitucional*), possibilidade de utilização de banheiros públicos conforme a identidade de gênero pelos transexuais (RE/RG n. 845.779), deslegitimação da discriminação racial nas escolas públicas (EUA), proibição da pena de morte (África do Sul)."

Acima foi apresentado o conceito com exemplificações do papel iluminista de uma Corte Constitucional, devendo o candidato complementar a resposta diferenciando-o dos papéis contramajoritário e representativo da Corte Constitucional.

> "Não se confunde com o papel contramajoritário, na medida em que não tem a função de invalidar leis e atos normativos oriun-

dos dos Poderes Legislativo e Executivo, isto é, da vontade da maioria. Ademais, também se distingue da função representativa, por não expressar necessariamente a vontade da maioria".

Para melhor compreensão dos conceitos acima apresentados, remeto o leitor para meu artigo "autonomia pressuposta aos papéis iluminista e contramajoritário da Defensoria Pública" (Empório do Direito, 2016)[20].

O candidato deve focar essa abordagem no estudo antecedente à fase oral, dominando-se todas as diretrizes de cada instituto jurídico previsto no edital para a respectiva fase.

Como forma de comprovação acerca da abordagem dos concursos na fase oral, exemplifico com algumas perguntas/questões de concurso público[21]:

| V CONCURSO PÚBLICO DA DPE/MT (UFMT/2015-6) | |
|---|---|
| ***CONSTITUCIONAL/ HUMANOS*** | *(**i**) Discorra sobre a função socioambiental da propriedade e sua relação com a dignidade da pessoa humana; (**ii**) Em que consiste o neoconstitucionalismo? Qual sua relação com a Defensoria Pública?; (**iii**) Em que consiste o "amicus curiae"?; (**iv**) Discorra sobre a modulação de efeitos no controle de constitucionalidade; (**v**) Discorra sobre as "dimensões"/"gerações" dos Direitos Humanos, abordando aspectos históricos; (**vi**) Quais os deveres estatais que decorrem da proteção ao meio ambiente e de que forma o Defensor Público pode participar dessa proteção; (**vii**) Quem são os destinatários dos direitos fundamentais no Brasil?; (**viii**) Qual o papel da Defensoria Pública na atenção aos refugiados?; (**ix**) O papel de proteção aos refugiados somente pode ser realizada pela Defensoria Pública da União?* |

20. Disponível em: http://emporiododireito.com.br/autonomia-pressuposta/. Acesso em 25 dez. 2016.

21. As questões citadas envolvem turnos da fase oral ou mesmo questões mescladas da fase oral do concurso.

| V CONCURSO PÚBLICO DA DPE/MT (UFMT/2015-6) | |
|---|---|
| ***PENAL/PROCESSO PENAL*** | *(**i**) Em que consistem as medidas cautelares alternativas (MCAs) à prisão?; (**ii**) Quais os requisitos da prisão preventiva?; (**iii**) Como compatibilizar o princípio da não culpabilidade com MCAs de natureza penal que são impostas antes do trânsito em julgado da sentença condenatória; (**iv**) É possível aplicar a detração nos casos em que há aplicação de MCAs à prisão?; (**v**) Quais são os casos, no Processo Penal, em que não há necessidade de se analisar o critério econômico para o Defensor Público realizar a defesa?; (**vi**) Em que consiste a autodefesa no Processo Penal?; (**vii**) Em que consiste jurisdição no Processo Penal?; (**viii**) A pessoa jurídica pode ser sujeito ativo ou passivo de crimes no Direito Penal brasileiro?; (**ix**) Disserte sobre a política criminal no país; (**x**) Em que consiste teoria da árvore dos frutos envenenados?; (**xi**) Que é injusto penal?* |
| ***CIVIL/ CONSUMIDOR*** | *(**i**) Que um Defensor Público pode fazer nas ações de defesa ao consumidor? (**ii**) Quais as espécies de usucapião?; (**iii**) No Direito Obrigacional, quais as hipóteses de vencimento antecipado da dívida?; (**iv**) Em que consiste a Evicção e o Vício Redibitório?; (**v**) Fale sobre os direitos da personalidade e as mudanças corporais; (**vi**) Que é superendividamento? Como resolver esse problema para os Assistidos da Defensoria Pública; (**vii**) Caso prático sobre superendividamento: imagine um servidor público com facilidade de acesso ao crédito que acaba se endividando. Possui um salário bom, mas ao final do mês recebe apenas 30 reais em razão dos descontos dos créditos concedidos. A Defensoria Pública, nesse caso, pode atuar? E como pode solucionar esse problema? Deve-se ajuizar apenas uma ação revisional? Ou várias ações revisionais para cada empresa que concede o crédito? E como que é feito o pagamento pelo servidor público (como que pode racionalizar essa questão para haver o pagamento por parte do servidor sem prejudicar sua dignidade).* |
| ***TRIBUTÁRIO*** | *(**i**) Que é obrigação tributária?; (**ii**) Fale sobre a responsabilidade de terceiro.* |

| **V CONCURSO PÚBLICO DA DPE/MT (UFMT/2015-6)** | |
|---|---|
| ***PROCESSO CIVIL*** | *(i) Qual a diferença entre oposição e embargos de terceiro?; (ii) Qual a competência de um Mandado de Segurança impetrado contra ato do Defensor Público-Geral que realoca um Defensor Público para outra comarca?; (iii) Fale sobre o processo de interdição; (iv) Fale sobre a evicção e a denunciação da lide.* |
| ***INSTITUCIONAL*** | *(i) Quais as penas previstas para infrações disciplinares praticadas por Defensor Público?* |
| ***ECA*** | *(i) Discorra sobre a história do Direito da Criança e do Adolescente até o advento da doutrina da proteção integral; (ii) Quais atos extrajudiciais que o Defensor Público pode realizar em prol das crianças e dos adolescentes?* |

| ***II CONCURSO PÚBLICO DA DPE/RN (CEBRASPE/2015-6)*** | |
|---|---|
| ***1. CONSTITUCIONAL*** | *Caso prático. Tema: direito de reunião. Dados do caso prático: a Administração Pública negou autorização a grupo que pretendia manifestar-se de forma lícita e pacífica, em praça pública. Uma coletividade foi, então, até a Defensoria Pública para que esta impetrasse 'habeas corpus'. Comente sobre a medida cabível a ser ajuizada. A Defensoria Pública pode impetrar 'habeas corpus' para garantir o exercício desse direito? Cabe Mandado de Segurança? Quem são os legitimados para impetrar mandado de segurança coletivo? Reperguntas sobre direito de reunião. O direito de reunião é direito fundamental? Individual ou coletivo? Quais os requisitos para o seu reconhecimento? O que o Poder Público pode fazer caso os requisitos não sejam preenchidos?* |
| ***2. ADMINISTRATIVO*** | *Tema: possibilidade de uso de prova emprestada no PAD. Dados do caso prático: é possível a utilização de prova emprestada do processo criminal no Processo Administrativo Disciplinar? Considerando a independência de instâncias, quais efeitos a sentença penal tem na esfera administrativa?* |

| II CONCURSO PÚBLICO DA DPE/RN (CEBRASPE/2015-6) | |
|---|---|
| **3. PENAL** | *Caso prático. Tema: teoria da imputação objetiva. Dados do caso prático: um homem de 25 anos foi a uma festa universitária, onde ficou bêbado e veio a falecer ao afogar-se na piscina do local (que era rasa). O Ministério Público ofereceu denúncia contra os organizadores da festa. Explique sobre a teoria da imputação objetiva. Aplica-se ao caso concreto?* |
| **4. PROCESSO PENAL** | *Tema: ação penal privada; renúncia tácita; princípio da indivisibilidade. A não inclusão de suspeitos na queixa-crime configura, por si só, renúncia tácita ao direito de queixa? Qual a consequência da renúncia ao direito de queixa?* |
| **5. PROCESSO CIVIL** | *(CPC/1973). Tema: execução provisória das "astreintes". Dados do caso prático: ação judicial na qual houve antecipação de tutela com imposição de multa. Ainda não houve sentença. É possível execução provisória de multa diária (astreintes)? Qual a natureza jurídica da decisão que antecipa a tutela?* |
| **6. CIVIL** | *Tema: Responsabilização do fiador em caso de prorrogação do contrato de locação.* |

Antes de finalizar o tópico da prova oral, aconselho tenazmente ao leitor a pesquisa no *site* do *CEBRASPE* do *III concurso da DPE/PE (CEBRASPE/2017-8)*[22] com o escopo de buscar os *Malotes de Prova Oral*, haja vista que nesse certame a banca examinadora publicou também *Padrão de Resposta*, podendo o candidato treinar a arguição em casa (sozinho e com gravação ou acompanhado em arguição de terceiro), conferindo posteriormente o padrão de resposta com o devido comparativo ao conteúdo apresentado.

22. Disponível em: ***http://www.cespe.unb.br/concursos/DPE_PE_17_DEFENSOR/***. Acesso em 16 mar. 2019.

Treine! O raciocínio e a resposta que idealizamos nem sempre são os mesmos exteriorizados (o que de fato importa – *"princípio" da exteriorização da resposta no concurso*), por isso a importância do treinamento e do exercício prático oral.

# 6

# APROVAÇÃO FINAL, NOMEAÇÃO E POSSE

A aprovação no concurso público para o cargo desejado é o fruto concreto do concurseiro, o sonho diário e a meta perseguida. *Cada um colhe o que planta. (...) Plantou, colheu!*[1]

Não é incomum sonhar com o conteúdo dos estudos e, também, com o dia da posse e aprovações. Eu acordei por muitas vezes irritado, porque sonhava com a posse, mas, ao acordar, nada era real. Frustrava-me bastante ao despertar, mas a força e o foco restabeleciam.

Os sonhos com a posse e o exercício do cargo público, as nomeações de amigos, colegas e parentes, não podem ser motivo de esmorecimento, mas verdadeiramente de incentivo, de alento, pois demonstra algo palpável, meta alcançável por todos. O sol nasce para todos! Lembre-se sempre disso.

A aprovação final em concursos da Carreira Jurídica é uma escalada acompanhada pelo candidato. Em outras palavras, a

1. SOUSA, Mauricio de. CORTELLA, Mario Sergio. 2018, p. 56.

aprovação final é uma surpresa relativa, pois em cada etapa surge uma descoberta e uma expectativa de aprovação final, sendo a lista definitiva uma verdadeira consagração pública do merecimento, do mérito e do suor despendido.

Na minha primeira aprovação em Defensoria Pública Estadual (DPE/MA-2012) eu morava em João Pessoa-PB e basicamente estudava para concurso público, figurando a Advocacia privada, no momento final, como fonte de experiência, levantamento de fundos e comprovação de atividade jurídica, cuja demonstração foi desnecessária no primeiro momento.

Ser aprovado Defensor Público no Estado do Maranhão foi uma alegria incontida, a realização de um sonho: ingressar na carreira vocacionada à defesa dos necessitados e de grupos vulneráveis, no Sistema de Justiça em busca do efetivo justo, da justiça e do equilíbrio sociais, buscando-se empoderar os (hiper) miseráveis e o povo brasileiro em sua imensa maioria, dando-lhes autonomia. Sim, é possível, diante da larga vocação e das funções e atribuições conferidas à Instituição Defensorial.

O resultado final do concurso foi divulgado em 21 de março de 2012[2], data da homologação do certame, embora já tivesse conhecimento da colocação, uma vez que os aprovados formavam lista com notas, pontuações, a fim de levantar a ordem de classificação[3] para fins de escolha de lotação, comarca etc.

Em 31 de março de 2012 já estava fazendo um churrasco com banda musical no condomínio de meus pais, presença de amigos e familiares, discurso endereçado ao meu finado avô materno, muita comida e bebida, como forma de felicitar a aprovação.

---

2. Disponível em: http://www.cespe.unb.br/concursos/DPEMA2011/arquivos/ED_11_DPEMA_2011_RESULT_FINAL_NA_AVAL_TTULOS_E_CONCURSO1.PDF. Acesso em 02 jan. 2017.

3. Arts. 113-4 da LONDP.

Não basta gritar a aprovação, fazer ligações telefônicas e sair para jantar. Uma festa, ou comemoração similar para quem pode desfrutar a oportunidade, é essencial para o marco da vida, compartilhando-se a alegria do momento[4].

Sabe aquele dia inesquecível? Foi o meu, sobretudo porque comemorava com meu único irmão sua aprovação na residência em *anestesiologia* na cidade de Belo Horizonte-MG, além de poder arcar com alguns gastos da festa com um pouco dinheiro levantado com honorários advocatícios no curto período de tempo após conclusão do curso e exercício da profissão liberal da advocacia privada.

Em 23 de abril de 2012, isto é, 1 (um) mês após a publicação do resultado definitivo do concurso, estava eu em São Luís-MA tomando posse no *Teatro Arthur Azevedo (TAA)* com mais de 30 (trinta) novos colegas, em uma solenidade memorável, com a presença de inúmeras autoridades do Estado, familiares e amigos dos empossados, momento de muito entusiasmo, emoção e agradecimento, marcante na vida de qualquer concursando.

Em 2 (dois) anos, todos os aprovados no *IV concurso público da DPE/MA* foram nomeados e distribuídos nos Núcleos Regionais e Especializados da Instituição. Alguns poucos deixaram a Instituição para regressar aos Estados de origem ou proximidades. Poucos deixaram a Carreira Defensorial para buscar outra, seja pela *vocação* (identificação e aptidão), seja pelo objetivo inicial.

Entre a publicação oficial definitiva (com homologação do certame) e minha posse não tive tempo para pensar em mais nada relativo aos estudos, muito embora ainda continuasse

4. Drauzio Varella afirmou que "o homem é o conjunto dos acontecimentos armazenados em sua memória e daqueles que relegou ao esquecimento" (2012, p. 224). Faça desse momento especial uma memória indelével, não relegada ao esquecimento.

estudando numa rotina menos intensa ("vai que..."). Curto foi o espaço de tempo para organizar viagem, malas, hospedagem, nova vida e expectativas.

Após posse no cargo passei por um exíguo curso de formação, o que permitiu ter contato com Defensores Públicos da casa e outros profissionais e agentes públicos do Estado, além de conhecer a realidade geográfica das comarcas por meio de experiências vividas por outros colegas. Excelente troca de experiências e de conteúdos práticos.

Titularizei o Núcleo Regional de Açailândia (no Sul do Estado do Maranhão), passando a atuar nas searas da defesa criminal, tribunal do júri, execução penal, infância e juventude infracional, ou seja, todo o âmbito de atuação defensorial criminal.

Lembro-me de ver o depósito do pagamento mensal do subsídio em minha conta bancária. Não acreditava no montante, sobretudo porque veio com um mês e meio de salário.

No começo o valor é muito alto, impressionante! Depois se acostuma e passa-se a exigir mais em razão da complexidade da função e da amplitude de atribuições e cobranças institucionais e sociais. É natural do ser humano.

Com o primeiro salário (cujo extrato bancário guardo até hoje) comprei bens para meu novo apartamento individual na primeira comarca, pude trocar meu veículo meses depois, já que gostava do anterior, e ainda arquei com todos os custos do meu casamento em João Pessoa/PB.

Também comprei um escritório pessoal de casa, este o mesmo local da escrita do presente livro e ainda de sua respectiva atualização, servindo, ademais, para estudos, trabalho caseiro, produção acadêmica, gravação de aulas *on-line*, correção de provas e preparação de candidatos a nível nacional pelo curso *Mege*.

Após 2 (dois) anos de efetivo exercício na comarca, fui removido para o Núcleo Regional de Imperatriz, cidade distante 65 km (sessenta e cinco quilômetros) da anterior cidade e mais de 500 km (quinhentos quilômetros) da capital, sendo a segunda maior cidade do Estado.

Passei meu tempo final no Estado nessa comarca, onde atuei na defesa criminal, tribunal do júri e defesa das mulheres vítimas de violência, embora atuasse com outras funções institucionais da Defensoria Pública (educação em direitos), a depender da necessidade, convocações ou convites de colegas.

Durante quase 3 (três) anos e meio de atuação na DPE/MA continuei meus estudos diários, embora num ritmo não intenso e não destinado apenas ao concurso público, utilizando-me dos materiais já adquiridos para reler e aprofundar temas de atuação prática, cujo ritmo e constância intelectual me facilitaram após lançamento dos editais nos concursos da DPE/PE e da DPE/PB.

Embora realizado profissionalmente como Defensor Público na DPE/MA, a distância da minha bela região do Nordeste (AL, PE, PB, RN), com a qual tive maior contato quando criança/adolescente, pesou com o tempo, fomentando meus estudos para ingresso nas novas instituições, embora mantendo minha *arte de defensorar* sempre como foco.

Prestei ambos os concursos, inicialmente objetivando a DPE/PB (meu Estado de nascimento), embora tenha pousado definitivamente na DPE/PE, Estado circunvizinho, verdadeiro quintal de casa, dada a proximidade. Hoje cheguei, deveras, ao meu destino final: cidade de Recife, com atribuições e trabalhos de sonho, sempre agregando novidades, mudanças e adaptações.

O concurso da DPE/PB foi daqueles com duração excessiva, tempo maior do que 1 (um) ano, extenuante, difícil, com 5 (cinco) fases (objetiva, prático-subjetiva, oral, tribuna, títulos).

Mesmo após 1 (um) ano de homologação do certame, ninguém foi nomeado. Melhor dizendo, houve nomeação pela Defensoria Pública de 10 (dez) aprovados, mas a Casa Civil da Paraíba recusou dar publicidade no Diário Oficial[5], resultado de uma autonomia institucional normativa (Emendas Constitucionais n. 45/2004, 69/2012, 74/2013 e 80/2014), mas com vinculação real ao órgão Executivo, cuja Defensoria Paraibana ainda amarga um histórico de *órgão de assistência judiciária*, sem atuação política pertinente, coletiva, institucional-educativa, isto é, sem a marca moderna e revolucionária da Instituição Defensorial pós-democrática e pós-positivista, circunstância que vem mudando paulatinamente com a nomeação de novos colegas, mediante nova roupagem à instituição tão respeitada pelo povo.

Neste concurso pedi "final de fila" a fim de facilitar a nomeação e a posse dos demais candidatos, para cujo dia torço vigorosamente, sonhando com uma Defensoria Pública forte, proativa, humanista e revolucionária em meu Estado natal.

Já na DPE/PE foram 04 (quatro) fases do certame (objetiva, prático-subjetiva, oral e títulos). A segunda fase ocorreu no turno da tarde, no mesmo dia da fase objetiva, facilitando-se deslocamentos e gastos, malgrado o cansaço tenha sido maior, à semelhança com o IV concurso da DPE/MA (CESPE-CEBRASPE/2011-2).

O resultado final, com a devida homologação do certame, foi publicado no dia 30 de abril de 2015[6]. Tomei posse no dia 1.° de outubro de 2015, após cinco (05) meses da homologação do concurso, com o primeiro grupo dos aprovados, ao lado de

5. Disponível em: http://www.maispb.com.br/202144/paraiba-tem-173-municipios-sem-defensores-publicos-concursados-pedem-convocacao.html. Acesso em 03 jan. 2017.

6. Disponível em: http://www.cespe.unb.br/concursos/DPE_PE_14_DEFENSOR/arquivos/DPE_PE_DEFENSOR_ED._13_RES._FINAL_DOS_T__TULOS_E_CONCURSO.PDF. Acesso em 03 jan. 2017.

outros 23 (vinte e três) novos colegas, no auditório do IMIP (Instituto de Medicina Integral Professor Fernando Figueira)[7] em Recife-PE.

A notícia da nomeação foi-me dada diretamente por ligação telefônica do Defensor Público-Geral do Estado (DPG) quando estava em reunião no curso *Mege* em Imperatriz-MA discutindo estratégias de divulgação de conteúdo pelo curso com o coordenador-geral, professores e servidores administrativos.

Após publicação do resultado final do concurso eu marquei reunião com a equipe de gestão da DPE/PE e mais duas colegas aprovadas com o intuito de buscar informações do orçamento da Instituição, perspectivas da Carreira, remuneração, aposentadorias, lotações e acumulações dos Defensores e outras informações institucionais relevantes para quem ingressa na casa, o que começou a estreitar laços com membros da Instituição pernambucana, ávidos pelo ingresso de novos profissionais, razão da ligação telefônica do DPG felicitando pela nomeação.

Todos os aprovados foram devidamente nomeados, abrindo-se espaço para lançamento de outro edital de concurso público, em razão da inequívoca necessidade de ampliação do quadro pessoal da Defensoria Pública de Pernambuco , o que de fato ocorreu com o já encerrado e homologado III concurso (CEBRASPE/2017-8).

Neste concurso não fiz comemoração à altura e semelhança do primeiro (DPE/MA), porque voltar para a minha região do Nordeste já me era autossuficiente, sendo bastante, neste caso, um jantar com a família após a solenidade de posse.

Até hoje ainda fico extasiado em andar pelas ruas dos Estados de Pernambuco e da Paraíba com meu veículo, observando-se

7. Disponível em: http://www.anadep.org.br/wtk/pagina/materia?id=24593. Acesso em: 03 jan. 2017.

locais conhecidos desde a infância, como se aquilo não fosse real, nunca antes imaginado, já que minha vida já estava sendo inteiramente formatada a distância dos Estados de origem.

"Nós somos, de fato, aquilo que escolhemos e as consequências que assumimos"[8]. Como vale a pena ver o esforço despendido, o estresse acumulado, a tensão e a ansiedade em ebulição, noites mal dormidas, fins de semana com lazer prejudicados, distanciamento de amigos e familiares.

A recompensa exsurge à altura! O esforço[9] do caminho do concurso sempre é valioso, dignificante, retornando com bons frutos.

---

8. *Pensar bem nos faz bem*, p. 29.

9. "É de grande valor a ideia de que o esforço dedicado, metódico, organizado, faz a perícia. Ser competente numa determinada atividade não é fruto apenas de uma inspiração" (SOUSA; CORTELLA, 2018, p. 44).

# 7

# A CARREIRA E SUAS PERSPECTIVAS

A Defensoria Pública é uma instituição pública (órgão *de* Estado), permanente, autônoma (autonomias administrativa, financeira e funcional)[1], expressão e instrumento do regime democrático, vocacionada à defesa dos *necessitados* (econômicos, jurídicos, sociais, culturais, ambientais, existenciais, circunstanciais) e dos grupos sociais vulneráveis (hipossuficiência organizacional), à prestação de assistência *jurídica* integral e gratuita aos que comprovarem insuficiência de recursos, à promoção dos direitos humanos e à efetivação do acesso à Justiça, em todas as ondas renovatórias[2], concretizando-se um Estado Providência

1. Ver evolução constitucional com as EC n. 45/2004, 69/2012, 74/2013 e 80/2014.

2. Nos materiais de apoio do Mege costumo explicar que existem 3 (três) ondas renovatórias do acesso à justiça (Mauro Cappelletti e Bryan Garth). A primeira está ligada à assistência judiciária aos pobres e à gratuidade da justiça; a segunda, à promoção dos direitos difusos (tutela coletiva); e a terceira, à efetivação do acesso à justiça, ao processo de facilitação do acesso à justiça, com condução processual cooperativa (art. 6.°, CPC). Quanto à 1.ª Onda, foi levado em conta o valor elevado dos honorários advocatícios, das

(*Welfare State*) e garantidor de direitos fundamentais em todas as suas dimensões[3].

A base legal e constitucional fundante da Defensoria Pública está prevista nos artigos 5.°, inc. XXXV e LXXIV, e 134, ambos da Constituição da República Federativa do Brasil-CRFB

---

custas processuais, bem como a falta de informação sobre o que é Direito por parte dos indivíduos de baixa renda, tornando-se quase impossível o acesso à justiça. Então a situação da onerosidade, como também o formalismo nas relações jurídicas, dos serviços do Poder Judiciário, sempre foi algo que construiu barreiras às pessoas economicamente necessitadas, surgindo a necessidade de garantir a todos o acesso à prestação à tutela jurídica do Estado (1.ª onda do acesso à justiça). A despeito do caráter progressista da assistência judiciária gratuita, os interesses individuais não eram suscetíveis de efetiva análise, mesmo que todos tivessem a capacidade de colocar suas lides à apreciação do Poder Judiciário, surgindo então a 2.ª Onda. Torna-se essencial discutir a apreciação dos direitos da coletividade (Direitos Difusos e Coletivos), com os meios e instrumentos adequados. A partir dessa discussão, critica-se a utilização do processo civil tradicional, de cunho individualista, para a proteção de direitos e interesses difusos ou coletivos lato sensu. Especial atenção, nessa onda, ao Microssistema Processual Coletivo e ao intercâmbio normativo coletivo. Em relação à 3.ª Onda de acesso à justiça, como forma de efetivação desse direito fundamental e humano básico, temos os Juizados Especiais, os métodos adequados (alternativos) de solução do conflito (conciliação, mediação, arbitragem e outros modelos autocompositivos), Defensoria Pública. Busca-se atacar as barreiras de acesso à Justiça de modo mais articulado e compreensivo por meio da facilitação do aludido acesso, bem como com a condução cooperativa dos processos pelos magistrados, com o objetivo de incentivar a sua atuação ativa e direcionada a contornar os obstáculos burocráticos e formalísticos que impedem a prestação jurisdicional efetiva.

3. "Embora o uso da expressão gerações de direitos suscite polêmica, pois 'pode ensejar a falsa impressão da substituição gradativa de uma geração por outra, razão pela qual há quem prefira o termo 'dimensões' de direitos fundamentais' (Sarlet, 2008, p. 52), é certo que no processo de reconhecimento dos direitos fundamentais os direitos liberais e políticos foram os pioneiros, seguidos pelos direitos sociais e econômicos. No entanto, o 'reconhecimento progressivo de novos direitos fundamentais tem o caráter de um processo cumulativo, de complementaridade, e não de alternância' (Sarlet, 2008, p. 52), o que indica a maior precisão terminológica da expressão 'dimensões' de direitos fundamentais" (AZEVEDO, 2010, p. 48).

(com redação posterior à EC n. 80/2014); 1.° a 4.° da Lei Orgânica Nacional da Defensoria Pública (LONDP – LC n. 80/94); 5.° da Lei da Ação Civil Pública (LAPC – n. 7.347/85) e demais diplomas do Microssistema Processual Coletivo, quanto aos vulneráveis organizacionais, jurídicos e sociais[4].

Os destinatários da assistência jurídica integral e gratuita do Estado-Defensor não são somente os pobres (*necessitados econômicos*), os *beneficiários* (direito subjetivo: credores)[5] da gratuidade judiciária[6], cuja exegese do termo constitucional deve ser ampliativa como forma de assegurar a máxima eficácia das normas constitucionais ou, utilizando-se da expressão do STF registrada no acórdão da ADI 3.943/DF, seguindo-se "princípios hermenêuticos garantidores da força normativa da Constituição e da máxima efetividade das normas constitucionais"[7].

Nesse sentido escrevi em Artigo publicado em revista jurídica *on-line*[8]:

> Os destinatários da Assistência Jurídica Integral e Gratuita ("AJIG") prestada pelo Estado-Defensor são todas as pessoas

4. Neste momento deve o leitor buscar a leitura do texto normativo acima indicado. Em concurso público não basta olhar passivamente a indicação dos dispositivos legais (positivismo jurídico e legalismo), como mencionado alhures. Cabe ao concursando sempre seguir a leitura do texto legal respectivo, não se contentando com a remissão doutrinária ou mesmo conhecimento prévio do conteúdo normativo.

5. Ver artigos 98 a 102 e 1.072, inciso III, do CPC/2015 c/c Lei n. 1.060/50.

6. Rever distinção entre gratuidade da justiça, assistência judiciária gratuita e assistência jurídica gratuita apresentada no capítulo "passando na primeira fase", em quadro esquemático extraído do livro *Manual de Mediação para Defensoria Pública*.

7. Disponível em: http://www.stf.jus.br/portal/processo/verProcessoAndamento.asp?numero=3943&classe=ADI&origem=AP&recurso=0&tipoJulgamento=M. Acesso em 04 jan. 2017.

8. Disponível em: http://emporiododireito.com.br/autonomia-pressuposta/. Acesso em 04 jan. 2017.

necessitadas, as quais demonstrem "insuficiência de recursos" (art. 5.°, inc. LXXIV, CRFB), isto é, que estejam em situação de vulnerabilidade, seja de ordem permanente ou existencial, seja de caráter circunstancial ou momentâneo, consoante preceitua o artigo 4.°, inc. XI, da LONDP, cuja missão da Defensoria é, também, defender interesses individuais e coletivos de diversos grupos sociais vulneráveis que mereçam proteção especial do Estado.

A exegese limitadora do destinatário do direito fundamental da "AJIG" prestada pelo Estado ao critério econômico-financeiro já foi superada, não cabendo à Defensoria Pública defender interesses tão somente de "pobres na forma da Lei" e de pessoas que sejam "beneficiárias" (titulares de direito subjetivo estatal: credoras/destinatárias) da gratuidade da justiça (art. 98 do CPC/2015 c/c Lei n.° 1.060/50), confundindo-se conceitos jurídicos distintos de assistência judiciária gratuita, gratuidade judiciária ou da justiça e assistência jurídica gratuita (missão constitucional defensorial).

Se a Constituição brasileira (CRFB/88) instituiu como objetivo fundamental da República Federativa do Brasil "erradicar a pobreza e a marginalização e reduzir as desigualdades sociais e regionais" (artigo 3.°, inc. III), previu a Defensoria Pública como Instituição Permanente (art. 134, "caput", da CRFB c/c EC n.° 45/2004 e 80/2014), interpretar a missão constitucional da Defensoria como exclusiva "defesa dos pobres" implica evidente contrariedade.

Ou a Constituição previu objetivo republicano de impossível cumprimento ("erradicar a pobreza"), falseando seu desiderato aos cidadãos e destinatários da norma, devendo ter antecipado o verbo núcleo "reduzir" para todo o inciso III do aludido dispositivo constitucional ("reduzir a pobreza e a marginalização..."), ou negou o caráter permanente da Defensoria Pública, eliminando-se sua existência constitucional e sua necessidade institucional após concluso o trabalho hercúleo de erradicação da pobreza e da marginalização, cuja missão também lhe fora dada de vários modos pela LC n.° 80/94, a qual traça suas finalidades precípuas, interpretando-se adequadamente a Constituição do Brasil.

Assim, no contexto da correta exegese constitucional do termo *necessitado*, concluí que:

> Em outros termos, significa dizer que a Defensoria Pública não é mero órgão de assistencialismo social, de assistência judiciária gratuita, de defesa dos pobres e hipermiseráveis (por exemplo, pessoas cadastradas no Cadastro Único do Governo Federal), configurando-se como Instituição permanente, expressão e instrumento do regime democrático, defensora dos direitos humanos, prestadora de assistência jurídica integral e gratuita, individual e coletiva, pelo Estado, visando à defesa plena, integral, libertadora e empoderadora dos necessitados, buscando-se acesso à Justiça (ordem jurídica justa e cidadania efetiva), difusão do ordenamento jurídico e da informação cultural (instituição "amiga do ordenamento jurídico"), como forma de prevenir litígios (busca da paz social e combate à cultura da litigância judicial ou social) e promovendo avanços sociais, civilizatórios, democráticos, superando-se "barreiras ideológicas".

A Instituição Defensorial, ademais, tem a relevante missão de promover educação em direitos por meio da difusão e da conscientização dos direitos humanos, da cidadania e do ordenamento jurídico (instituição amiga da educação) e de priorizar soluções extrajudiciais dos conflitos com uso de métodos adequados para composição, resolução e administração de conflitos sociais e intersubjetivos (conciliação, mediação, arbitragem e demais métodos autocompositivos[9]).

Ambas as funções acima desafogam e desoneram o Judiciário, judicializando-se apenas demandas relevantes e impossíveis ou inviáveis de solução extrajudicial/administrativa, evitando-se o demandismo judicial e a litigância compulsiva, além de empoderar a sociedade e o povo, na medida em que

9. Atenção ao disposto nos arts. 4.°, inc. II, da LONDP, e 3.°, §§ 2.° e 3.°, do CPC.

"ordenamento jurídico respeitado pressupõe cidadão informado"[10], além do que "ninguém respeita o que não compreende"[11], sobrelevando-se a missão defensorial de difusão da cidadania e do conhecimento/ordenamento jurídico.

Impede-se, assim, e à guisa de exemplo, superendividamento financeiro de consumidores[12] e práticas abusivas no mercado de consumo, hipervulnerabilidade de idosos e crianças e adolescentes, relação verticalizada e masculinista no casamento ou demais entidades familiares, destruição ambiental; fomenta-se proteção da propriedade e da posse e do patrimônio pessoal, construção familiar afetiva, plural e participativa, tolerância religiosa, moral e de orientação sexual, cultura eleitoral e participação política[13], a noção de que "a satisfação da lisura moral supera o imediatismo do delito"[14], ou seja, constrói-se uma sociedade informada, autônoma, empoderada e livre; evita-se a disseminação do ódio,

10. *Ecossistema e tutela conscientizadora da Defensoria Pública*. Disponível em: http://justificando.cartacapital.com.br/2015/06/15/ecossistema-e-tutela-conscientizadora-da-defensoria-publica/. Acesso em 04 jan. 2017.

11. *Segredo de justiça: disputas, amores e desejos nos processos de família narrados com emoção e delicadeza por uma juíza*. 2014, pág. 140.

12. "É muito comum recebermos orientações empobrecedoras, como 'prefira pagar seu financiamento em um prazo maior', 'quem casa quer casa', 'peça a seu gerente um limite maior de cheque especial', 'nada como investir na segurança do dólar' ou 'investir em ações é um jogo de sorte ou azar'" (CERBASI, 2008, p. 61).

13. "O eleitor só se enxerga como tal na hora de cobrar favor de político. No resto do tempo, ele é pedreiro, comerciante, azulejista, vendedor, crente, católico, pai de família, flamenguista ou sei lá o quê. Ao contrário do político, o eleitor é absolutamente ignorante de seu papel no sistema que rege o país, o governo ou o município. É ignorante por decisão própria, porque o conhecimento não lhe interessa. E o conhecimento não lhe interessa por um único motivo: ninguém quer saber dos próprios defeitos. O manto da ignorância protege o eleitor da experiência, assaz desagradável, do autoconhecimento" (A República da Propina, págs. 41-2).

14. A República da Propina, pág. 146.

da intolerância[15-16] e da cultura da autotutela e da resolução privada e armada dos litígios[17].

Verdadeiramente, não passando de discurso romântico ou poético, a Defensoria Pública é *instrumento de transformação da realidade social*, figurando seus membros (e demais componentes da estrutura funcional) como construtores da dignidade humana, da redução de desigualdades sociais[18], econômicas, culturais (art. 3.°, incs. III e IV, da CRFB), do fomento à cultura da prevenção e da paz social por meio da promoção do bem comum.

A Defensoria consubstancia-se numa instituição essencialmente democrática, revolucionária, futurista. Ideais ultrapassados no campo do Sistema de Justiça estão sendo cada vez mais deixados de lado por força de atuação da Defensoria, contribuindo-se para um sistema coeso, plural e acessível.

---

15. "A sociedade brasileira, que vive assustada com a violência urbana, é omissa e conivente com aquela praticada pelo Estado, desde que a classe média e os mais ricos sejam poupados. Quando as câmeras de TV surpreendem um policial espancando populares, não faltam quem justifique: 'Se apanham é porque fizeram por merecer'. A filosofia do 'bandido bom é bandido morto' tem inúmeros adeptos entre nós. O massacre do Carandiru, em que perderam a vida 111 homens do pavilhão Nove, foi aplaudido por tantos, que o comandante da tropa, responsável pela operação se elegeu deputado estadual, com um número de candidatura que terminava em 111, para que não pairassem dúvidas entre seus eleitores" (VARELLA, 2015, p. 145). Atenção: "violência é doença contagiosa" (VARELLA, 2015, p. 146) ou "violência é remédio difícil de dosar" (VARELLA, 1999, p. 169).
16. "Tolerar é aceitar o diferente na condição em que ele está" (CORTELLA, 2013, p. 117).
17. "No Brasil daquela época (colônia), traições geralmente resultavam em crimes de honra – desde que o rival não fosse o imperador do Brasil, como se verá nos parágrafos mais adiante. Em um país profundamente católico e conservador, a vigilância sobre a moralidade das famílias era severa e às vezes cruel" (GOMES, 2015, p. 360).
18. "A responsabilidade de um defensor público e de outras autoridades é grande frente a uma população pobre, inculta e sem parentes ou amigos que possam ajudar a impedir injustiças" (FERNANDES; LIPP, 2017, p. 221).

Textos literários relatam sobremaneira a realidade do mundo, dos mundos, e não diferente do Brasil.

A *Rainha de Copas* no livro *Alice no país das maravilhas* anuncia "primeiro a sentença, depois o veredito" (CARROLL, 1871, p. 221), numa verdadeira inversão da lógica processual penal, a qual pressupõe a formação da culpa após devido processo legal com ampla defesa e contraditório, cujo provimento penal final não pode ser divulgado antes do veredito e da sentença, tratando-se, a bem da verdade, de realidade brasileira, cujo inquérito policial (APFD!) é o fundamento único das sentenças judiciais penais, cujos elementos e meios informais influenciam o julgador *im*parcial e cuja decisão de pronúncia com eloquência acusatória, conduz a formação da íntima convicção dos jurados. Ou seja, primeiro a sentença, a decisão; depois o processo, o veredito, a culpa.

Na mesma tônica, ABUD (2018, p. 158) aborda o princípio da presunção de inocência e de não culpabilidade, além da inversão da ordem natural dos acontecimentos processuais penais, asseverando que "no processo criminal de hoje, primeiro se prende, para depois saber se deve prender".

Segue-se, pois, a *lei do menor esforço*, probatório, investigativo e processual, esquecendo-se de que "o acusado é o débil do processo, ou melhor, a parte fraca da relação processual" (p. 47) diante da força do Estado-Acusação.

A Defensoria Pública enaltece seu papel de promoção da justiça e dos direitos humanos, da cidadania e do equilíbrio social[19], em todas as áreas, assim como na criminal, a qual é

19. "A sociedade faz questão de ignorar o que se passa no interior dos presídios. Tem lógica: se todos concordam que a finalidade da pena é apenas castigar os que cometeram delitos, porque haveria interesse em assegurar condições mais dignas de aprisionamento? Nossas cadeias são construídas com o objetivo de punir os marginais e de retirá-los das ruas, não com o intuito de recuperá-los para o convívio social. Preocupações de caráter humanitário com o destino dos condenados só ganharão força no dia em

rotulada[20] e estigmatizada[21] pela própria natureza estrutural e social do país[22], cabendo controle[23] de atos estatais diariamente.

A instituição é expressão e instrumento do regime democrático[24], cuja democracia (e não mera *pseudodemocracia*) é pressuposto para sua existência e manutenção, devendo lutar pela paz social e equilíbrio coletivo, cuja destruição da humanidade não pode ser uma realidade e característica pós-moderna, exigindo-se uma metamorfose cultural e ética, além de resgate do inconsciente coletivo[25] saudável.

---

que os criminosos das famílias mais influentes forem parar nas mesmas celas que os filhos das mais pobres" (VARELLA, 2012, p. 193).

20. "... o sistema de justiça brasileiro é implacável com o socialmente invisível. Para esse tipo de gente, o Estado somente aparece na hora da repressão, não sem antes ter falhado no cumprimento do seu dever constitucional de dar o mínimo existencial a sua gente" (ABUD, 2018, p. 120).
21. "As minorias quando não estão mortas, estão no banco dos réus. As varas criminais são o purgatório das minorias" (ABUD, 2018, p. 99).
22. A respeito da estigmatização do aprisionamento/encarceramento feminino como consequência da sociedade machista/masculinista, VARELLA (2017, p. 38) escreve que "de todos os tormentos do cárcere, o abandono é o que mais aflige as detentas. Cumprem suas penas esquecidas pelos familiares, amigos, maridos, namorados e até pelos filhos. A sociedade é capaz de encarar com alguma complacência a prisão de um parente homem, mas a da mulher envergonha a família inteira".
23. "Violência é a pior arma para enfrentar a loucura coletiva" (VARELLA, 2017, p. 106); "Todo mundo armado é igual a todo mundo desarmado" (p. 139); "Violência urbana é doença contagiosa de etiologia multifatorial" (p. 263).
24. Acréscimo ao art. 134, ***caput***, da CRFB, pela EC n. 80/2014.
25. "Jung falava de inconsciente coletivo de ordem universal. A etnoanálise retoma a noção de inconsciente coletivo, com a condição de não confundir coletivo com universal; o coletivo é próprio de cada cultura. A prática terapêutica depende do contexto étnico do sujeito que sofre. Não existe sujeito humano independente da sociedade familiar, política e religiosa em que ele nasceu e viveu. Uma imigração para a Europa não encontra nenhuma eficácia numa psicanálise conforme ao freudismo. Por isso é que a etnoanálise se impõe; ela não desqualifica nenhuma terapêutica, porque respeita a diversidade das tradições de cada cultura" (JULIEN, 2010, p. 41).

Anne Frank (2017, p. 341) desabafa:

> Não acredito que a guerra seja apenas obra de políticos e capitalistas. Ah, não, o homem comum é igualmente culpado; caso contrário, os povos e as nações teriam se rebelado há muito tempo! Há uma necessidade destrutiva nas pessoas, a necessidade de demonstrar fúria, de assassinar e matar. E até que toda a humanidade, sem exceção, passe por uma metamorfose, as guerras continuarão a ser declaradas, e tudo o que foi cuidadosamente construído, cultivado e criado será cortado e destruído, só para começar outra vez!

A luta pelos direitos humanos e pela manutenção da democracia, do equilíbrio social e da igualdade material[26] é missão da Defensoria Pública, ínsita em todas as atribuições e funções institucionais.

Este capítulo não tem como finalidade exaurir a normatividade e a vocação constitucional, legal e institucional da Defensoria Pública, remetendo-se o leitor aos artigos deste Autor acerca da Instituição, além de livros de Defensores Públicos e do Direito Institucional da Defensoria Pública, os quais retratam com aprofundamento necessário a seara institucional e a concatenação da missão defensorial com os vários ramos do Direito e da vida em sociedade.

Começar o trabalho na Defensoria Pública e exercer as missões democráticas e revolucionárias, saindo-se da esfera do lugar comum, da judicialização mecânica, irrefletida e compulsiva, da produção processual automatizada, exige empreendedorismo, força de vontade e base institucional pessoal e estrutural.

Cada Defensoria Pública estadual tem uma realidade inteiramente distinta das demais. Uns têm assessores, estagiários,

---

26. "Ser defensor público, com atuação em vara criminal, é ter contato diário com o outro lado da moeda, é ter a certeza de que o país é, de fato, muito desigual. Como canta o mestre baiano Gilberto Gil: 'De um lado esse carnaval/De outro a fome total...'" (ABUD, 2018, p. 207).

analistas; outros nada têm. Uns tem material de apoio mais que suficiente; outros contentam-se com *notebook* e *internet*; uns têm veículo institucional (não pessoal) para exercício funcional na comarca; outros são obrigados a se utilizar do próprio veículo para cumprir visitas institucionais, prisionais e de outras atribuições relacionadas ao cargo.

Se tiver apego ao comodismo e à estruturação institucional integral para exercício do cargo, importante conhecer um pouco da realidade da Defensoria e do respectivo Estado em que pretende ingressar, a fim de não se frustrar com a realidade de muitas delas, cujo sonho cai por terra.

Ser Defensor (a) Público (a) é desafiar-se diariamente, lidar com a miserabilidade e o sofrimento humano à *flor da pele,* chorar com o Assistido, mas não sofrer com ele, resistindo necessária e emocionalmente, superar angústias, entregar bens da vida, noticiar perdas de direitos ou meras expectativas, negar assistência judiciária para não prejudicar ainda mais o interesse ou a pretensão do usuário. Ou seja, acompanhar a vida alheia, seus sofrimentos, angústias e expectativas, da maneira mais integral e plena possível.

Ter um olhar poético diário é importante, quiçá essencial, no começo de quem está defensorando, pena de, ao visualizar situações que embrulham estômago, entristecer a alma, não saber lidar emocionalmente.

Lembro-me de que, quando iniciei a atividade defensorial no interior do Estado do Maranhão (região sul), tive vários choques diários de realidade. Jovem, acabando de completar 25 (vinte e cinco) anos de idade, de família com padrão médio-alto, há muitos anos morando na capital, mesmo tendo nascido no interior do Estado da Paraíba, passando a morar sozinho, distante, no interior do imenso Maranhão, lidando com uma realidade brutal, preocupante e estigmatizante da invisibilidade social e da vulnerabilidade organizacional.

Foi, assim, que vislumbrei a necessidade de um *olhar poético* das coisas, do cotidiano, do mundo à volta, pena de reagir tão somente ao visualizar a angústia alheia, não sabendo conter o sofrimento, absorvendo-o.

Não se vive perenemente de vitórias e glórias. Na Defensoria e nas demais funções sociais, humanísticas, lidadoras com as pessoas humanas, não é diferente, sendo preciso fortalecer os sentimentos, emoções, a fim de não ser pego de surpresa, fraquejando com o trabalho nobre, libertador.

Não estou a recomendar o *esfriamento da alma*, visto que para ser Defensor (a) Público (a) é preciso ter compaixão, auxiliar, saber servir na medida do possível e do necessário. Para tanto é preciso sentir, isto é, entender (não necessariamente na pele) a angústia do defendido[27] para poder utilizar-se do instrumental e do arsenal lhe dado pela Constituição e pela Lei para reparar, compensar, atenuar, prevenir e inibir conflitos.

A Defensoria Pública pressupõe contato com o povo. Não se trata de função voltada tão somente ao papel (ou ao *eletrônico* e mundo virtual solitário), ao mecânico, como profissionais de outras carreiras e funções fantasiam assim acontecer.

Exercer a missão de Defensor (a) Público (a) exige um misto de funções de psicólogo, assistente social, analista, médico, conselheiro (não invasivo), conciliador/mediador, pai-amigo/mãe-amiga etc., isto é, uma mescla de funções num só corpo funcional, cuja individualidade restritiva não entrega completude da missão defensorial.

Quanto se ganha para exercer tão nobre função? A realidade remuneratória da Defensoria Pública ("das Defensorias

27. Ler o artigo do Autor "vocabulário institucional: Assistido e Núcleo Regional" para compreender a correta nomenclatura do termo "assistido", "usuário da assistência jurídica integral e gratuita", "destinatário". Disponível em: http://justificando.cartacapital.com.br/2015/07/13/vocabulario-defensorial-assistido-e-nucleo-regional/. Acesso em 06 jan. 2017.

Públicas")[28] é muito diversa. Embora a Constituição trace uma diretriz remuneratória (arts. 134, § 4.°, parte final, c/c 93, inc. V, ambos da CRFB), há Defensoria Estadual cujos membros são muito bem remunerados, mas também há DPE com remuneração ainda insatisfatória, muito aquém de sua relevância e destinação social.

Como a Instituição vive uma evolução normativa e funcional, solidificando-se sua essencialidade sistêmica na sociedade brasileira e fortalecendo-se sua autonomia, prerrogativas, funções e atribuições institucionais, naturalmente se chegará a um patamar isonômico, incontornável e necessário.

Todo aquele que não gosta de se acomodar intelectual, acadêmica e pragmaticamente tem na Defensoria Pública seu ideal de vida. A Instituição, não exclusivamente, permite atuar com diversas searas do Direito e do cotidiano social, ampliando-se o conhecimento, as experiências, vivências (*mundividência*) e abordagens, na medida em que a atuação defensorial é múltipla, multifacetária.

A maior motivação de um (a) Defensor (a) Público (a) é, ou deve ser, o auxílio prestado ao outro, fazer o bem a qualquer custo, mudar a realidade social, econômica, estrutural e cultural do país, soerguendo-se dignidades alheias, libertando as pessoas da escravatura e invisibilidade sociais e da miserabilidade indigna, embora já tão comum quanto as demais frivolidades da vida.

Ampliar gestos de solidariedade por meio do trabalho. Tem algo melhor? Há quem seja humanista, religioso, assistencialista, solidário, auxiliador. Ser Defensoria significa fazer

28. Artigo 134, § 4.°, da CRFB: *"São princípios institucionais da Defensoria Pública a **unidade**,* a indivisibilidade e a independência funcional, aplicando-se também, no que couber, o disposto no art. 93 e no inciso II do art. 96 desta Constituição Federal." (*EC n. 80/2014*).

das missões pessoais mais humanas e dignificantes um ideal de vida por meio do trabalho, da função pública, previamente escolhidos com essa razão justificadora.

# 8

# DEPOIMENTOS DE COLEGAS DE CARREIRA

## 8.1. VITOR EDUARDO TAVARES DE OLIVEIRA[1]

### O sonho de ser Defensor Público

Todos nós temos sonhos e desejos, seja na área emocional, profissional ou qualquer outra esfera da vida humana. Os sonhos são sementes que plantamos sem saber ao certo que tipo de árvore vai nascer. Em suma, nossos sonhos são o somatório de nossa vivência, cultura, educação dos pais e da forma como queremos estar no mundo.

No meu caso, ingressei com 17 (dezessete) anos no curso de Direito sem nunca ter trabalhado e sem ter pais, irmãos ou

1. O Depoente é Defensor Público no Estado do Paraná (DPE/PR), ex-Defensor Público no Estado do Maranhão (DPE/MA), ex-Assessor de Ministro do STJ, aprovado na Defensoria Pública do Estado de Sergipe (DPE/SE), e pós-graduado pela Fundação Escola Superior do Ministério Público do DF e pela UNITAR (ONU).

primos formados em Direito. No primeiro semestre fui convidado para estagiar no escritório de advocacia do jovem senhor Dr. Hugo Braga, onde aprendi a redigir melhor, elaborar as primeiras petições, administrar um escritório, atender clientes e, lógico, escutar as histórias do chefe. Depois dessa experiência estagiei em outros escritórios, no Ministério Público e fui monitor de alguns professores da faculdade onde estudei.

Durante os cinco anos de curso eu não soube o que era Defensoria Pública, seja pela pouca informação passada em sala de aula sobre seus serviços, seja pela minha falta de curiosidade (ignorância), sendo que quase desisti do curso para fazer jornalismo, pois sempre achei o curso de Direito muito formalista e pouco voltado às questões sociais.

Após me formar e decidir não aceitar as propostas para trabalhar na advocacia privada, resolvi estudar para concurso, sem saber ao certo para qual carreira. Fui convidado por um amigo para ser colaborador na Defensoria Pública da União (DPU), em Brasília, e eu acetei o convite que me daria a possibilidade de aproveitar o tempo com a experiência jurídica para as carreiras do Ministério Público e da Magistratura.

A experiência na DPU foi inesquecível e a Defensoria Pública se tornou um sonho profissional. A busca pela justiça social, a possibilidade de trabalhar com a população mais necessitada, contribuir para uma carreira nova, na arcaica estrutura do Sistema de Justiça, a possibilidade de criar novas teses para um ramo de interesses esquecidos pela advocacia privada e os milhares de desafios que o Defensor Público enfrenta no seu cotidiano, foram os maiores incentivos para começar os estudos para essa carreira (desde então amada).

A jornada até a posse no cargo de Defensor Público não foi fácil por dois motivos principais. O primeiro está ligado à dificuldade das provas que exigem o mesmo conteúdo e preparo que as carreiras do Ministério Público e da Magistratura, ou seja, foram necessárias várias horas de estudo, viagens para fazer as provas e muita paciência. O segundo, referente à falta de recursos da Defensoria Pública, a qual muitas vezes demora meses ou até anos para dar posse aos aprovados no certame público.

Estudar para o concurso não é tarefa fácil, pois exige disciplina, abnegação e muita força de vontade, sendo que quando escolhemos uma carreira o foco é maior e sempre aproveitamos o estudo para outros concursos da mesma carreira.

O meu sonho parecia ter sido realizado quando eu fui aprovado para o concurso de Defensor Público do Estado do Maranhão, após dois anos de estudo que eu cumulava com dois empregos (professor do núcleo de prática do *Uniceub* e assessor jurídico da Secretaria da Mulher do Distrito Federal) e a pós-graduação (na FESMPDFT), mas aguardei mais dois anos para tomar posse, tendo em vista a falta de orçamento da Defensoria Pública estadual para nomear todos os aprovados no concurso. Durante a espera eu continuei os estudos e fui aprovado na Defensoria Pública do Estado do Sergipe e na Defensoria Pública do Estado do Paraná.

E foi na Defensoria Pública do Paraná que eu escolhi exercer a carreira dos meus sonhos, mas também esperei a posse (por falta de orçamento da DPE-PR), sendo que durante dois anos eu exerci o cargo de Defensor Público no Estado do Maranhão.

Nesses dois anos aprendi e comecei a viver um roteiro clássico: deitar na cama, pensar no antigo-eterno lar, nos quilômetros de distância, pensar nas pessoas amadas, no que eles estão fazendo sem você, nos risos que você não riu, nos perrengues que você não estava lá para ajudar. É tentar, sem sucesso, conter essa tristeza e suspirar sabendo que é o único responsável pela própria escolha. No dia seguinte, ao acordar, já está tudo bem. A vida escolhida volta a fazer sentido.

São Luís, Açailândia e Imperatriz (as comarcas em que trabalhei) me ensinaram em dois anos e alguns meses muitas coisas, mas, principalmente, a mais importante foi como reagir ao choro do Assistido, seja por emoção, seja por raiva, seja por alegria, ou seja, porque ele finalmente teve seu pedaço de justiça. Esse aprendizado não se adquire nos bancos da escola, das universidades, nos estudos para o concurso público, mas somente na árdua tarefa de promover a justiça ao necessitado. Colecionamos histórias tristes e felizes. Às vezes vemos o Assistido chorando, sempre fico sem graça nessas situações de emoção, mas esse choro, o sorriso e o "obrigado" que recebemos dos nossos assistidos são a maior força para continuar o trabalho e sentir orgulho de ser Defensor Público.

A Defensoria Pública é a carreira mais jovem da justiça brasileira, irmã caçula do Ministério Público, com poucos recursos públicos, pouca estrutura e poucos funcionários, mas de crucial relevância para dar voz e lutar pelos direitos dos mais necessitados. Não há como falar em justiça sem nos lembrarmos de que vivemos numa democracia e os mais humildes necessitam ter seu dia na Corte.

Durante minha jornada de estudos, minhas inúmeras viagens e conhecendo as pessoas aprovadas no concurso da Defensoria Pública percebi que o perfil do candidato aprovado é de uma galera seleta, motivada por ideias que não são só corporativas, mas, principalmente, pela vontade de fazer diferente, revolucionar o sistema de justiça e abrir a venda dos olhos da justiça para que os problemas e as injustiças da classe mais necessitada sejam vistos, julgados e assegurada sua parcela de justiça ao fim do dia.

Os aprovados no concurso da Defensoria Pública poderiam estar em outras carreiras, recebendo mais, sendo mais reconhecidos (vulgo prestígio), não precisando mendigar orçamento todos os anos com o Poder Executivo, tendo uma estrutura de trabalho mais adequada, mas eles escolheram a caçula da justiça.

Aqueles que estudam para o cargo de Defensor Público, que escolheram a irmã caçula da justiça, saibam que a batalha é árdua, os desafios gigantescos e há muito trabalho a se fazer. Todavia, saibam também que eu me sinto exercendo o cargo que me possibilita estar mais próximo das pessoas carentes de recursos financeiros e que no cotidiano me ensinam as coisas mais importantes da vida. Posso dizer com tranquilidade que o ato de *defensorar* é um ato de coragem, de esperança, contra-majoritário e extremamente gratificante.

A árvore do meu sonho profissional, que plantei no passado, germinou, cresceu, tem cor verde (esperança) e é fator de orgulho e felicidade na minha vida. Posso confessar que, ao final do dia, sempre saiu da Defensoria Pública com um sorriso no rosto e com a sensação de dever cumprido.

## 8.2. JOSÉ BATISTA DE MORAES[2]

Minha origem pobre me permitiu perceber, não na amplitude que gostaria, como as pessoas carentes veem o Judiciário. Nasci em família pobre. Vi, e ainda vejo, como as pessoas pobres olham para os operadores do Direito. Olham de baixo para cima, porque a sociedade criou esses mentirosos planos, como se dirigissem a alguém mais importante.

O mundo do Judiciário, aceitem minhas desculpas se pareço exagerado, parece repelir as pessoas pobres: os prédios suntuosos, vestes talares, o linguajar que promove um distanciamento enorme entre o operador do Direito e o hipossuficiente que, quase sempre, não teve oportunidade de se instruir.

---

2. O Depoente é Defensor Público no Estado de Pernambuco (DPE/PE), titular do Núcleo de Caruaru-PE, ex-Papiloscopista Policial Federal, ex-Enfermeiro, aprovado no II concurso público da Defensoria Pública do Estado do Rio Grande do Norte (DPE/RN) e pós-graduado em Enfermagem e Educação e em Direito Processual Penal.

Penso, e morro de medo que isso não passe de uma visão romântica, que a Defensoria tem um papel de inclusão e intermediação. Incluir o necessitado, na medida do necessário, no mundo do Direito, orientando, explicando e auxiliando na busca de seus interesses. Incluir os operadores do Direito no mundo dos pobres, traduzindo as necessidades pessoais daquele que ora reclama uma pensão alimentícia que não passará de R$ 200,00 (duzentos reais), que quer reconhecido o seu direito que nem sabe ser dele detentor. Intermediação: ser uma ponte entre esses dois mundos ainda distantes.

Ultrapassadas as considerações sobre como vejo a Defensoria, tratarei da estratégia de estudos utilizada para nela ingressar.

A preparação e estratégia de estudo que utilizei, aviso logo de início, não vale para todos, mas só, pelo menos a maioria do que irei falar, para os que precisam equacionar o tripé: trabalho, família e estudo. Um tripé difícil de equilibrar. Toda a minha estratégia teve que se amoldar ao fato de eu ter passado nos primeiros concursos antes de fazer Direito, de ter feito faculdade de Direito depois dos trinta anos de idade e voltar a fazer concurso com quase quarenta, quando já tinha família constituída. Fiquei muito tempo parado e a retomada não foi fácil.

Logo que comecei a estudar, antes de fazer Direito e quando fazia concurso para cargos de nível médio, lia um monte de coisa, lia quase tudo. À medida que eu lia, eu me sentia seguro do que havia lido, certo de que o conhecimento estava armazenado. Então lia quase tudo. Minha estratégia era ler o máximo de coisas e depois começar a treinar, a fazer exercícios. Foi a pior estratégia que montei. Nunca devia ter feito isso. Quando comecei a resolver questões, notei que já havia esquecido muita coisa ou aquilo que lembrava nem sempre era útil para resolução das questões. Eu havia sido traído pelo meu cérebro que sempre armazenava o que parecia prazeroso, mas não o que me seria útil. Por causa disso fui reprovado em vários concursos.

Comentei acima que minha meta era equacionar, mantendo a importância de cada um, família, trabalho e estudo, e, por isso, tive que mudar minha estratégia.

Mudei. Quando começaram a sair os concursos que eu pretendia, eu tive que criar uma estratégia que permitisse estudar sem comprometer o desempenho no trabalho e o papel de pai.

Logo que uns dos editais para Defensoria Pública foi lançado, eu perdi algum tempo, acho que todo um final de semana, elaborando uma estratégia que fosse exequível e viável, o que passou a ser basicamente o seguinte:

1. Criei uma tabela com minha **rotina semanal**, detalhando o tempo disponível para estudo em cada dia, em cada turno. Somei a quantidade de horas úteis por semana. Não era estudante profissional, não dispunha de todo o tempo para estudar e, por isso, precisava otimizar o tempo da melhor maneira possível.

2. Montei uma **tabela com todas as disciplinas** que pretendia estudar e dava, para cada uma, uma nota de importância. Era uma maneira de definir, partindo do grau de dificuldade e nível de importância para o concurso desejado, a quantidade de horas que iria estudar cada disciplina. Já sabia que não daria para ler todo o assunto e precisava definir prioridades. Nessa tabela, eu escrevia uma coluna com as disciplinas, uma com um grau de importância (um percentual), outra com a quantidade de horas por semana.

3. Voltei para **primeira tabela e distribuí**, pelos turnos, as **disciplinas** que estudaria, incluindo os dias de resolução de questões e leitura de informativos. Por exemplo, se eu dispunha de 30 (trinta) horas semanais e havia 15 (quinze) disciplinas para estudar, nem todas ficariam com 02 (duas) horas semanais, algumas ficavam com até 03 (três) e outras com 01 (uma) só.

4. Depois eu **criei um calendário geral**. Sei que isso pode parecer exagero, mas, como sempre gostei de usar editor de planilhas, fazia isso com relativa facilidade. Meu calendário tinha todos os dias até o dia da prova. Nele, eu previa a maioria dos eventos e sabia exatamente a quantidade de tempo para estudar. A última semana era para revisão, mesmo que eu não tivesse visto o assunto por completo. O dia anterior ficava sempre sem nenhuma atividade, nada a ser estudado. No último concurso, como havia poucas coisas que leria, eu fiz a previsão de páginas a serem lidas por dia e distribuí no calendário. Todo dia eu verificava se a meta estava sendo atingida. Fazia isso para não ter aquela sensação de que não daria tempo. Eu já sabia, de plano, que não daria tempo e pronto.
5. **Selecionei o material de estudo** logo no **início**, mas fiz algumas alterações depois. Durante o período da faculdade eu sempre lia os manuais, mas para os concursos passei a dar preferência aos resumos, pois pretendia revisar a maior parte possível do programa.
6. Lia e **fazia pequenos resumos, rápidos**. Lia sempre **grifando**, mas grifando pouco. Usava duas cores, vermelho para afirmações e azul para negações, pois ficava fácil de revisar o que foi lido.
7. Um dia na semana (normalmente era sábado) ficava reservado para **resolução de exercícios** e eu resolvia até mesmo questões de assunto que não tinha lido ainda (isso me pareceu bom, porque depois, quando lia o assunto no livro, eu fazia uma rápida associação). Resolver questões sempre me pareceu importante; era nesse momento que notava as falhas e pontos fracos.
8. Criei um **arquivo** num editor de textos que ficava sempre aberto enquanto fazia questões. Nesse arquivo, eu

**anotava lembretes** daquilo que mais errava, montei esquemas para fugir das pegadinhas e criei alguns mnemônicos (não é bom exagerar nisso, às vezes atrapalham mais que ajudam). Estes lembretes tomaram, em pouco tempo, a textura de um resumo e passei a lê-lo no penúltimo dia antes das provas (último de estudo). Todas as questões que eu errava, eu anotava para refazê-las. Pode até parecer piada, mas, em muitos casos, eu errava de novo a mesma questão.

9. Passei a usar um ***timer*** que tocava a cada **30 (trinta) minutos**. Isso é coisa minha, mas pode ser útil para algumas pessoas. Explico melhor o uso desse temporizador. Tenho problema de coluna, duas hérnias de disco com as quais convivo bem, mas preciso tomar alguns cuidados, entre eles, não ficar muito tempo sentado (se não eu travo. Não é exagero, eu travo mesmo!).

Outro problema, também resolvido pelo *timer*, era perder o foco por causa das redes sociais. Então eu fazia o seguinte, sempre que o *timer* disparava, eu levantava, esticava as pernas, a coluna, e, na segunda vez que tocava, eu também olhava o celular. Intercalava de modo a só olhar o celular a cada uma hora. O celular ficava com as redes sociais silenciadas e a cada uma hora eu dava uma olhada. Eu notei, muito cedo, que não tenho um cérebro bom para multitarefas, só dou conta bem de uma coisa de cada vez. Não dava para estudar e acompanhar o *Facebook* ou *Whatsapp* ao mesmo tempo e também não dava para simplesmente ignorá-los.

As redes sociais também eram um recurso para os estudos. Uma das vantagens que notei foi participar de grupos de modo a criar um mundo em que todos têm um objetivo semelhante ao seu. Quando eu fazia isso, passava a viver a ideia dos concursos com mais intensidade. Só conversava com pessoas que tinham o mesmo objetivo.

10. Por fim. Cada ideia nova, como uma dica pessoal de memorização, eu anotava. A velocidade como essas ideias surgem, por conta da grande quantidade de assunto a ser estudado, faz com que o cérebro se dedique às mais recentes e esqueça as antigas. Quando assistia às aulas não anotava praticamente nada que o professor falava, mas se tivesse uma ideia interessante ou fosse dito algum "bizu", eu anotava de imediato. Não confiava que lembraria de tudo e anotava. Com essas anotações criei o arquivo de que falei há pouco e usava para ler no último dia de estudo. Esse arquivo chegou a ter mais de quarenta páginas.

Quanto às provas discursivas. Minha estratégia de estudos se assemelhou muito ao que fazia para as provas objetivas como o diferencial do treino. Todas as leituras da primeira fase estavam grifadas e eu lia só os grifos e o assunto que não havia lido na primeira fase. Dedicava boa parte a treinos de confecção de peças. Essa confecção não era bem um teste sobre o domínio de certo assunto, mas um treino sobre estrutura textual. Todos os sábados eu fazia diversas peças e as comparava com textos prontos, com respostas padrão.

## 8.3. RAFAEL MAIA TEIXEIRA[3]

Oriundo de família de servidores públicos, ingressei na Universidade Federal do Ceará, no Curso de Direito, em 2007, já pensando em fazer concursos. Não tinha, naquele momento, ideia de que carreira seguir, tendo apenas a certeza de que

3. O Depoente é Defensor Público no Estado do Ceará (DPE/CE), Ex-Juiz de Direito no Tribunal de Justiça do Estado do Rio de Janeiro (TJRJ), Ex-Analista do Ministério Público da União (MPU), nomeado Promotor de Justiça do Ministério Público do Maranhão (MPMA) e aprovado Defensor Público da Defensoria Pública do Estado de Goiás (DPE/GO). Pós-graduado em Direito Penal e em Direito Processual Penal.

ingressaria no serviço público. Durante a faculdade, entretanto, não me dediquei aos estudos para o objetivo pretendido inicialmente, havendo momentos, inclusive, que tive vontade de exercer a advocacia após a faculdade, por me identificar com a rotina e com os desafios da carreira, sobretudo quando estagiei em um grande escritório de advocacia. No entanto, ao colar grau, em dezembro de 2011, decidi que iria prestar concurso público, não tendo certeza ainda de que carreira seguir.

Em janeiro de 2012, então, iniciei os estudos para concurso, com a intenção de ingressar na advocacia pública. Fiquei seis meses estudando para esse objetivo, juntamente com o exercício da advocacia, já que as condições financeiras da minha família não me permitiam ficar somente nos estudos. No sexto mês, fui convidado para assessorar um magistrado no interior do Estado. Passei cinco meses na função, porém o ritmo de trabalho estava sendo óbice para a minha preparação, motivo pelo qual resolvi pedir exoneração do cargo.

Em janeiro de 2013, voltei para a advocacia, sempre com um ritmo que não prejudicasse os meus estudos. Cheguei a fazer em 2013 um concurso para Cartório, conseguindo ser aprovado para a oral. Entretanto, vi a dificuldade dessa espécie de certame quanto ao lapso temporal para ser finalizado, o que me fez desistir desse caminho, faltando até mesmo a prova oral. Resolvi, então, prestar concursos para Defensor Público, Promotor de Justiça e Juiz, sendo todos estaduais. Durante o período em que estive como assessor de magistrado, tive uma identificação significativa com matérias dessas carreiras, a exemplo de Direito Penal e de Direito Processual Penal, o que nunca havia acontecido desde a faculdade até aquele momento.

Em 2013, consegui aprovação para Analista do Ministério Público da União, momento em que percebi que estava no caminho certo. Ainda em 2013, fiz cinco primeiras fases. Passei nas primeiras fases do Ministério Público do Distrito Federal e Territórios (MPDFT) e do Ministério Público do Estado de Goiás (MPGO), o que me deixou muito feliz e motivado. Neste momento, as reprovações já me deram a primeira lição: não é recomendável ir para uma prova sem saber, pelo menos, o básico de uma das disciplinas elencadas no edital. Reprovei nos concursos por uma diferença de um a três pontos da nota de corte, porque estava fazendo as provas sem estudar nem o básico de disciplinas pontuais. Lembro que fiz a primeira fase da Defensoria Pública do Distrito Federal (DPDF) sem estudar Direito Tributário e fiz a prova objetiva do Tribunal de Justiça de São Paulo (TJSP) sem estudar Direito Eleitoral, por exemplo. Em todas essas, como já mencionei, reprovei, mas sabendo o motivo da reprovação. E o raciocínio era simples: não sabendo nem o básico, errava questões muito simples, acarretando a queda significativa na minha pontuação.

Em 2014, foi o grande ano. Apesar de ter iniciado com reprovação nas segundas fases do MPDFT e do MPGO, passei em várias primeiras fases (Tribunal de Justiça do Mato Grosso – TJMT, Tribunal de Justiça de Minas gerais – TJMG, Ministério Público do Maranhão – MPMA, Defensoria Pública de Goiás – DPE/GO, Tribunal de Justiça do Rio de Janeiro – TJRJ e Tribunal de Justiça do Distrito Federal e Territórios – TJDFT). Além disso, assumi o cargo de Analista do Ministério Público da União, cuja aprovação se deu em 2013. Foi um ano de mudança de residência, de costume, de rotina. Foi um ano extremamente difícil, o que, contudo, não me fez pensar em parar os estudos nem por um segundo.

Reprovei em segundas fases (TJMT e TJMG), mas consegui ser aprovado na segunda fase do MPMA e da DPE/GO, sendo que, na Defensoria Pública de Goiás, não havia prova oral, o que me deixou extremamente satisfeito pela grande vitória. Em seguida, tive a notícia de que fui aprovado na prova oral do MPMA, sendo, portanto, mais um momento de marcante realização.

Em seguida, fiz as provas de sentença do TJRJ. Fui extremamente pessimista para a prova, por não ter estudado especificamente para aquele concurso. Então, fui sem quaisquer cobranças pessoais, o que é difícil para o concurseiro. Fiz a prova com tranquilidade, mesmo com sentenças complexas a serem resolvidas. Em poucas semanas, saiu o resultado dessas provas de sentença e, para minha felicidade, também fui aprovado, mesmo tendo ido para a prova totalmente desacreditado. Após, em dezembro, fiz a oral do TJRJ e, enfim, terminei o ano com mais uma aprovação.

Aos 25 anos de idade, havia passado para os cargos de Analista do Ministério Público da União, Defensor Público de Goiás, Promotor de Justiça do Maranhão e Juiz do Rio de Janeiro. Nesta época, a felicidade transbordava. Estava orgulhoso do meu desempenho. Objetivos vistos inicialmente como distantes estavam extremamente próximos de serem alcançados.

Naquele momento, ainda, ficaram claras duas lições. A primeira é que o candidato tem que acreditar nele mesmo. Nós somos os principais agentes transformadores da nossa própria vida. Mesmo que não tenha estudado especificamente para uma prova, o candidato acumula conhecimento, o que pode resultar em aprovação como essa do TJRJ. A outra lição é: faça provas sem o peso costumeiro. A pressão pessoal do candidato não raramente é o maior fato impeditivo da sua aprovação. Sempre confie no que estudou.

Então, em janeiro de 2015, tomei posse no cargo de Juiz do Tribunal de Justiça do Estado do Rio de Janeiro, momento marcante da minha vida. Era um excelente cargo, e tomei posse como o Juiz mais novo do Tribunal. Porém, mesmo com essa grande realização, não parei meus estudos, conciliando-os, a partir daí, com curso de formação e com as atividades diárias da magistratura. Tinha o objetivo de retornar para o meu Estado.

No curso de formação, havia aulas no turno da manhã e exercia as atividades da magistratura no período da tarde e no início da noite. Naquele momento, já havia passado na primeira fase da Defensoria Pública do Estado do Ceará. Com isso, mantive firme o estudo à noite, após toda a rotina do dia. Foram dias cansativos, dias em que superei meus limites. Meu corpo não aguentava, mas minha cabeça continuava firme com meus objetivos. E, assim, permaneci.

Meses depois, tive a notícia da aprovação na segunda fase da Defensoria Pública do Ceará e, então, continuei os estudos para a prova oral, mesmo com a rotina de trabalho cada vez mais intensa no TJRJ. Ao final, depois de todo esse esforço, obtive a aprovação. Estava preparado para voltar ao meu Estado. E, assim, foi em novembro de 2015, quando retornei ao Ceará, tomando posse no cargo de Defensor Público do Estado, cargo em que permaneço até os dias atuais.

Quanto à caminhada para aprovação, como estudava basicamente sozinho, ficava bastante em grupos na "internet", sobretudo no "Facebook", para ler depoimentos de aprovados e para acompanhar as notícias dos concursos, além de sempre estar atento às dicas dadas por outros candidatos e por cursos preparatórios.

Além disso, na minha caminhada, não tinha medo de encarar provas de concurso. Sabia que a reprovação era o caminho quase que inevitável até chegar à aprovação. Com esse pensamento, não deixava de fazer prova por achar que não estava completamente preparado (porém apenas iniciei as viagens para concurso quando tinha um mínimo de chance de ser aprovado, o que analisava com meus desempenhos em resolução de questões). Tive coragem, viajei e consegui aprovações. É como sempre falo: somente passa quem faz concurso!

Ademais, durante a minha preparação, li não somente uma vez o meu material de estudo: li e reli MUITAS vezes todo o meu material. Muitos candidatos se enganam achando que uma leitura sobre o tema já o habilita para obter um bom desempenho nos concursos. Em verdade, como costumo falar, "mais importante do que estudar é revisar". Dito de outro modo, é imprescindível ter seu material de estudo e ler este mesmo material inúmeras vezes. Isso é extremamente importante, e o candidato vai percebendo a evolução à medida que vai repetindo a leitura, já que vai fixando a matéria de maneira mais sólida em sua memória.

Para finalizar, destaco que, mesmo com momentos de desânimo, sempre acreditei em mim. Não sabia quanto tempo levaria para passar (se um, três ou dez anos), mas tinha uma certeza: a aprovação chegaria, o que estava dependendo apenas de mim, da minha força de vontade. Sempre pensava ainda que, quando o objetivo fosse atingido, tudo seria recompensado. E, atualmente, após conseguir as aprovações e tomar posse nos cargos públicos, tenho exatamente essa sensação: tudo foi recompensado! Com muita fé, estudo, esforço, dedicação e persistência, consegui essas vitórias. É o momento de olhar para trás e perceber que realmente todo o esforço valeu a pena!

## 8.4. ALEXANDRE GIANNI DUTRA RIBEIRO[4]

### Minha experiência com concursos públicos e a arrebatante e inesperada paixão pela Defensoria Pública

Desde o início da Faculdade de Direito eu já tinha em mente que o concurso público seria o meu caminho profissional,

4. O Depoente é Defensor Público do Distrito Federal (DPDF) desde 2003; foi membro (eleito) do Conselho Superior da Defensoria Pública do Distrito Federal (biênio 2016-2018); Diretor Legislativo da Associação dos Defensores Públicos do DF (ADEP/DF) e membro da Diretoria da Associação Nacional dos Defensores Públicos – ANADEP (2006/2012); Presidente da Comissão instituída pela ANADEP para análise do projeto do Novo Código de Processo Civil (2010-2011); Coordenador do Núcleo de Defesa do Consumidor e Ações Coletivas da Defensoria Pública do Distrito Federal (2008/2012); membro da banca da prova oral do concurso para Defensor Público do Distrito Federal (2014); Procurador do Banco Central (2003); Graduado em Direito pelo Centro Universitário de Brasília – UNICEUB (2000) com especialização em Direito Constitucional (2006).

afinal eu morava na capital federal e vinha de uma família de "servidores públicos" – meu pai delegado de polícia e minha mãe funcionária da Caixa Econômica Federal.

No início da minha vida acadêmica – isto é, por cerca de dois anos – tentei conjugar os cursos de Direito e Ciência Política, mas isto acabou se tornando inviável quando iniciei um estágio na Justiça Federal, o que me levou a trancar o curso de Ciência Política – que, infelizmente, nunca mais retomei.

No semestre seguinte ingressei como estagiário do Ministério Público Federal, em Subprocuradoria-Geral que atuava perante a Seção de Direito Privado do STJ. Esta foi, sem sombra de dúvida, a experiência mais importante na minha formação jurídica. Ali tive oportunidade de aprender a terminologia jurídica, desenvolver minha redação, ter contato com processos que já tinham tramitado pelas instâncias ordinárias e que, então, chegavam às instâncias extraordinárias, bem como trabalhar minha capacidade argumentativa e articulação das ideias, além da aquisição do conhecimento jurídico propriamente dito.

O subprocurador-geral com o qual trabalhava, Dr. Ronaldo Bomfim, tinha por hábito exigir que lêssemos nossos pareceres em voz alta e sustentássemos oralmente as nossas teses, o que serviu para iniciar o desenvolvimento de minha oratória – que era um ponto que sempre me despertara certo receio. Em razão desta ótima experiência que tive no MPF, minha meta ao final de curso passou a ser ingressar no Ministério Público.

Nada obstante, logo que me formei, fui convidado para trabalhar no escritório de advocacia do orientador do meu TCC, Dr. Paulo Roque Khouri. O aprendizado que angariara ao longo do desenvolvimento deste trabalho e a admiração que nutria por meu orientador não me permitiram recusar a oferta, apesar de a advocacia privada nunca ter sido a minha meta.

Ali tive oportunidade de lidar com outro espectro do Direito – ainda mais desafiador do que a atividade de parecerista

–, já que exigia a análise e propositura de soluções para um caso, cuja análise ninguém havia ainda realizado anteriormente, experiência que fora essencial para minha futura atuação como defensor público.

Em que pese ter sido uma experiência engrandecedora, não me afastou do sonho de ingressar no serviço público, razão pela qual continuava a estudar de 5 a 6 horas por noite após o trabalho. Apesar das dificuldades impostas pelo horário – normalmente de 8 da noite às 2 da manhã – este foi o período em que meus estudos mais renderam – talvez por saber que aquele era o único período que dispunha para estudar.

Posteriormente me afastei do trabalho e ingressei na Escola Superior do MPDFT, para me dedicar exclusivamente aos estudos, época em que comecei a lograr êxito nos primeiros certames.

A minha primeira aprovação foi no concurso de assistente jurídico do Distrito Federal – que à época fazia as vezes de defensor público na capital federal. Naquela época a Defensoria Pública – para nós aqui, o Centro de Assistência Jurídica do DF (CEAJUR) – ainda não tinha o reconhecimento que a instituição goza atualmente, de modo que a aprovação, apesar de ter me dado grande alegria, não me parecia ser algo que pudesse me demover de meu objetivo inicial. Logo em seguida fui aprovado para os concursos de Procurador do Banco Central e Advogado da União.

Em meados de 2003 eu iniciava minha vida profissional no serviço público, como Procurador do Banco Central. A experiência foi muito boa, mas a atividade não me cativara a ponto de desistir de outros cargos, razão pela qual continuei empenhado nos estudos.

Cerca de quatro meses depois eu fui contatado pelo então Subdiretor do CEAJUR, Dr. Fernando Ferraz, para saber se eu teria interesse em tomar posse como assistente jurídico do DF. Após ser informado do salário – cerca de três vezes o que recebia no

BACEN – confesso que não tive muitas dúvidas ao aceitar, apesar de meu conhecimento sobre as condições de trabalho e sobre a atividade que desempenharia se limitar aos velhos preconceitos que até hoje são propalados sobre a Defensoria Pública.

Minha lotação inicial foi no Núcleo de Samambaia e a estrutura, perto daquilo que havia ouvido falar, não era de todo ruim. Na época, o CEAJUR disponibilizava transporte para os defensores – desde o início nos denominávamos assim, pela função – o que ajudou a estabelecer rapidamente uma relação de amizade e companheirismo. Até hoje me lembro das brincadeiras, das discussões jurídicas em torno dos casos que nos apareciam e do inconformismo diante de uma realidade que muito se distanciava do sonho de justiça que nos fora vendido na faculdade.

Na época não havia divisão de atribuições por áreas, razão pela qual atuávamos em todas as varas, nas mais distintas matérias, de família ao júri. Apesar de minha experiência cível, foram as minhas atuações no júri que despertaram minha paixão pela Defensoria Pública.

O primeiro contato fora de estranhamento. Lembro que, não raras vezes, durante a preparação para o plenário me peguei pensando que o réu merecia ser condenado e que não haveria nada a ser feito por ele. Contudo, com o tempo descobri que "o parto" da tese do júri demora de 6 a 9 horas, pois ao final do estudo do caso, as impressões preconceituosas que inicialmente me assolavam, via de regra, haviam sido substituídas pela convicção de que o réu estava sendo injustiçado em alguma medida – nem sempre quanto à prática do crime em si, mas com relação à tipificação dada, a uma qualificadora, a um privilégio ou qualquer outro aspecto que pudesse ter impacto na pena que lhe seria aplicada.

Isto fora, para mim, um grande despertar, não só profissional, mas como ser humano. A experiência de buscar ver uma situação com o olhar do outro, de uma pessoa carente, cuja realidade familiar, econômica e social é absolutamente diversa da sua, cujos códigos de conduta são completamente diferentes, despindo-me de meus preconceitos, de julgamentos morais, foi algo que me modificou profundamente.

Até então, eu possuía uma postura moralista, julgadora, mas a atuação como defensor público e em especial perante o júri me mostrou que os detalhes e a conjuntura – aqueles que nunca são mencionados nas matérias de jornal – fazem absolutamente toda a diferença na aplicação da justiça a um caso concreto. E fora justamente no plenário do júri que eu encontrei o terreno mais fértil para trabalhar estes aspectos, que, infelizmente em regra, são negligenciados pelos juízes togados.

Vou me permitir compartilhar ao menos um caso com vocês, o de um rapaz de cerca de uns 28 anos que me procurara uma semana antes do julgamento, alegando que não teria cometido as dez tentativas de homicídio que lhe estavam sendo imputadas. Ao pegar o processo, verifiquei que ele havia sido reconhecido por absolutamente todas as vítimas como autor dos disparos. Mesmo lhe alertando sobre a importância de me dizer a verdade – para que eu não o prejudicasse durante o julgamento – ele insistia em dizer que não tinha cometido os crimes.

Ao estudar o caso, verifiquei, primeiramente, que a história que ele me contou era absolutamente a mesma que ele havia contado à autoridade policial e ao juízo, o que já dava fidedignidade à sua afirmação – já que, via de regra, as "histórias inventadas" tendem a crescer e ganhar detalhes, por vezes contraditórios, com o tempo.

Resumidamente, ele dizia ser dono de um bar no bairro e que, no dia do crime, teria entrado em "vias de fato" com a irmã de uma das vítimas em virtude desta tê-lo xingado quando este a interceptara tentando ir embora sem pagar a conta. Disse que após isto foi para casa e que, por volta das dez da noite, fora chamado ao portão por um policial. Imaginando que este estava ali em razão do entrevero com a irmã de uma das vítimas, foi lá e abriu o portão, oportunidade em que foi colocado em um camburão – enquanto várias pessoas gritavam: "foi ele, foi ele" – e conduzido à delegacia. Ao chegar à delegacia, o delegado lhe informou que ele estava sendo indiciado por dez tentativas de homicídio e que todas as vítimas haviam atribuído a ele a autoria dos disparos.

Tirando a questão da coerência da história apresentada pelo réu, a ausência de antecedentes criminais e o fato de que era absolutamente esdrúxulo que alguém que tivesse cometido dez tentativas homicídios fosse abrir a porta para a polícia quando chamado no meio da noite, não havia nos autos absolutamente nada em seu favor, já que a única testemunha de que estava em casa era sua mãe, que morrera dias depois do ocorrido.

Diante disto eu fiz uma lista enorme de perguntas para serem formuladas às vítimas, buscando com isto esmiuçar detalhes eventualmente não mencionados que pudessem apontar alguma contradição favorável ao réu. A versão das vítimas era de que o réu havia chegado à frente da casa de uma delas, durante um churrasco, gritado "parado, ninguém corre" e em seguida efetuado diversos disparos na direção delas.

Após as minhas indagações, a primeira testemunha – irmão da que havia brigado com o réu no bar – esclareceu: que o churrasco havia começado às duas da tarde e que os disparos se deram por volta de oito da noite; que durante o churrasco todos consumiram bebidas alcoólicas; que por volta das seis da tarde a irmã do depoente teria chegado ao churrasco e informado a todos da briga com o réu; que o autor dos disparos teria gritado, ainda do meio da rua, para todos não correrem, oportunidade em que todos correram e que neste momento ele estava mexendo na churrasqueira, de costas para a rua.

Neste momento eu perguntei se ele havia corrido em direção do autor dos disparos ou em outra direção, tendo ele dito que obviamente em outra direção. Em seguida eu arrematei perguntando como ele havia reconhecido então o réu, se estava de costas para a rua e correra na direção contrária, oportunidade em que este dissera que fora "pela voz". Neste momento um grande burburinho tomou conta do plenário. Eu arrematei, perguntando então se ele não havia visto o rosto do autor dos disparos, tendo ele dito que não, pois este "estava de toca", mas que tinha certeza, pela voz, que seria o réu.

Em verdade, absolutamente ninguém havia visto o rosto do réu, contudo, como esta vítima – possivelmente influenciada pela alcoolemia e pela raiva advinda dos fatos ocorridos com a irmã – afirmara categoricamente para as demais que o autor dos disparos seria o dono do bar – que era uma figura conhecida da comunidade –, de modo que todos reproduziram a informação perante a autoridade policial e o apontaram categoricamente como autor dos disparos. Explicitada tal situação durante a sustentação aos jurados, o réu fora absolvido à unanimidade.

Este e outros casos tão emblemáticos quanto, me fizeram abandonar o meu sonho originário de ingressar no Ministério Público e criaram em mim a convicção da importância de defesa isenta de preconceitos para que a justiça seja efetivamente feita. Logo, minha escolha pela Defensoria não foi fruto de uma escolha racional e preconcebida, mas sim de um arrebatamento passional. Em verdade, às vezes penso que eu não escolhi a instituição a que pertenço, mas que fora ela que me escolheu.

Após isto, me empenhei no fortalecimento da instituição à qual pertenço por meio da atividade associativa, local e nacional, à qual me dediquei por mais de 6 anos. Mas esta seria outra história, tão ou mais longa do que esta, mas que foge um pouco ao propósito deste texto.

Se você ainda está refletindo racionalmente sobre seu futuro profissional, saiba que nada substitui a prática, portanto se permita viver as mais diversas experiências profissionais, estagie, colabore, se voluntarie. A imagem que nos é vendida na faculdade nem sempre corresponde à realidade. Isto lhe dará muito mais motivação para os estudos e para sua futura atuação profissional. Seja você o senhor da sua escolha ou, ao menos, crie as condições para ser escolhido, como eu acho que fui.

# 9

# MENSAGEM FINAL

A caminhada do concurso é árdua, mas sempre suportável, chegando a ser às vezes indigna. Não tão quanto a vida de milhares de brasileiros que precisarão da ajuda daquele que estuda para buscar defendê-los (ativa e passivamente), os necessitados e demais pessoas em situação de vulnerabilidade.

Pense sempre no seu futuro assistido, miserável pela própria existência ou vulnerável pelo formato de sociedade, de convivência social.

A vida prega inúmeras dificuldades ao ser humano. Saber lidar com elas faz a pessoa mais forte, trazendo crescimento pessoal, profissional e emocional. O concurso público sempre é uma fase passageira. Só não passa (aprova) quem desiste! A hora de todos sempre chega, uma vez que toda experiência e conhecimento acumulados serão depositados na urna certa, cabendo ao candidato persistir, resistir e perseverar.

O estudo para concurso público não pode ser aleatório, exigindo-se método, disciplina paciência, ordem, cronologia, tempo de preparação. Tem que saber estudar.

Conhecer métodos e diretrizes de estudo, técnicas de aprendizagem, raciocínio e memorização facilitam e desenvolvem o crescimento do candidato, não podendo desleixar tais fatores, pena de alongar a preparação e a aprovação, partindo-se de premissas e pressupostos errôneos.

Buscar livro como este indica humildade intelectual, sabendo o leitor seguir uma fonte experiente, a qual passou por situações pelas quais todos os concursandos também passarão. Conhecer diversos métodos relacionados ao concurso público desde o primeiro momento de preparação ou durante será um fator de alavancamento.

Desejo aos leitores e candidatos aos concursos públicos de Defensoria Pública estadual insistência e persistência às intempéries dos certames e resistências da vida, aos estresses diários, às ausências de nomeações por falta de orçamento público e crises econômicas, às incompreensões de familiares, amigos e colegas de outras áreas, às dificuldades próprias de quem, corajosamente, decide enfrentar a corrida pelo cargo público da transformação social.

Continue e seja mais um condutor do acesso à Justiça, da difusão da cidadania e do empoderamento dos vulneráveis em busca de uma sociedade digna, planificada[1], equânime e materialmente isonômica[2].

---

1. O Brasil ainda tem enraizado em si uma sociedade desigual, desequilibrada, com muitas heranças coloniais, época de tráfico negreiro e comércio escravagista: "José Bonifácio, porém, acreditava que o Brasil estava condenado a continuar no atraso enquanto não resolvesse de forma satisfatória a herança escravagista. Não bastava libertar os escravos. Era preciso incorporá-los à sociedade como cidadãos de pleno direito. O regime de escravidão, dizia ele, corrompia tudo e impedia que a sociedade evoluísse. O resultado era a degradação dos costumes públicos e privados, o luxo e a corrupção em lugar de civilização e indústria, o atraso na agricultura, o desperdício de dinheiro na compra de negros para substituir os que morriam ou ficavam doentes" (GOMES, 2015, p. 152).
2. Não façamos da mundialmente conhecida fábula distópica contra o nazifascismo e a ditadura stalinista de George Orwell (A Revolução dos Bichos) uma

realidade brasileira segundo o qual em seu relato sobre a Granja dos Bichos (antiga Granja do Solar) "todos os bichos são iguais, mas alguns bichos são mais iguais que outros" (ORWELL, 1945, p. 106). Todos os humanos são iguais? Há humanos mais iguais que outros? Igualdade forjada, e não material. A Defensoria Pública é instrumento de efetivação da igualdade material e social (direitos humanos, cidadania e acesso à justiça), cuja literatura demonstra seu papel e sua relevância, ainda que nas entrelinhas, evitando-se jogos de poder em detrimento dos oprimidos e vulneráveis e que alguns sejam mais iguais que outros (verticalização social).

# REFERÊNCIAS BIBLIOGRÁFICAS


ABUD, Tiago. **Entre putas, ratos e juízes: história de um Defensor.** Rio de Janeiro: Autografia, 2018.

ARRUDA, Ígor Araújo de. **Autonomia pressuposta aos papéis iluminista e contramajoritário da Defensoria Pública**. Disponível em: http://emporiododireito.com.br/autonomia-pressuposta/. Acesso em 15 mar. 2019.

______________. **Cooperação processual: dever colaborativo parcial e imparcial**. Disponível em: http://emporiododireito.com.br/cooperacao-processual/. Acesso em 15 mar. 2019.

______________. **Corte administrativo de serviço público essencial em face de inadimplemento do usuário-consumidor.** Disponível em: *http://www.ambitojuridico.com.br/site/index.php/id=6301?n_link=revista_artigos_leitura&artigo_id=10846&revista_caderno=4*. Acesso em 15 mar. 2019.

______________. **Defensor Público não exerce Advocacia Pública**. Disponível em: https://jus.com.br/artigos/23468/defensor-publico-nao-exerce-advocacia-publica. Acesso em 15 mar. 2019.

______________. **Defensoria Pública na concretização de políticas públicas: um controle da aparente discricionariedade administrativa governamental**. Disponível em: http://www.ambito-juridico.com.br/site/?n_link=revista_artigos_leitura&artigo_id=11851. Acesso em 15 mar. 2019.

______________. **Ecossistema e tutela conscientizadora da Defensoria Pública**. Disponível em: http://justificando.cartacapital.com.br/2015/06/15/ecossistema-e-tutela-conscientizadora-da-defensoria-publica/. Acesso em 15 mar. 2019.

______________. **Em briga de marido e mulher, a Defensoria Pública também mete a colher**. Disponível em: <https://jus.com.br/artigos/41180/em-briga-de-marido-e-mulher-a--defensoria-publica-tambem-mete-a-colher>. Acesso em 15 mar. 2019.

______________. **Vocabulário defensorial: Assistido e Núcleo Regional**. Disponível em: http://justificando.cartacapital.com.br/2015/07/13/vocabulario-defensorial-assistido-e-nucleo-regional/. Acesso em 15 mar. 2019.

ARRUDA, Samuel Miranda. **O direito fundamental à razoável duração do processo**. Brasília: Brasília Jurídica, 2006.

AULER, Marcelo. **Biscaia**. Rio de Janeiro: Cassará Editora, 2012.

AZEVEDO, Felipe Martins de. **O poder investigatório do Ministério Público e seus limites na tutela da probidade administrativa: publicidade *versus* privacidade**. Porte Alegre: Livraria do Advogado Editora, 2010.

BARRETO, Rafael. **Direitos Humanos: coleção sinopses para concursos**. Salvador: JusPodivm, 2011.

BARROSO, Darlan; Lettière, Juliana Francisca. **Prática Jurídica Civil**. Barueri, SP: Manole, 2008.

BOSON, Erik Palácio. **A Defensoria Pública e a Tutela Jurisdicional da Moralidade Administrativa.** Salvador: Editora JusPODIVM, 2016.

CALMON, Rafael. **Direito das famílias e processo civil: interação, técnicas e procedimentos sob o enfoque do Novo CPC.** São Paulo: Saraiva, 2017.

CARROLL, Lewis. **Alice no país das maravilhas.** Barueri: Usborne, 1871.

CEGALLA, Domingos Paschoal. **Dicionário de dificuldades da língua portuguesa**: edição de bolso. Porto Alegre, RS: L&PM, 2010.

CERBASI, Gustavo. **Cartas a um jovem investidor: enriquecer é uma questão de escolha**. Rio de Janeiro: Elsevier, 2008.

______________. **Casais inteligentes enriquecem juntos**. São Paulo: Editora Gente, 2004.

CORTELLA, Mario Sergio. **Pensar bem nos faz bem! 1. Filosofia, religião, ciência e educação**. Petrópolis, RJ: Vozes; São Paulo, SP: Ferraz & Cortella, 2013.

CUNHA JR., Dirley. **Curso de Direito Administrativo**. 7 ed. Bahia: JusPodivm, 2009.

CURY, Augusto. **Ansiedade: como enfrentar o mal do século: a Síndrome do Pensamento Acelerado: como e por que a humanidade adoeceu coletivamente, das crianças aos adultos**. 1.ª ed. São Paulo: Saraiva, 2014.

______________. **O código da inteligência: a formação de mentes brilhantes e a busca pela excelência emocional e profissional.** Rio de Janeiro: Thomas Nelson Brasil/Ediouro, 2008.

______________. **Treinando a emoção para ser feliz**. São Paulo: Academia de inteligência, 2001.

FERNANDES, Og; LIPP, Marilda E. Novaes. **Vidas no fórum: histórias de personagens da justiça – análise psicológica do comportamento humano**. Salvador: Ed. Juspodivm, 2017.

FRANK, Anne. **O diário de Anne Frank**. 70ª ed. Rio de Janeiro: Record, 2017.

GOMES, Laurentino. **1822: como um homem sábio, uma princesa triste e um escocês louco por dinheiro ajudaram dom Pedro a criar o Brasil – um país que tinha tudo para dar errado**. 2. ed. São Paulo: Globo, 2015.

GRECO, Rogério. **Atividade policial: aspectos penais, processuais penais, administrativas e constitucionais – 2.ª edição.** Niterói: Impetus, 2009.

GUIX, Xavier. **Comunique-se melhor: fale em público sem perder a calma**. São Paulo: Ciranda Cultural, 2008.

JULIEN, Philippe. **A psicanálise e o religioso: Freud. Jung, Lacan**. Rio de Janeiro: Zahar, 2010.

KARNAL, Leandro. **O dilema do porco-espinho: como encarar a solidão**. São Paulo: Planeta do Brasil, 2018.

MAIA, Maurilio Casas. **"Custös Vulnerabilis no Judiciário de Curitiba-PR"**. Disponível em: http://emporiododireito.com.br/custos-vulnerabilis/. Acesso em 10 jan. 2017.

______________. **Defensoria da Bahia publica enunciados e reconhece a intervenção de "Custös Vulnerabilis"**. Disponível em: <http://emporiododireito.com.br/defensoria-da-bahia-publica-enunciados-e-reconhece-a-intervencao-de-custos-vulnerabilis-por-maurilio-casas-maia/>. Acesso em 10 jan. 2017.

MÜSSNICH, Francisco. **Cartas a um jovem advogado: paixão, determinação e talento**. Rio de Janeiro: Elsevier, 2007.

ORWELL, George. **A revolução dos bichos: um conto de fadas**. São Paulo: Companhia das Letras, 2007.

______________. **1984**. São Paulo: Companhia das Letras, 2009.

PACHÁ, Andréa. **Segredo de justiça: disputas, amores e desejos nos processos de família narrados com emoção e delicadeza por uma juíza**. Rio de Janeiro: Agir, 2014.

PAIVA, Caio Cezar. **Prática penal para Defensoria Pública**. Rio de Janeiro: Forense, 2016.

PASTANA, Manoel. **De faxineiro a Procurador da República: uma história real de incrível superação.** 3 ed., rev. e reform. São Paulo: Método, 2011.

PEASE, Allan e Bárbara. **Desvendando os segredos da linguagem corporal**. Tradução: Jorgensen Junior, Pedro. Rio de Janeiro: Sextante, 2005.

POLITO, Reinaldo. **Oratória para advogados e estudantes de Direito**. São Paulo: Saraiva, 2008.

REIS, Márlon. **A República da Propina**. São Paulo: Planeta, 2016.

RIBEIRO, Lair. **Viajando no tempo: recriando seu passado & criando seu futuro**. Petrópolis: Editora Objetiva, 1994.

ROCHA, Cesar Asfor. **Breves reflexões críticas sobre a Ação de Improbidade Administrativa**. Ribeirão Preto: Migalhas, 2012.

________________. **Cartas a um jovem juiz: cada processo hospeda uma vida**. Rio de Janeiro: Elsevier, 2009.

ROSENBLATT, Ana. et al. **Manual de Mediação para a Defensoria Pública.** Brasília, DF: Fundação Universidade de Brasília/ FUB, 2014.

SABBAG, Eduardo de Moraes. **Redação Forense & Elementos da Gramática.** 3.ª ed. São Paulo: Premier Máxima, 2009.

SEMER, Marcelo. **Entre salas e celas: dor e esperança nas crônicas de um juiz criminal**. São Paulo: Autonomia Literária, 2017.

SILVA, Ana Beatriz Barbosa. **Mentes depressivas: as três dimensões da doença do século**. São Paulo: Principium, 2016.

SOARES, Carminha. **A inclusão social e a mídia: um único olhar**. São Paulo: Cortez, 2009.

SOUSA, Maurício; CORTELLA, Mario Sergio. **Vamos pensar + um pouco?: lições ilustradas com a turma da Mônica**. São Paulo: Cortez, 2018.

VARELLA, Drauzio. **Carandiru**. São Paulo: Companhia das Letras, 1999.

________________. **Carcereiros**. São Paulo: Companhia das Letras, 2012.

________________. **Prisioneiras**. São Paulo: Companhia das Letras, 2017.

# ANOTAÇÕES

# ANOTAÇÕES

# ANOTAÇÕES

## ANOTAÇÕES

EDITORA JusPODIVM
www.editorajuspodivm.com.br